高校社科文库
University Social Science Series

教育部高等学校
社会科学发展研究中心

汇集高校哲学社会科学优秀原创学术成果

搭建高校哲学社会科学学术著作出版平台

探索高校哲学社会科学专著出版的新模式

扩大高校哲学社会科学科研成果的影响力

人口政策与国情
——中韩比较研究

Population Policy and National Situation:
Comparative Study of China and Korea

宋 健
(韩)金益基 /著

光明日报出版社

图书在版编目（CIP）数据

人口政策与国情：中韩比较研究／宋健，（韩）金益基著.
－－北京：光明日报出版社，2009.11（2024.6重印）
（高校社科文库）
ISBN 978－7－5112－0445－5

Ⅰ.①人… Ⅱ.①宋…②金… Ⅲ.①人口政策—对比研究—
中国、韩国 Ⅳ.①C924.21 ②C924.312.61

中国版本图书馆 CIP 数据核字（2009）第 196245 号

人口政策与国情：中韩比较研究

RENKOU ZHENGCE YU GUOQING：ZHONGHAN BIJIAO YANJIU

著　　者：宋健　（韩）金益基

责任编辑：刘　彬　　　　　　责任校对：罗青华　刘学军
封面设计：小宝工作室　　　　责任印制：曹　净

出版发行：光明日报出版社

地　　址：北京市西城区永安路 106 号，100050

电　　话：010-63169890（咨询），010-63131930（邮购）

传　　真：010-63131930

网　　址：http：//book.gmw.cn

E － mail：gmrbcbs@gmw.cn

法律顾问：北京市兰台律师事务所龚柳方律师

印　　刷：三河市华东印刷有限公司

装　　订：三河市华东印刷有限公司

本书如有破损、缺页、装订错误，请与本社联系调换，电话：010-63131930

开　　本：165mm×230mm
字　　数：242 千字　　　　　　印　　张：12.75
版　　次：2009 年 11 月第 1 版　　印　　次：2024 年 6 月第 2 次印刷
书　　号：ISBN 978－7－5112－0445－5－01
定　　价：65.00 元

前 言

人口政策反映了一个国家政府对当前人口问题的态度、对未来人口趋势的判断以及所采取的相应措施。生育政策是狭义人口政策的主导或核心政策，广义人口政策则涵盖更广泛的人口领域。

各国的人口政策无不与世界人口形势和各国人口国情密切相关。在人口增长缓慢和绝大多数工作需要依赖手工、人力的时期，人成为最可宝贵的资源，是经济、政治和军事实力的后援，鼓励生育的观念和思想在此基础上形成并得以延续。

第二次世界大战之后，世界人口如高速列车风驰电掣般增长，尤其是发展中国家生育率居高不下，世界开始高度关注人口增长问题。20世纪70年代，"人口问题是发展的中心问题"已成为世界的共识，但在人口政策上各国仍然存在争论。1974年在布加勒斯特召开的世界人口大会上，关于人口增长问题的解决途径成为争论的焦点，以印度"发展是最好的避孕药"为主的一派观点得到了多数发展中国家的赞同，而以美国为首的多数发达国家则强调必须通过控制生育的方式来降低人口增长的压力。进入20世纪80年代，各国尤其是发展中国家开始普遍认识到人口快速增长成为发展的障碍，许多国家纷纷采取政策措施控制人口增长。1984年在墨西哥城召开的国际人口大会上，发展中国家的政府对人口的持续快速增长和高生育水平表示严重关切，赞成实施计划生育项目。

20世纪90年代以来，世界各国已达成共识：承认各国在充分尊重个人权利的情况下制定人口政策的合法性。在1994年开罗国际人口与发展大会上，各国政府重申了人口的快速增长会阻碍社会经济发展的观点。各发展中国家的人口计划生育政策也由单一的数量控制逐渐转变为实现人口素质的提高和人口结构的改变，而发达国家则愈来愈关注过低生育率带给社会经济发展的负面效应。

中国的人口政策源于中国现实社会的需要。新中国成立以来死亡率的迅速有效降低，传统生育文化中对子女数量和性别的追求，奠定了人口增长的基调。从20世纪50年代是否推行避孕节育的争论，到20世纪70年代人口政策的初步试行、20世纪80年代初生育政策的紧缩和其后政策放宽所产生的人口波动引发的争议，再到目前关于人口政策调整必要性的讨论，可以说中国人口政策与不同时期的人口国情和所面临的人口问题有着紧密联系。人口政策对于人口形势起着调节与推动作用：现实的人口状况一定程度上反映了过去人口政策的效果，目前的人口政策无疑会对今后的人口形势产生重要影响；而人口问题则始终是制约中国全面协调可持续发展的重大问题，是影响经济社会发展的关键因素。因此，人口政策的制定和实施关系到国家社会的稳定、和谐发展。

人口政策的制定与调整要依据现实的人口形势，遵循人口发展规律。当前中国已经进入低生育水平时期，正在面临日益突出的人口结构问题，对于人口政策的争议也成为社会的热点。在控制人口数量与优化人口结构的两难选择中，人口政策的核心内容——生育政策成为众矢之的，面临着调整与否的艰难抉择。从某种程度上来讲，对于人口政策的选择，决定了中国未来人口发展的方向和道路，关系到社会主义现代化建设和构建社会主义和谐社会的宏伟目标。

自"二战"以来短短几十年，世界人口状况变幻莫测，有的国家甚至已是沧海桑田。"他山之石，可以攻玉"，研究其他国家的人口政策演变历程，我们期望能对中国的人口政策未来调整与发展方向予以启示。

作为中国的邻邦，"亚洲四小龙"之一的韩国，在人口发展的道路上为我们提供了一个可借鉴的例子。首先，中韩两国有着共通的儒家文化底蕴，几千年造就的传统的宗法制度和伦理制度对两国人们的婚育观念和生育行为有着极为深刻的影响。其次，历史上两国都成功地实行过计划生育政策，尤其是在生育政策执行的早期阶段，都促使了两国人口的迅速转变。再次，在人口政策实施的过程中，两国都面临着相似的人口性别、年龄结构问题。在人口老龄化与出生人口性别比偏高等问题日益严重的情形下，政府与学界所提出的提高人口素质、扭转出生人口性别比失衡、增进老年人的生活福利与保障等目标两国似乎同出一辙。最后，韩国对人口政策的调整对于中国人口政策的发展方向有一定可借鉴之处：在成功控制人口数量的同时，为了消除人口结构对社会经济发展的不利影响，韩国政府于1996年制定了新的人口政策，政策导向有所转变，开始鼓励生育，而中国政府和学界也正在探索中国未来人口政策走向的理论与实践途径。

因此，本书针对中国自 20 世纪 70 年代以来所实行的以计划生育政策为核心的人口政策，利用比较研究的方法，选取与中国具有相同文化背景的韩国，分析中韩两国人口政策的实施历程及其对人口国情的相互影响，尤其是两国人口政策在人口转变方面取得的成就和对人口结构问题的影响，借鉴韩国人口政策的调整，探讨中国未来人口政策的演变方向。

本书分为三篇：第一篇着眼于中韩人口政策的发展演变，其中包括三章内容，分别是中国人口政策的回顾与反思、韩国人口政策的变迁及含义、两国人口政策的比较分析。第二篇聚焦中韩人口政策与人口转变之间的关系，其中包含三章内容，分别是 1949 年以来的中国人口形势与人口转变、1960 年以来的韩国人口转变、中韩人口政策对于两国人口转变的作用。第三篇探讨中韩人口政策与人口结构问题之间的关系，其中包含五章内容，分别是中国的出生人口性别比问题、韩国的出生人口性别比问题、中国的人口老龄化发展与后果、韩国的人口老龄化问题与解决方法、中韩人口政策对人口结构问题的影响。最后，在结语部分对韩国人口政策可能给予中国的借鉴进行了总结与讨论。

CONTENTS 目 录

第二篇　中韩人口政策与两国人口转变

第三篇　中韩人口政策与两国人口问题

第一篇

中韩人口政策的发展演变

第一章

中国的人口政策：回顾与反思

　　人口众多历来是中国的基本国情之一。人口问题始终是制约中国全面协调可持续发展的重大问题，是影响经济社会发展的关键因素①。人口政策的制定和实施，会调节人口行为，促进人口转变，关系到国家社会的和谐稳定发展。

　　人口政策是一个国家或地区用来影响和干预人口运动过程以及人口因素发展变化的法规、条例和措施的总和②。人口政策包括广义人口政策和狭义人口政策，其中狭义人口政策的主导或核心是生育政策③，指国家直接调节和直接影响人们生育行为的法令和措施的总和④。本章首先回顾中国生育政策的变

---

　　① 参见《中共中央国务院关于全面加强人口和计划生育工作，统筹解决人口问题的决定》（中发〔2006〕22 号）。

　　② 参见张纯元：《中国人口政策演变历程》，载于学军等主编：《中国人口发展评论：回顾与展望》，人民出版社，2000 年，第 2 页。

　　③ 参见张纯元：《中国人口生育政策的演变历程》，载于《市场与人口分析》，2000 年第 1 期，第 47 - 54 页。

　　④ 参见阎海琴：《生育政策的哲学思考》，载于《贵州社会科学》，1993 年第 2 期，第 37 - 42 页。

迁，然后追寻中国人口政策拓展的轨迹，最后对迄今为止的中国人口政策进行评价与讨论。

第一节　中国生育政策的变迁

一、20世纪中国节制生育的先声与前奏

1922年6月，发表在《妇女杂志》上的一篇名为《产儿制限与中国》的文章，提出要"用科学的方法，使做母亲的有决定产生子女数的自由"。文章从生产率与文化程度、马尔萨斯主义和新马尔萨斯主义、中国历来的产儿制限、产儿制限与贞操论、产儿制限与民族主义、妇女的自由与产儿制限等几个方面进行了论述后，提出"总而言之，产儿制限，对于图谋妇女的解放，改良未来的种族，提高文化的程度，消除饥馑，灾荒，战争，疾病，瘟疫的祸及，根绝堕胎，弃儿，杀婴的罪行，以至消灭战争，改造社会，都是最有利而且最必要的"①。当时所谓的"产儿制限"，实际上就是今天所说的"生育限制"。很明显，这篇文章的作者对生育限制的必要性和重要性给予了充分的肯定，并将其上升到了"改良种族、改造社会"的高度。据说这是20世纪对中国实行计划生育必要性的最早系统论述②。

中华人民共和国建立初期，中央政府虽然没有明文规定鼓励人口增长，但禁止绝育、严格限制人工流产和节育等行为起到了事实上的鼓励生育的作用。如1950年4月，中央人民政府卫生部和中国人民革命军事委员会卫生部在《机关部队妇女干部打胎限制的办法》中，规定"为保障母体安全和下一代之生命，禁止非法打胎"③。1952年12月，卫生部制定的、经中央人民政府政务院文化教育委员会同意实施的《限制节育及人工流产暂行办法》，对这一规定又做了进一步的确认，指出"已婚妇女年逾35岁，有亲生子女6人以上，其中至少有一人年逾10岁，如再生育将严重影响其健康以致危害其生命者"经过批准后方可绝育，否则，"凡违反本办法自行实施绝育手术或人工流产者，

---

① 参见瑟庐：《产儿制限与中国》，商务印书馆，《妇女杂志》1922年6月1日，第八卷第六号（产儿制限号），第10－14页。
② 参见"《妇女杂志》在中国首倡计划生育"，三明书博网 www.bookbo.com.cn。
③ 参见杨魁孚、梁济民、张凡：《中国人口与计划生育大事要览》，中国人口出版社，2001年。第2页。

以非法堕胎论罪，被手术者及实行手术者均由人民法院依法处理"①。中国的人口数量在死亡率普遍下降、生育率居高不下的情势下迅速增加。

1954年5月27日，新中国成立后的第六个年头，时任全国民主妇联副主席的邓颖超写信给政务院副总理邓小平，反映一些机关干部要求节育的意见。第二天，邓小平对邓颖超来信作出批示："我认为避孕是完全必要的和有益的……应采取一些有效的措施"②。同年11月，卫生部发布《关于修改避孕和人工流产暂行办法》和《关于改进避孕及人工流产问题的通报》，规定"避孕节育一律不加限制"③。同年12月，刘少奇在主持召开的关于节制生育问题座谈会上说："……党是赞成节育的"。1955年3月中共中央在回复卫生部关于节制生育问题报告中批示指出："节制生育是关系广大人民生活的一项重大政策性的问题。在当前的历史条件下，为了国家、家庭和新生一代的利益，我们党是赞成适当地节制生育的。"④ 1956年9月周恩来总理在《关于发展国民经济第二个五年计划的建议的报告》中提出："为了保护妇女和儿童，很好地教养后代，以利民族的健康和繁荣，我们赞成在生育方面加以适当的节制。"⑤ 报告中的提法首次正式表明了中国政府在人口方面的政策性观点，即"赞成适当的节育"。

对于人口进行计划的设想，来自1956年10月12日毛泽东主席在接见南斯拉夫妇女代表团时说的话，"夫妇之间应该订出一个家庭计划，规定一辈子生多少孩子。这种计划应该同国家的五年计划配合起来。目前中国的人口每年净增1200万到1500万。社会的生产已经计划了，而人类本身的生产还是处在一种无政府和无计划的状态中。我们为什么不可对人类本身的生产也实行计划呢？我想是可以的。"⑥ 1957年2月11日，邓小平提出"我们要想尽一切办法实行节育。轻工业部计划生产避孕套……节育宣传工作要像爱国卫生运动那样做到家喻户晓，深入人心。还要采用中西医的一切有效办法，进行技术指

① 参见彭珮云主编：《中国计划生育全书》，中国人口出版社，1997年，第59页。
② 参见彭珮云主编：《中国计划生育全书》，中国人口出版社，1997年，第461页。
③ 参见国家计划生育委员会办公厅政策研究室：《计划生育文件汇编》，中国人口出版社，1984年，第108页。
④ 参见国家计划生育委员会办公厅政策研究室：《计划生育文件汇编》，中国人口出版社，1984年，第115页。
⑤ 参见彭珮云主编：《中国计划生育全书》，中国人口出版社，1997年，第11页。
⑥ 参见杨魁孚、梁济民、张凡：《中国人口与计划生育大事要览》，中国人口出版社，2001年，第12页。

导。技术指导工作要深入居民小组"①。"生育"与"计划"之间的联系被建立起来，国家开始探索有效实施节育的技术手段。

1956年《人民日报》全文发表公布的《1956－1967年全国农业发展纲要（修正草案）》中提出："除了少数民族地区以外，在一切人口稠密的地方，宣传和推广节制生育，提倡有计划地生育子女，使家庭避免过重的生活负担，使子女受到较好的教育，并且得到充分就业的机会"②。1962年12月中共中央和国务院联合发布的《关于认真提倡计划生育的指示》提出："在城市和人口稠密的农村提倡节制生育，适当控制人口自然增长率，使生育问题由毫无计划的状态逐渐走向有计划的状态，这是我国社会主义建设中既定的政策"。这标志着今天广为人知的"计划生育"这一概念被正式提出和提倡，并引向政策范畴。1964年国务院成立了计划生育委员会，负责节育宣传、技术指导工作，进行调查研究和督促检查③；各省、市、自治区也相继成立了计划生育工作机构，标志着中国的人口政策及其实施机构已见雏形。

这是中国在20世纪初期和中叶关于节制生育的思考与前奏。然而，由于"反右"和"文化大革命"等历史政治事件，直到20世纪70年代，计划生育才真正大规模地在全国推行开来。

二、从地方性条例到基本国策

中国的人口数量以出人意料的速度迅速增加，1953年和1964年的两次全国人口普查，使当时沉浸于生产建设和政治斗争的人们意识到了和经济发展矛盾日渐突出的人口原因：需要切实采取行动来节制生育了。

中国当代历史上第一次由政府提出要制定人口规划是在1971年7月，当时国务院批转了卫生部、商业部、燃料化工部联合发布的《关于做好计划生育工作的报告》（国发［1971］51号文件），指出要"使晚婚和计划生育变成城乡广大群众的自觉行动"④。在1973年的全国计划工作会议上，人口增长指

---

① 参见杨魁孚、梁济民、张凡：《中国人口与计划生育大事要览》，中国人口出版社，2001年，第13页。

② 参见《1956－1967年全国农业发展纲要（修正草案）》，《人民日报》，1956年10月5日第一版。

③ 参见李宏规：《中国计划生育领导管理机构的历史变化》，载于学军等主编：《中国人口发展评论：回顾与展望》，人民出版社，2000年，第443页。

④ 参见杨魁孚、梁济民、张凡：《中国人口与计划生育大事要览》，中国人口出版社，2001年，第44页。

标第一次纳入了国家国民经济和社会发展计划。同年 7 月，国务院成立了计划生育领导小组，协调对全国计划生育的宣传指导，加强避孕科研、节育技术指导和做好避孕药的供应工作，进行调查研究，总结和交流经验。① 各省、市、自治区和基层单位也恢复或成立了计划生育工作机构，广泛深入推行计划生育工作。1973 年 12 月，第一次全国计划生育工作汇报会上，"晚、稀、少"的目标被提出来。随后，有关计划生育的各项政策法规开始陆续颁布实行。"国家提倡和推行计划生育"被写入 1978 年制定的《宪法》②。1978 年中共十一届三中全会提出"最好只生一个"和"晚婚、晚育、少生、优生"的号召。1978 年 10 月，中央批转《关于国务院计划生育领导小组第一次会议的报告》（中发〔1978〕69 号文件），进一步明确了"晚、稀、少"的内涵，即"晚"是指男 25 周岁、女 23 周岁才结婚；"稀"是指两胎要间隔四年左右；"少"是指一对夫妇生育子女数最好一个，最多两个。中国人口政策的目标和内容逐渐明晰起来，对生育的数量、时间、间隔有了明确规定，以"控制人口数量"为核心和重点的生育政策在这一期间全面实施，并且从城市为主推广到兼顾城乡。

广东省是中国改革开放的最前沿，也是首个制定地方性计划生育条例的省份。1980 年 2 月，依据《宪法》第 53 条制定的《广东省计划生育条例》③ 出台，尽管这一条例仅对结婚与生育、表扬与奖励、限制与惩处、手术假期与保健这几方面内容做了现在看来非常概要性的规定，但它毕竟首开了全国计划生育地方性立法先河。其中，《条例》第二章第三条指出实行计划生育的要求是："晚婚、晚育、少生"，重点是少生。

十一届三中全会以后，人口问题得到了进一步的重视，计划生育政策进一步收紧。1980 年 9 月 25 日中共中央发表了《关于控制我国人口增长问题致全体共产党员、共青团员的公开信》，提倡一对夫妇生育一个孩子。信中强调："这是一项关系到四个现代化建设的速度和前途，关系到子孙后代的健康和幸福，符合全国人民长远利益和当前利益的重大措施"。同时"要求所有共产党

---

① 参见李宏规：《中国计划生育领导管理机构的历史变化》，载于于学军等主编：《中国人口发展评论：回顾与展望》，人民出版社，2000 年，第 444 页。

② 参见《中华人民共和国宪法》（1978 年 3 月 5 日中华人民共和国第五届全国人民代表大会第一次会议通过），第 53 条。

③ 1980 年 2 月 2 日广东省第五届人民代表大会常务委员会第二次会议通过。1980 年 2 月 2 日广东省人民代表大会常务委员会公告第一号公布，1980 年 2 月 2 日起施行。

员、共青团员特别是各级干部，用实际行动带头响应国务院的号召，并且积极负责地、耐心细致地向广大群众进行宣传教育"。在此基础上指出"某些群众确实有符合政策规定的实际困难，可以同意他们生育两个孩子，但是不能生三个孩子。对于少数民族，按照政策规定，也可以放宽一些。节育措施要以避孕为主，方法由群众自愿选择"。这标志着中国独生子女政策的全面实施。

1981 年提交第五届全国人民代表大会第四次会议讨论通过的《政府工作报告》中指出："限制人口数量，提高人口质量，这就是我们的人口政策"。1982 年 9 月中国共产党第十二次全国代表大会报告中提出："在我国经济和社会的发展中，人口问题始终是极为重要的问题。实行计划生育是我国的一项基本国策。"自此，中国以计划生育为核心的人口政策正式出台，并且被赋予基本国策的重要地位。

三、计划生育政策的成熟与发展

中国计划生育政策的推行得到了强有力的政策保障和组织保障。一方面，国家把"计划生育"纳入《宪法》和《婚姻法》的相关规定，使其具有更权威、更广泛的法律支持。中国 1980 年颁布的《婚姻法》和 1982 年颁布的《宪法》中均规定"夫妻双方都有实行计划生育的义务"，1982 年《宪法》还规定"国家推行计划生育，使人口的增长同经济和社会的发展计划相适应"。另一方面，国家计划生育委员会于 1981 年 3 月成立，同以前的国务院计划生育领导小组相比，委员会为正式机构，列入政府序列，是国务院的一个组成单位，委员会的机构编制也扩大了[1]；各省、市、自治区也成立了计划生育委员会，基层单位设立了计划生育办事机构，形成了从中央到地方的贯彻计划生育政策的机构组织系统和网络。各省、自治区和直辖市依据《宪法》和中央有关法令的规定，结合本地区情况纷纷制定了关于计划生育的地方性法规。

中国计划生育政策的推行并不是一帆风顺的，政策内容也几经波动。在经历了 20 世纪 80 年代初期极其严格的全国推行"一胎化"的政策阶段和随后的"开小口、堵大口"的政策松动后，计划生育政策在发展过程中逐渐成熟，政策内容也相对稳定下来。1982 年 2 月 9 日发布的《中共中央、国务院关于进一步做好计划生育工作的指示》（中发［1982］11 号文件）形成了中国现行计划生育政策的基本内容和框架，其中第二部分对控制人口数量、提高人口

---

[1] 参见李宏规：《中国计划生育领导管理机构的历史变化》，载于于学军等主编：《中国人口发展评论：回顾与展望》，人民出版社，2000 年，第 446 页。

素质作出了具体要求，包括对数量的规定和对优生、优育、晚婚、晚育的提倡，在第三部分还具体提出了奖励和限制措施。1984 年 4 月，中共中央批转国家计生委党组《关于计划生育情况的汇报》（中发〔1984〕7 号文件）中指出，"要把计划生育政策建立在合情合理、群众拥护、干部好做工作的基础上，要继续提倡一对夫妇只生育一个孩子，同时要进一步完善计划生育工作的具体政策。对农村继续有控制地把口子开得稍大一点，按照规定的条件，经过批准可以生二胎"。这一文件规定奠定了现行生育政策城乡有别的基础。1991年 5 月 12 日发布的《中共中央、国务院关于加强计划生育工作，严格控制人口增长的决定》（中发〔1991〕9 号文件）再次重申政策要求，即"提倡晚婚晚育，少生优生；提倡一对夫妇只生育一个孩子。国家干部和职工、城镇居民除有特殊情况经过批准可以生第二个孩子外，一对夫妇只生育一个孩子。农村也要提倡一对夫妇只生育一个孩子，某些群众确有实际困难，经过批准可以间隔几年以后生第二个孩子。为了提高少数民族地区的经济文化水平和民族素质，在少数民族中也要实行计划生育，具体要求和做法由各自治区或所在省决定"，并提出要"坚决贯彻落实现行政策，依法管理计划生育"。从 1991 年开始，中共中央政治局常委每年一次听取计划生育工作汇报，连续 15 年召开由省、自治区、直辖市主要负责同志参加的中央计划生育工作座谈会，加大对人口和计划生育工作的领导力度。

随着人口形势的变化，在稳定现行生育政策的同时，中国生育政策的理念与实施策略也在发生着悄然的变化。2000 年《中共中央、国务院关于加强人口与计划生育工作，稳定低生育水平的决定》在强调"计划生育是我们必须长期坚持的基本国策"的同时，提出"在实现了人口再生产类型的转变之后，人口与计划生育工作的主要任务将转向稳定低生育水平，提高出生人口素质"。2001 年 12 月 29 日《中华人民共和国人口与计划生育法》（中华人民共和国主席令第六十三号）颁布，这是中国自 20 世纪 70 年代在全国范围普遍实行计划生育以来颁布的第一部全国性相关法律，其颁布实施总体上体现了中国人口与计划生育工作的进步，反映出中国计划生育实践正逐步走向法治化的轨道。该法第十八条规定，"国家稳定现行生育政策，鼓励公民晚婚晚育，提倡一对夫妇生育一个子女；符合法律、法规规定条件的，可以要求安排生育第二个子女"；2003 年 3 月国家计划生育委员会更名为"国家人口和计划生育委员会"，宣布了从政策体系到组织机构的重大变革。

21 世纪初以来，中国的人口与计划生育工作进入了一个新的"以服务为中心、以人为本"的综合治理人口问题的阶段。实行计划生育仍然是中国的基本国策，但是"控制人口数量，提高人口素质"的目标需要"国家采取综合措施"加以解决。与此同时，国家开展人口与计划生育工作，不仅要"依靠宣传教育、科学技术进步、综合服务、建立健全奖励和社会保障制度"，而且"应当与增加妇女受教育和就业机会、增进妇女健康、提高妇女地位相结合"[①]。2006年12月，《中共中央、国务院关于全面加强人口和计划生育工作统筹解决人口问题的决定》（中发〔2006〕22号）强调"人口和计划生育工作进入稳定低生育水平、统筹解决人口问题、促进人的全面发展的新阶段"，"要全面贯彻落实科学发展观，优先投资于人的全面发展，稳定低生育水平，提高人口素质，改善人口结构，引导人口合理分布，保障人口安全，促进人口大国向人力资本强国转变，促进人口与经济、社会、资源、环境协调和可持续发展"。《决定》是指导当前和今后一个时期中国人口和计划生育工作的纲领性文件，是人口和计划生育事业发展迈上新阶段的重要标志。它标志着在理论层面，以数量问题为核心的"小人口"观逐渐让位于全面综合考虑人口问题的"大人口"观，稳定低生育水平，统筹解决人口问题，促进人口与经济、社会、资源、环境协调和可持续发展，对于加快全面建设小康社会和构建社会主义和谐社会步伐，具有十分重大的现实意义和深远的历史意义。

第二节　中国人口政策的拓展

一、生育辅助政策从以"罚"为主到以"奖"为主

生育政策无疑是人口政策最重要的组成部分，国家借此直接调节和影响人们的生育行为：生育几个孩子？何时开始生育？间隔几年再次生育？这些与每对夫妇、每个家庭均密切相关的问题被以法规的形式固定下来，由国家调控，并借以影响人口形势和今后的人口发展趋势。在中国，鉴于人口数量庞大和人口增长迅速的国情，控制生育成为生育政策的主导旋律，计划生育政策成为中国的基本国策之一，体现了中国共产党和中国政府对人口问题的迫切关注和控制人口数量的决心，这也使得计划生育政策成为中国人口政策的代名词。

---

① 参见《中华人民共和国人口和计划生育法》第一章第二、三条。

而事实上，人口政策不仅仅局限于生育政策。一方面，生育政策可以进一步细化为生育核心政策和生育辅助政策；另一方面广义的人口政策还包含了除生育政策之外的与人口有关的许多其他政策（见图1-1）。

图1-1　人口政策的内涵

　　如果将规定生育的数量、时间、间隔等方面的生育政策概括为生育核心政策，将包括社会抚养费制度、奖励扶助制度、优生政策等在内的围绕生育核心政策所制定的一系列相关引导措施或规定称作生育辅助政策的话，20世纪70年代以来，不仅直接制约人们生育行为的生育核心政策有很大的变动，中国生育辅助政策也走过了从"重罚"到"重奖"的历程。具体而言，就是从主要依靠"计划外生育罚款"或"社会抚养费"征收来制约人们的生育行为到重视依靠一系列奖励扶助措施来引导群众的生育行为。

　　20世纪80年代在计划生育政策实施过程中，中国政府和计划生育部门对计划外生育采取了严厉惩罚的措施，包括超生罚款和行政处分等，可以说当时计划生育工作在全国范围内的成功实施在某种程度上正是依靠生育辅助政策尤其是惩罚措施作为其有效的手段来完成的。按照2001年颁布的《人口与计划生育法》第四十一条规定"不符合本法第十八条规定生育子女的公民，应当依法缴纳社会抚养费"，与之相配套的《社会抚养费征收管理办法》于2002年8月2日由国务院公布，并于2002年9月1日起实施。《社会抚养费征收管理办法》对于社会抚养费的征收目的、征收对象、征收标准、征收方式以及社会抚养费的使用和监督等都做出了明文规定。要求从2002年9月1日起，凡未按国家规定的法定条件生育的中国公民，须交纳社会抚养费，以补偿因多生育子女而增加的社会公共支出。《社会抚养费征收管理办法》的出台，不仅仅是对过去"超生罚款"名称的改换，更重要的是，它标志着处罚措施理念上的重大转变，社会抚养费征收不是单纯的借助于罚款来惩罚计划外生育，警戒人们遵守计划生育政策，而是要借助"罚"这一种手段，鼓励群众顾全国家大局，尽可能为减轻中国的人口压力作出自己份内的贡献，目的是引导群众采取符合国家长远发展和民族整体利益的生育行为。

　　20世纪90年代以来，由于以惩罚为主的措施与计划生育在新时期的工作思路与工作方法背道而驰，因此，在保持现行生育政策稳定性和连续性的同时，为保护群众的基本权益，体现"以人为本"的科学发展观，中国从国家到地方均在积极探索以利益导向机制为主的计划生育奖励扶助制度，这也成为目前中国生育辅助政策的主要内容。建立计划生育利益导向机制，主要是利用物质利益原则，对独生子女家庭、实行计划生育的家庭和晚婚晚育者给予各种奖励、照顾和优惠，以引导人们主动实行计划生育。① 2000 年《中共中央、国务院关于加强人口与计划生育工作稳定低生育水平的决定》中虽然仍旧指出"在现阶段，对违反计划生育政策的家庭征收社会抚养费上缴国家财政"，但特别强调要"建立和完善计划生育利益导向机制"。具体措施包括"各级政府及涉农等部门要采取小额贷款、项目优先、科技扶持、政策优惠等措施，帮助计划生育农户增加经济收入，解决实际困难，提高社会经济地位。各级政府及扶贫开发部门应有计划、有重点地对实行计划生育的贫困户予以优先扶持，提高他们的生产自救和发展能力。各级政府及基层组织要建立激励机制，落实对实行计划生育家庭的奖励和优惠政策。对独生子女户发给一定数量的奖励费，城市独生子女父母退休时，各地可根据实际情况给予必要的补助。对实行计划生育的家庭特别是只有女孩的家庭，在分配集体经济收入、享受集体福利、划分宅基地、承包土地、培训、就业、就医、住房及子女入托、入学等方面给予适当照顾"等。近年来中国各地区计划生育奖励措施的分量逐渐超过了处罚措施，生育辅助政策正在从以往的惩罚机制为主转向以利益导向机制为主。"奖"主要针对的是符合政策生育的对象；"罚"主要针对的是违反政策生育的对象。从这个意义上说，奖励的面更为扩大，而且对于响应国家号召积极执行计划生育政策、为了国家的利益作出了终身的贡献的全国数以万计的家庭也是一种经济和精神的补偿。

二、从狭义人口政策到广义人口政策

人口政策有狭义和广义之分。对于狭义人口政策和广义人口政策的界定还存在不同意见。如梁中堂认为所谓狭义人口政策是指那些具有法的形式并且旨在影响人口过程的国家政策和法令；而广义的人口政策是指那些对人口过程产生重大影响和旨在影响人口过程的国家行为。② 侯文若认为广义人口政策涉及

---

① 参见杨魁孚：《积极建立控制人口增长的社会制约机制和利益导向机制》，《人口与经济》1992 年第 6 期，第 3 – 10 页。

② 参见梁中堂：《人口学》，山西人民出版社，1985 年，第 236 页。

人口的一切侧面，包括婚姻、生育、死亡，也包括人口的空间移动，以及人口的自然结构和社会结构的变动；而狭义人口政策则直接与人口的生产和再生产有关。① 在刘铮等编著的《人口学辞典》中，狭义人口政策是指直接调节人口再生产和迁移活动的法令，其目的在于影响人口诸变数沿着预期的方向发展；广义的人口政策则还包括旨在直接影响人们生育行为和人口分布的社会经济政策和措施。② 尽管如此，人们还是取得共识，将生育政策视作狭义人口政策的核心内容。

长期以来，与中国的人口形势密切相关，人们更为关注的是以人口规模为核心的生育数量、时间和间隔等问题，这也是狭义人口政策的主要内容。随着社会政治经济形势和人口形势的发展变化，虽然中国人口数量急剧增长的势头得到了有效地遏制，但是人口素质、人口结构、人口分布、人口迁移流动等其他问题日益浮出水面，并引起了社会的广泛关注。更为关心人口素质、人口结构、人口分布等基本特征以及教育、就业、保障等人口社会经济活动领域的广义人口政策开始走入人们的视野。

广义人口政策的相关内容几乎也是伴随着中国人口实践同时产生的，其制定与实施对中国的社会经济发展同样起到了重要的推动作用，只不过人们很少从"人口政策"的视角对其予以关注而已。如早在新中国成立之初，户籍制度的出台就为城乡人口的迁移流动做出详细规定，并写入《宪法》；在20世纪70年代初，随着计划生育政策的全面实施，国家和政府对人口素质、结构问题也日益重视，将人口素质与人口数量放在同等重要的位置。国家提出"晚、稀、少"的生育政策时，虽然是对生育数量、时间和间隔的规定，但实质上也是从考虑到提高人口素质的角度出发，此后还明确提出了晚婚晚育，少生优生的倡议。1994年《中华人民共和国母婴保健法》的颁布更是以法律的形式保护母婴的健康，提高出生人口素质。即使在生育政策引导下的计划生育工作开展过程中，也不断拓展着生育政策和计划生育工作的内容。如通过开展"三为主"和"三结合"等活动③，以及通过"婚育新风进万家活动"和"关

---

① 参见侯文若：《全球人口趋势》，世界知识出版社，1988年，第377页。

② 参见刘铮：《人口学辞典》，人民出版社，1986年，第43页。

③ "三为主"即"计划生育工作要以宣传教育为主、避孕为主和经常性工作为主"，"三结合"即"把计划生育工作与发展经济、帮助农民勤劳致富奔小康、建设文明幸福家庭相结合"。参见石海龙：《中国计划生育"三为主"和"三结合"研究》，载于于学军等主编：《中国人口发展评论：回顾与展望》，人民出版社，2000年，第410页。

爱女孩行动"等实施计划生育优质服务，将生育、健康、生活、生产以及人口数量、人口素质、人口结构等因素综合考虑。

20世纪90年代以后，许多与人口发展密切相关的社会经济政策如劳动就业、教育、养老保障等问题也纳入了人口政策这一大的体系中统筹考虑。中国是一个人口大国，有着得天独厚的劳动力资源优势，这些劳动力的素质和就业问题直接影响中国的经济发展和改革开放，因此，人口教育和就业近年来已成为政府越来越高度关注的问题，并且颁布了一系列法律法规切实保障公民的受教育权利，并创造一切有利环境满足社会成员的就业需求。这些政策一方面影响中国人口的数量、素质和结构，另一方面对中国的社会经济发展又起着举足轻重的作用，尤其是在建设社会主义现代化，构建和谐社会的过程中，对于实现全面协调可持续发展将起到巨大的推动和促进作用。面对日益凸显的人口结构问题，国家制定了更加详细、明确的措施法规。如在公共卫生领域内，加强了生殖健康的服务和宣传；针对出生人口性别比居高不下的性别结构问题，和一些地区重男轻女的传统观念，国家大力开展"关爱女孩行动"，广泛提倡性别平等；针对人口迁移流动问题，不断推进各地户籍制度改革，完善流动人口管理相关政策；面对人口老龄化日益严重的现实，国家不断探索全面有效的养老保障措施，尤其是探索建立有利于计划生育的社会保障制度。在城市，积极建立并发展养老保险、基本医疗保险、生育保险和社会福利等社会保障制度；在农村，坚持政府支持和农民自愿的原则，根据实际情况逐步建立实行计划生育的独生子女户和两女户的养老保障制度。2003年国家计划生育委员会改名为国家人口和计划生育委员会后，由于工作职能和工作领域的拓展，人口政策体系所包含的内容更为广泛。

随着中国改革开放和社会经济的不断发展，生育政策在中国人口转变过程中发挥的作用会逐渐减小，而社会经济因素对人口发展将起着越来越重要的作用，因此，人口政策的制定必将考虑到社会经济生活的各个领域，和其他公共政策相配套，人口政策也必将涵盖更加丰富的内容，跨越多个学科、部门，与众多政治、经济、社会、文化政策共同推动中国人口事业的发展。

第三节 对中国人口政策的评价和讨论

一、中国人口政策的定位

作为世界第一人口大国，自新中国成立以来由政府所主导的遍及全国的计划生育运动，迅速遏制了人口过快增长的势头，为中国赢得了世界赞誉，也招致了不少非议。世界上可能没有哪个国家的哪项政策像中国的人口政策尤其是生育政策那样吸引了如此多的关注，也招致了如此纷杂的评价。

综合评价中国人口政策之前，需要回答两个问题：第一，中国是世界上惟一实施人口控制的国家吗？第二，人口政策的性质是什么？

对于第一个问题的回答无疑是否定的。尽管鼓励生育一直是高死亡率以及与高死亡率相抗衡的高生育水平时期人类社会的主导旋律，但事实上自古以来，人口控制就是人类为了种族生存以及使自身发展与外界环境相适应所采取的有效措施之一。只不过，人类历史上的人口控制可以粗略划分为生育前控制和生育后控制两大类。所谓生育前控制，主要是指在新的生命诞生之前对育龄人群通过避孕、人工流产等手段采取的人口控制措施；而生育后控制，则是针对相对过剩的已经出生的人口通过溺弃、杀戮等方式采取的控制。有些人口控制行为是人为、自觉发动的，如近代的计划生育运动；而有些人口控制效果则是被动，甚至是悲剧性事件导致的，如瘟疫、灾荒和战争等。可以说，人类对自身进行控制的历史与人类历史一样漫长，只不过由于技术手段的匮乏或伦理观念的限制，直到第二次世界大战以后避孕绝育和堕胎合法化才开始出现在一些发达国家，并逐渐影响到发展中国家。

现代社会中，日本是世界上第一个制定限制生育率与人口增长政策的国家。国土狭小、资源紧缺一直是日本政府神经绷紧的主要原因，对于人口问题更是不敢掉以轻心，根据人口形势的变动适时制定并调整人口政策。1948 年，日本国会通过了《优生保护法》，以应对战后婴儿激增及有力的公共保健政策所致死亡率下降而带来的人口快速增长的冲击。20 世纪 70 年代，世界资本主义经济危机爆发，日本经济受到了严重打击。再加上 1974 年世界人口会议发出的控制人口的呼吁，以及人口咨询机构向政府提出的加强人口控制的建议，日本的人口控制政策再次加强，1974 年日本政府把"静止人口"作为日本人口发展的目标。与之相对应的是，近年来，为了应对快速的人口老龄化及其社会经济问题，日本政府重新修订了持续多年的人口政策，转而实施奖励生育的措施。1997 年对《男女雇用机会均等法》进行了修改，以期消除就业领域中的性别歧视、扩大妇女再就业范围、提高婚育期女工工资待遇等。2001 年修改了 1991 年制定的《育儿休业法》，并于 2002 年全面施行。2003 年 7 月制定了《少子化社会对策基本法》，设置了少子化社会对策会议。2004 年 6 月内阁

制定了《少子化社会对策大纲》，提出了四个重点课题。①

在发展中国家中由政府为主导来推行现代意义上的计划生育，中国也并不是先驱，与中国一直并占世界人口大国头两把交椅的亚洲近邻印度走在了前面。早在20世纪50年代，当中国还处在"人多力量大"的建设热情和舆论环境中时，印度政府就在其国民经济发展的第一个五年计划中宣布实施家庭生育计划，决定执行以控制人口增长为宗旨的人口政策。1961年开始，印度政府把人口控制措施从创办家庭生育计划诊所，转向加强人口教育和国家对家庭生育计划的指导，并于1966年成立家庭生育计划部。之后，印度政府动员全国人民加紧控制人口：1972年宣布人工流产合法；20世纪70年代中期，印度国大党政府开展强制性绝育运动，规定凡是有两个或两个以上子女的育龄夫妇必须有一人实施绝育手术（其中以男子结扎为主）。印度各地建立起许多绝育营，官员纷纷上阵督促。然而，这种如急风暴雨式推进的高压政策不仅与文化、习俗、宗教等碰撞，引起民众强烈不满，而且最终导致了政治骚乱。1977年，国大党政府倒台，强制性绝育政策也被中止。② 在经历了家庭生育计划的低谷阶段之后，1980年英·甘地重新上台执政，家庭生育计划活动又重整旗鼓。但20世纪80年代印度的计划生育政策没有女性保障、妇幼保健、计划生育服务等配套政策，人口政策并不成功。2000年印度政府颁布了《国家人口政策2000》，政策重点是转变生育观念、完善各项配套政策，这也是印度目前遵循的计划生育纲领性文件。基本原则是政府鼓励、帮助、引导控制生育，但是以自愿为前提并且不限制生育数量。尽管印度的人口控制过程早于中国，也采取了很多奖励惩罚措施③，但这种以民众觉悟为出发点的政策收效甚微，人口控制的效果远远不及中国。据联合国人口司预测④，到2025年，印度将取代中国成为世界上第一人口大国。

由此可见，中国不是世界上唯一实施人口控制措施的国家，但也许是世界

---

① 参见中国人口信息网：《缓解人口问题日本鼓励休假》，来自：《天津日报网－城市快报》http：//www. cpirc. org. cn/news/rkxw_ gj_ detail. asp？ id＝6295. 2006－01－19.

② 参见中国人口信息网：《印度不限制生育数量，预测到2015年人口将超中国》，来自：《世界新闻报》http：//www. cpirc. org. cn/news/rkxw_ gj_ detail. asp？ id＝8195. 2007－04－16.

③ 如印度1976年的《计划生育法》规定，对有两个以上孩子的夫妇不予提供贷款，不予提供工作、住房，不予免费医疗、提供教育津贴等；有三个孩子的夫妇必须绝育，否则处以罚款监禁。独生子女家庭可以得到较好的住房待遇；绝育最多的村子给予饮水、灌溉和更多的福利保健；对"晚"生、"稀"生的妇女给予奖励等。

④ UN，World Population Prospects：The 2006 Revision. 公布日期：2007年3月13日。

上控制人口措施最为严格和效果最为显著的国家。因此，中国的人口政策招致全世界的瞩目就是一件情理之中的事情。

对于第二个问题，答案也是显然的。人口政策的本质是一项公共政策①，是一个国家社会经济政策体系中的重要组成部分。② 公共政策是以政府为主的公共机构为确保社会朝着政治系统所确定、承诺的正确方向发展，通过广泛参与的和连续的抉择以及具体实施而产生效果的途径，利用公共资源，达到解决社会公共问题，平衡、协调社会公众利益目的的公共管理活动过程。③ 因此，一项公共政策的适当与否，成功与失败，直接关系到政策执行者的利益，影响到人们对政府的信任程度，对公共政策的效果加以评估就显得尤为重要，公共政策执行后的效果差异会促使政府中的决策人员去寻找根源——政策效果与目标是否一致？政策评估通过对政策效果的分析，找出偏差出现的原因，总结经验，吸取教训，从而为以后的政策制定与实施提供借鉴。

评价人口政策是一件极其复杂、困难的事情，不仅因为政策本身并不是静止的，而是随着时间在不断发生着剧烈或者悄然的变化，而且评判者的态度、立场以及所取得的论据也会大相径庭。对于中国人口政策的评价如同政策本身的重点在于生育领域一样，也主要是聚焦在生育政策上。

二、中国人口政策的是与非

不同于一般公共政策运用定量与定性的方法来衡量政策的成本、效益及数量关系等，人口政策在执行过程中涉及到整个社会、经济、文化观念的深刻变革，很难完全用精确的定量方法来计算政策所取得的效果。

如果从综合的角度对人口政策做概括性评价，则首先从人口政策的直接效果和间接效果看，最明显的直接效果就是加速了中国生育率的转变。中国实行计划生育以来，全国少生 4 亿多人，提前实现了人口再生产类型的历史性转变④；从间接效果看，人口数量的下降对中国的经济发展作出了重大贡献，有效缓解了人口发展对经济社会发展的制约，同时减轻了对生态环境和资源的压力。有专家认为，实行计划生育控制人口增长，虽然不能直接创造社会物质财

① 参见汤兆云：《我国人口政策运行过程研究》，中国言实出版社，2007 年，第 26 页。

② 参见张纯元：《中国人口政策演变历程》，载于于学军等主编：《中国人口发展评论：回顾与展望》，人民出版社，2000 年，第 1 页。

③ 参见陈庆云：《公共政策分析》，中国经济出版社，1996 年，第 8 页。

④ 参见：《中共中央国务院关于全面加强人口和计划生育工作统筹解决人口问题的决定》（2006 年 12 月 17 日）。

富，但它是以减少人口和消费、提高人均水平的形式实现经济效益和社会效益的特殊效益型工作。由于计划生育而减少出生的人口不仅为社会节省了巨额的抚养费，而且减轻了给人民衣食住行和教育、就业、医疗、生态环境等各方面的压力，对中国的经济发展和人民生活水平的提高，缓解各方面的矛盾，起到了重要的作用。①

从人口政策实施的正面效果与负面效果看，中国国家计生委《中国未来人口发展与生育政策研究》课题组在对中国现行计划生育政策评估时，将正面效果总结为四个方面：（1）促进生育率大幅度地降低，人口快速增长的势头被有效地遏制，成功地实现了人口低增长的目的；（2）减轻了人口和土地、资源的矛盾，促进了社会的可持续发展；（3）改善了妇女的生殖健康状况，有效降低了因怀孕导致的死亡风险，提高了妇女、儿童的健康水平，提高了妇女的社会地位；（4）生育率迅速下降对经济增长做出了重要贡献。负面效果则表现为：（1）在生育意愿尚未完全转变的情况下，强硬的行政管理使得干部的工作难做，干群关系紧张，影响社会稳定；（2）妇女成为计划生育政策的直接体现者，承受着巨大的生理、心理压力，影响妇女地位的提高；（3）国际社会对中国计划生育政策的抨击过多，有损于中国的国际形象，影响对外开放政策的贯彻；（4）伴随生育率的急剧下降，还产生了一些令人关注的社会问题，反映了政策执行中存在的一些问题和负面效应。② 出生性别比偏高、老龄化以及独生子女家庭风险等已成为目前日益突出的人口问题。

从人口政策的短期效果与长期效果看，中国人口政策的核心目标就是控制人口数量的增长，目前也已基本完成这一目标，中国用了短短30多年时间就达到了生育率的迅速下降，取得了举世瞩目的成就；然而，人口数量的变化仅仅是政策所取得的短期效果，并不能全面反映政策执行的好坏，因此还应分析、评价政策所产生的长期影响，从人口性别结构角度看，国家和政府越来越重视女性社会经济地位的提高和全面发展，倡议全社会共同关爱女孩，在全社会树立性别平等观念，促进女性的身心健康和全面发展；针对老龄化问题，不断探索有效完善的养老保障机制；针对人口分布、流动问题，在政策上进行倾斜和引导，不断完善户籍制度改革，促进城乡间的合理流动，从长远的角度

---

① 参见杨魁孚：《积极建立控制人口增长的社会制约机制和利益导向机制》，《人口与经济》1992 年第 6 期，第 3 - 10 页。

② 参见国家计生委课题组：《中国未来人口发展与生育政策研究》，载于《人口研究》2000 年第 3 期，第 18 - 34 页。

看，这些措施能够全面促进人口与经济、社会的可持续发展，是中国人口发展战略的重要组成部分，对国家和民族的未来都将产生深远的影响。

目前中国国内对于人口政策讨论最多的就是要不要调整现行生育政策的问题，其背后实际上也是对现行生育政策的评价。每个学者都从各自的研究角度出发，根据目前人口形势和对未来人口发展趋势的预测，提出对人口政策的相关建议。学者们基本上持两种观点。

第一种观点认为应长期坚持稳定人口政策。人口控制是中国经过几十年艰难探索、争论才达成的共识，在设计新世纪中国人口发展战略框架时，人口控制应当始终是它的主旋律和核心原则。在这个问题上，是不能也不应该动摇的①；稳定低生育水平是中国在人口问题上重大战略决策的继续和完善，是理性的选择。通过节约人口投资、推动城乡改革、提高中国整体实力和国际竞争力、缓解人口对资源环境的压力，为提升两代人的人力资本创造条件。稳定低生育率能促进生产力发展，提高人民生活质量，实现社会的和谐进步。此外，稳定低生育率还为中国庞大的人口转化为丰富的人力资源创造条件。虽然继续稳定低生育率也必将伴随一些负面影响，但总的来说对中国今后经济社会发展利大于弊②；要实现中国人口发展战略目标必须坚持计划生育这一基本国策，实施以稳定低生育水平为重点的战略。③

第二种观点认为中国应该尽快调整以控制人口数量为主的现行生育政策。有专家认为中国人口无论是数量、结构还是素质都存在着人口安全和风险问题，需要选择一个人口数量稳步减少、人口结构合理、人口素质不断提高的长远的、统筹的、协调的和可持续的人口发展战略、人口决策。④ 在控制人口效果方面，现行生育政策对于抑制农村妇女的早婚早育和多胎生育、调节和疏导中国第三次生育高峰没有多少实际意义。迅速改变现行生育政策，彻底纠正"一胎化"生育政策给社会稳定带来的隐患，是一件刻不容缓的事情。⑤

① 参见翟振武：《当代中国人口发展战略的回顾与思考》，载于翟振武、李建新主编：《中国人口：太多还是太老》，社会科学文献出版社，2005年，第13页。

② 参见邬沧萍、孙鹃娟：《稳定低生育水平战略决策的回顾与前瞻》，载于《浙江大学学报（人文社会科学版）》，2006年第6期，第7—13页。

③ 参见国家计生委课题组：《中国未来人口发展与生育政策研究》，载于《人口研究》2000年第3期，第18—34页。

④ 参见李建新：《风险社会与中国人口结构安全》，载于翟振武、李建新主编：《中国人口：太多还是太老》，社会科学文献出版社，2005年，第185、198页。

⑤ 参见梁中堂：《现行生育政策研究》，载于《市场与人口分析》，2006年第5期，第50—57页。

国际上对于中国人口政策的评价同样褒贬不一。怀疑和否定的观点包括：认为中国的计划生育政策在降低生育率方面取得了巨大成就的同时，对于人口年龄结构、家庭关系、独生子女社会心理特征和性别不平等方面也带来了一系列不利的后果，其中最为突出的是中国家庭为此所付出的社会和经济的成本。"一孩"政策是基于一系列宏观人口和宏观经济增长假设关系计算推导出来的政策结果，它恰恰忽略了这一政策对于家庭的可能的微观社会影响。"一孩"政策通过改变家庭这一基本的社会和经济单元，撼动了中国的社会结构，削弱了家庭的养老能力①；认为中国的生育控制政策对于妇女造成了极大伤害，因为主要是妇女来承受避孕、流产的负担以及不得不按照政策要求公开自己的婚姻生育相关的隐私②；中国严格控制人口的政策导致了出生性别比失调问题，认为国家的人口政策与当地文化相互作用产生和加剧了性别不平等。③

也有观点对于中国人口政策的作用予以肯定。如认为快速的社会经济变化和政府的政策均对中国的生育率下降做出了重要贡献，但政策所起的作用更为显著，而且这些政策在农村地区发挥的作用更大。④ 中国的计划生育政策注意到了个人权利与国家利益之间的配合。如根据城乡的实际状况，采取了城乡有别的生育政策，允许农村地区生育第二个孩子等。⑤ "如果没有计划生育政策，中国的经济改革或许无法起步。"⑥

三、中国人口政策的过去、现在与未来

无论人们如何评判，中国的人口政策自新中国成立以来已经历了 60 年的风风雨雨，从讨论、探索到发展完善再到最后以法律的形式确定下来，这期间经过了曲折、复杂的过程。人口政策牵动着亿万人群和家庭的切身利益，影响

---

① 参见 John Bongarrts and Susan Greenhalgh. 1985. "An Alternative to the One – Child Policy in China". Population and Development Review. Vol. 11. No. 4. pp. 585 – 617.

② 参见 Susan Greenhalgh. 1994. "Controlling Births and Bodies in Village China". American Ethnologist. Vol. 21. No. 1. pp. 3 – 30.

③ 参见 Rachel Murphy. 2003. "Fertility and Distorted Sex Ratios in a Rural Chinese County：Culture，State，and Policy". Population and Development Review. Vol. 29. No. 4. pp. 595 – 626.

④ 参见 John Bongarrts and Susan Greenhalgh. 1985. "An Alternative to the One – Child Policy in China". Population and Development Review. Vol. 11. No. 4. pp. 585 – 617.

⑤ 参见 Lawrence W. Green. 1988. *Promoting the One – Child Policy in China*. Journal of Public Health Policy. Vol. 9. No. 2. pp. 273 – 283.

⑥ 德国柏林人口发展研究所所长赖讷·克林霍尔茨之语，参见 "中国如不计划生育，经济改革或无法起步"，来源新华网，2006 – 11 – 24. http：//www. chinadaily. cn/jjzg/2006 – 11/24/content_741881. htm.

着国家和民族未来的发展，也时刻受到国际舆论社会的关注。回顾中国半个多世纪以来人口政策的发展历程，总结历史经验和教训，探寻今后人口政策的发展方向和目标，具有重大的理论意义和现实意义。

如果将新中国成立后60年来中国人口政策的酝酿实施以20世纪60年代末70年代初为标志划分为两个阶段，则在计划生育政策前期发展的第一阶段，政策目标是单一和集中的，主要针对人口数量众多的问题而展开，目的就是控制人口数量，节制生育；政策实施主要通过党中央和国务院发布的一系列文件、决定在全国范围内实施，但由于当时社会经济和一些人为历史事件的影响，使人口政策的实施几度中断，很不连续；政策效果受到当时外部环境的影响，人口政策在当时并没有对生育控制产生立竿见影的效果。在20世纪70年代以来计划生育政策全面实施的第二阶段，政策目标在坚持人口数量控制为主的前提下，逐渐朝向多元化方向发展，人口素质、结构问题日益受到关注；政策实施有了制度、机构和法律的保障，并且国家制定了一系列生育辅助政策即奖惩机制作为全面实施政策的手段，从最初的以强制性惩罚措施为主到目前以利益导向机制为主的奖励扶助制度，都深深地影响着人们的生育行为，也从一定程度上转变了人们的生育观念。同时政策的制定更体现出多元化和人性化的特点，一方面，生育政策的内容逐步丰富和完善，更加兼顾到与其它社会经济政策的相互配套，协调发展；另一方面，更加考虑广大群众的切身利益需求，充分体现人性化的特点。从政策效果看，中国的人口控制取得了举世瞩目的成就，逐步稳定、下降的生育率已是不争的事实，但同时对人口的性别、年龄结构也产生了一定的影响。

历史回顾让我们看到，中国的人口政策走过了一条曲折漫长的道路，从20世纪50年代中期开始的节育政策到不久被迫中断，从20世纪60年代初的再次复兴直至60年代末又进入低谷，最后到70年代初终于迎来了中国计划生育政策全面发展的新时期。虽然此后政策调整，人口曾一度出现反弹，但人口发展稳中有降的总的趋势一直没有改变，控制人口过快增长自始至终都是中国计划生育政策的主导目标，也是中国人口发展战略的核心思想。

人口政策是国家从长远利益出发，对人口过程进行调节、干预的手段和措施，它是中国社会经济政策体系的重要组成部分，是不可或缺的公共政策。尽管中国的人口政策在实施伊始，采用了一些过激的手段和措施，尤其是借助于惩罚性的经济和行政措施来保证效果，引起了群众和国内外舆论的负面评价，但随着政策的不断发展完善，中国的人口政策已逐渐遵循"以人为本"的理念，从"罚为主"到"奖为主"的生育辅助政策的演变正说明了这一点。人口政策在促进人口与经济、社会、资源、环境的协调发展和可持续发展中具有十分重要的作用，人口政策必须适应影响人口变动过程中各种因素的变化而不断调整完善。人口政策的出发点应该是现实的人口状况即人口形势，二者是相辅相成，协调发展的，政策的制定不应脱离现实人口形势而急于求成，当前中国人口政策的主要目标就是针对目前人口数量、素质、结构、分布等方面的问题，坚定不移地走中国特色统筹解决人口问题的道路。在今后人口政策体系中，计划生育政策也将慢慢退出主导地位，而其他与社会、经济密切相关的人口政策必将对中国的未来人口发展起到举足轻重的作用。

尽管当前对于是否应该调整生育政策已成为人口学界讨论的热点，众多人口学者、专家通过各种不同的实证分析论证，对未来中国生育政策的走向提出了许多具体建议措施，但政府以及大部分学者都认为稳定低生育水平是中国应该长期坚持的目标，"要坚持基本国策，加强和改善计划生育工作"，"稳定低生育水平，提高计划生育工作水平，统筹人口增长和提高人口素质的关系"①。

中国的人口政策经历了几十年的风风雨雨，其中既有波折反复，也取得过辉煌的成就，尤其是 20 世纪 70 年代以来生育政策的不断发展、成熟与完善，带给中国的不仅仅是生育率的迅速下降，对社会经济发展所作出的巨大贡献，更重要的是，它引发了一场深刻的社会变革，对传统社会意识形态领域和人们的思想价值观念都带来了巨大的冲击。在对人口政策不断探索完善的过程中，中国更加深了对人口问题的认识，对未来人口发展战略也将会做出更加理性的抉择。

① 参见温家宝：《在全国人口计划生育工作会议上的讲话》，2006 年 12 月 26 - 27 日。

第二章

韩国的人口政策：变迁及含义

与中国一样，韩国依据其特有的人口国情制定和实施人口政策，并予以调整和改变。1955－1960 年的韩国人口生育率达到一个高水平①，那时韩国成为世界上生育率水平最高的国家之一。韩国的生育率在 1959 年到达峰值以后开始缓慢下降。1961 年，韩国继巴基斯坦和印度之后成为第三个采取直接人口政策的国家。

本章首先介绍韩国人口政策的变迁历程，然后分别介绍韩国的生育政策、人口再分布与相关政策、人口老龄化及其相关政策，最后分析韩国未来的人口趋势与劳动迁移政策。

第一节　韩国人口政策的变迁

一、韩国人口政策的变迁历程

1962 年，韩国在健康福利部的指导下首先提出了国家计划生育项目。在最初阶段，国家计划生育项目的重点放在提供免费的避孕方法和信息服务上。采用这一策略的主要原因是关注农村地区的需要，因为当时超过 70% 的韩国人生活在农村，他们没有避孕的方法，也得不到生育控制的信息②。20 世纪 70 年代，越来越多的人从农村迁移到了城市，为了应对这一情况，计划生育项目的重点随之转移到了城市地区，尤其针对城市低收入家庭和在工业部门工作的人。

---

① 参见 Kim，Ik，Ki. 1987. Socioeconomic Development and Fertility in Korea. Population and Development Studies Center. Seoul National University.

② 参见 Cho，Namhoon. 1996. Achievements and Challenges of the Population Policy Development in Korea. Korean. Institute for Health and Social Affairs.

1981 年，人口增长对于未来社会经济发展的影响成为韩国政府关注的重点。政府通过总统令颁布了新的人口政策。新人口政策的主要内容如下：（1）改善计划生育项目的管理和执行机制；（2）加强社会支持政策方法；（3）修订法律以根除传统的男孩偏好；（4）巩固"信息、教育和沟通"活动；（5）建立政府部门间的密切协作以成功实施计划生育项目。①

1986 年，韩国政府修订了《母婴保健法》。修订的主要内容是使特定情况下的人工流产合法化，以使对包括免费避孕服务和激励使用避孕方法的国家计划生育项目的法律支持政策化。

1988 年，韩国政府达到了计划生育项目的最初目标，生育率降低到了更替水平以下。因此，当 1991 年韩国政府起草第七个"五年经济和社会发展计划"（1992－1996）时，将免费发放避孕药具的政策变为由私人和商业部门管理的个人支付系统。根据这一政策，政府对国家计划生育项目的预算从 1986 年的 318 亿大幅减少到 1996 年的 24 亿②，并且在同一时期，接受政府项目提供的免费避孕药具的人数也大幅下降。

韩国计划生育项目的成功实施造成了生育率的急剧下降，与此同时，这种没有预料到的生育率快速下降也带来了负面的影响，例如性别比失衡、劳动力缩减、老年人急剧增加和普遍的性别选择性流产。为了解决这些新的问题，韩国政府将人口政策调整到了新的方向，以适应变化的社会经济和人口情况。

为了达到这一目标，韩国在 1994 年成立了一个"人口政策审议委员会"，这个委员会的任务是通过总结以往人口政策的经验、预测未来新人口政策的发展方向。1996 年，韩国政府正式宣布实施新的人口政策，重点在改善整个人口尤其是老年人口的生活质量和福利。

以下是按照年代排列的韩国人口政策脉络③：

1961 年：（1）将国家计划生育政策作为 1962 年开始的"五年经济发展计划"的一部分；（2）废除禁止进口和国产避孕药具的法律；（3）成立"韩国计划父母联盟（PPFK）"作为私人志愿组织；（4）采用计划生育标语"少生

---

① 参见 Cho, Namhoon. 1996. Achievements and Challenges of the Population Policy Development in Korea. Korean Institute for Health and Social Affairs.

② 参见 Cho, Namhoon. 1996. Achievements and Challenges of the Population Policy Development in Korea. Korean Institute for Health and Social Affairs.

③ 参见 Cho, Namhoon. 1996. Achievements and Challenges of the Population Policy Development in Korea. Korean Institute for Health and Social Affairs.

孩子，让他们健康成长"。

1962 年：（1）在政府健康福利部的指导下开展国家计划生育项目；（2）建立计划生育咨询室，并在 183 个公共健康中心安排计划生育工作人员；（3）引入男性结扎、避孕套和避孕胶冻到国家计划生育项目中；（4）对计划生育工作者和实施男性结扎手术的外科医生进行培训。

1963 年：（1）在公共健康局和健康福利部下成立母婴保健部；（2）在 183 个公共健康中心各自再安排两名高级计划生育工作人员。

1964 年：（1）为 1473 个乡镇级健康中心各自安排一个计划生育工作者；（2）对实施安放宫内节育器（IUD）的外科医生进行培训；（3）将 IUD 引入到国家计划生育项目中；（4）为了覆盖偏远地区开始使用流动计划生育工作者。

1965 年：在健康福利部成立"计划生育调查和评估组"。

1966 年：将计划生育目标体系纳入到国家家庭项目中。

1968 年：在全国建立"计划生育母亲俱乐部"。

1971 年：（1）成立"韩国计划生育机构（KIFP）"；（2）采用计划生育标语"不分男女，两个以内"。

1972 年：通过在健康福利部下面建立母婴保健局强化政府项目的组织。

1973 年：颁布《母婴保健法》，使特定条件下的人工流产合法化并且允许安置 IUD。

1974 年：（1）开始在城市实施特别的计划生育规划；（2）医院规划；（3）工业地区规划；（4）城市低收入地区规划；（5）人口教育规划；（6）将每月例行服务纳入国家项目；（7）对三个孩子以内的家庭收入免税。

1975 年：（1）培训医生进行女性输卵管结扎；（2）作为自愿组织成立韩国自愿结扎联合会（KAVS）。

1976 年：（1）引入女性结扎到国家项目中；（2）在副总理领导之下成立计划生育审议委员会；（3）为 183 个公共健康中心各自安排男性信息官员。

1977 年：（1）两个孩子以内的家庭收入免税；（2）公司花费在员工计划生育服务上的支出免税；（3）修订《家庭法》中关于妇女财产继承权的部分；（4）将计划生育母亲俱乐部并入妇女联合会。

1978 年：（1）有两个以内并且接受结扎的家庭可以优先分到公共住房；（2）进口避孕产品原材料免税；（3）采用计划生育标语"一个好女儿胜过十个儿子"。

1980 年：生育二孩以后接受结扎的人生育孩子的费用可以减少。

1981 年：（1）颁布新的人口政策，强调社会支持政策刺激计划生育项目；（2）在健康和福利部建立家庭健康部门，作为计划生育和母婴保健部的整合；（3）提高健康工作者的地位，从临时工改为正式健康工作者；（4）将韩国计划生育部（KIFP）和韩国健康发展部（KHDI）合并成韩国人口和健康部（KIPH）；（5）颁布《老年人福利法》；（6）成立老年人职业库。

1982 年：（1）在省级政府成立计划生育部门，覆盖计划生育和母婴保健项目；（2）医疗保险体系提供结扎和 IUD 服务；（3）有两个以内孩子并且接受结扎的家庭可以优先得到住房贷款，低收入人群可以优先得到生活贷款；（4）为低收入结扎人群提供经济补助作为对工资损失的补偿（两个及以内孩子的补助 140 美元，三个及以上孩子的补助 40 美元）；（5）有两个及以内孩子的结扎者其子女在五岁以前可以享受免费的基本医疗服务；（6）头两个孩子的教育补助可以免税；（7）有两个以内孩子的政府职员的家庭和教育补助可以免税（1983 年开始实施）。

1983 年：引入新型 IUD，例如 T 型铜环。

1985 年：（1）将健康保险扩大到女性工作者的父母和已婚工作者配偶的父母；（2）在农村地区将计划生育工作者，母婴保健和结核病工作者（TB）归为健康工作者。

1986 年：对 20 – 29 岁年龄组人群将避孕措施从结扎转向可逆方法。

1987 年：修订《医疗法》，禁止性别鉴定，并且对提供这种医疗服务的医生取消执照。

1989 年：（1）逐渐减少政府提供的免费避孕药具，通过健康保险项目和商业部门逐渐增加个人支付的计划生育方法使用者；（2）修订《家庭法》，使女儿有权成为户主，不论性别和孩次都有平等的继承权；（3）修订《平等就业机会法案》，防止在同等工作上对男女工作者不同的对待。

1990 年：（1）成立韩国健康和社会事务部（KIHASA），在原人口和健康部（KIPH）已有的健康和人口政策研究任务之上增加了社会事务研究的功能；（2）在健康和社会事务部成立老年福利部。

1991 年：颁布《就业促进法》，要求商业企业至少雇用 3% 的 55 岁及以上员工。

1994 年：（1）修订《医疗法》，对提供产前性别鉴定服务的医务人员加强惩戒，处以最高 3 年的监禁或 1 亿韩元的罚款（12 500 美元）；（2）12 月在健康和社会事务部下成立人口政策审议委员会，进行新人口政策方向和策略的制定。

1996 年：在金泳三总统主持的内阁会议上通过颁布新的人口政策，重点强调人口质量和福利。

1999 年：设立老年健康部门。

2000 年：为老年人口的长期照料成立政策计划委员会。

2001 年：在总理办公室下成立老年健康和福利政策发展委员会，以应对韩国社会人口老龄化的影响。

2002 年：老年健康和福利政策发展委员会做出"为了应对老年型社会，老年健康和福利的发展方向"的计划，确立了老年人口政策的基本方向。

2005 年，成立了直属总统的"低生育率和老龄化社会委员会"，总统任委员会主席，以应对低生育率和老龄化问题。政府决定每五年制定"老龄化社会和人口计划"。

2006 年，"第一次老龄化社会和人口计划"草案形成；"低生育率和老龄化社会委员会"听取了草案，并开始实施。

二、韩国人口政策变迁的背景及其影响

韩国人口政策的实施与变迁与其人口形势的变化密切联系。从 20 世纪 60 年代起，韩国经历了人口转变的主要过程。由于生育率的持续下降，韩国从一个快速增长的人口转变为一个低速增长的人口。在这一过程中，人口问题一直是社会关注和争论的焦点。

在这一时期之前，有效的生育控制方法还没有广泛推行。1962 年，韩国政府开始实行"五年经济发展计划"，并将计划生育列为国策。因此，国家的计划生育政策正式包含在 1962 年开始的"五年经济发展计划"之中。一系列"五年经济发展计划"的成功实施，使得在过去的 30 年韩国达到了每年 8% 的持续经济增长，并且带来了收入和受教育水平的提高、妇女地位的提高，以及在现代化过程中家庭角色和孩子的价值的转变。这种社会经济过程主要归功于成功的政府经济发展计划和对国家计划生育项目的全面接受。① 如果没有合适的人口控制政策，韩国在短期内实现经济增长的目标是不可能的，事实上，人口控制政策的实施也正是为了达到这样的目标。

① 参见 Kim，Ik，Ki. 1987. Socioeconomic Development and Fertility in Korea. Population and Development Studies Center. Seoul National University.

人们普遍认为社会和经济发展是与人口过程密切相关的。人口规模和结构的变化影响着与产出、收入、教育和就业相关的很多经济和社会因素。相反，社会经济条件变动又影响着人口因素，例如出生、死亡和迁移。此外，人口变动的决定因素包含在整个社会系统中并受到很多观念和公共政策的影响。1960－1985 年，韩国的生育率和死亡率继续下降，人口增长率也持续下降。这一过程受到了社会经济因素的影响，例如现代化、经济发展、城市化以及计划生育政策，所有的这些因素相互交织共同影响了韩国的人口转变。

在过去的几十年，韩国经历了人口增长和人口结构的实质性变化。1960 年，韩国的总和生育率为 6.0，是世界上生育水平最高的国家之一，但是到 2005 年韩国的总和生育率只有 1.08，是世界上生育水平最低的国家。与中国和日本相比，韩国几乎已经完成了人口转变，达到了低水平的出生率和死亡率。韩国政府和私人组织为生育率由早期的高水平降至低水平一如既往地做着共同的努力，并使之与国家的经济和社会目标相一致。

很难清晰地分辨出究竟是哪些社会经济因素和可能的决定因素对生育率的快速下降起到最重要的影响。一些研究表明，在可能的生育率决定因素中，计划生育项目，人工流产和结婚年龄的提高共同导致了韩国生育率的快速下降。①

第二节　韩国的生育政策：从控制生育到鼓励生育

一、韩国的生育政策及生育率下降

1960 年韩国的粗出生率（CBR）高达 45‰，从那时起，粗出生率持续下降。1960－1965 年，粗出生率仅下降了 3 个千分点，但是 1965－1970 年间，这一指标从 42‰大幅下降到 31.2‰，下降幅度近 11 个千分点。之后，生育水平持续下降没有间断。1980 年，粗出生率下降到了 22.7‰，1990 年为 15.4‰，2000 年达到 13.4‰，2005 年降至 9‰。和粗出生率一样，总和生育率（TFR）也在这一时期大幅下降。1960 年总和生育率高达 6.0，但 1980 年这一指标就降到了 2.83。

从 1985 年起，韩国的生育率降到了更替水平以下而死亡率基本保持稳定

---

① 参见 Kim, Ik, Ki. 1987. Socioeconomic Development and Fertility in Korea. Population and Development Studies Center. Seoul National University.

缓慢下降态势，因此韩国人口的增长率一直下降并且总人口有减少的潜力。根据韩国国家统计局（KNSO）的预测，韩国的人口将从 2000 年的 4700 万增加到 2020 年的 5070 万，然后开始减少。这一人口转变过程可能归功于持续的人口增长、教育的普及、生活方式的转变和医疗保险的全面开展。总和生育率在 1985 年降到 1. 67，1990 年为 1. 57，2000 年达到 1. 47，在 2005 年降至 1. 08。在这一时期，韩国政府不得不采取鼓励生育的项目。

韩国生育转变过程中生育率的下降可能有很多原因。假设生育都是婚内行为，那么总体的生育水平一般来说会受到人口中已婚妇女比例和婚内生育控制的影响。婚内生育控制包括避孕和人工流产，从 1962 年开始的国家计划生育项目对韩国生育率的下降产生了巨大的影响。

由于国家计划生育项目，韩国的总和生育率从 1960 – 1965 年的 6. 0 降到 1965 – 1970 年的 4. 6。1966 年韩国首府首尔和其它大城市的生育率大幅下降，因为韩国夫妇在马年避免生育女孩。[1] 在城市人工流产很普遍，20 世纪 60 年代早期，市场上也开始提供避孕方法。

20 世纪 70 年代早期，韩国夫妇的理想家庭规模、生育控制以及孩子价值的观念内化，之后开始了生育转变。[2] 生育转变晚期的含义完全不同于早期。1975 年之前，传统的家庭规范严格限制了韩国的夫妇；而之后，大部分韩国夫妇意识到他们可以通过避孕和人工流产来实现他们的理想家庭规模。

事实上，当人们面临极端贫困、失业以及难以供养大家庭时，由于婴儿死亡率的降低和存活婴儿数的增加，他们已经不自觉地参与到了政府赞助的计划生育项目中。[3] 同时，1965 年之后结婚的年轻男女在生育转变中起到了重要的作用。从 1975 年起，当他们的生育结束的时候，他们开始参与到自愿的生育控制中来。

避孕对降低婚内生育率的作用在 1965 – 1990 年期间特别明显，而这一时期婚内生育率下降对总和生育率下降的影响超过了婚姻构成的影响。人工流产对婚内生育率的降低在 1975 年之前起到了非常重要的作用。然而从 1975 年起，人工流产不再影响婚内生育率的降低。从 1990 年起，由于接受计划生育项目而降低的婚内生育率对降低总和生育率的影响也不再重要。取而代之的是

---

① 参见 Kwon，Tai – Hwan. 1977. Demography of Korea：Population Change and Its Components 1925 – 66. Seoul：Population and Development Studies Center. Seoul：Seoul National University Press.

② 参见 Jun，K. H. 2003. "Fertility." in The Population of Korea. Korea. National Statistical Office.

③ 参见 Jun，K. H. 2003. "Fertility." in The Population of Korea. Korea. National Statistical Office.

推迟结婚带来的更大影响。

首先看一下韩国避孕的实施。包括宫内节育器（1964）、男性输精管结扎（1962）、避孕套（1962）、口服避孕药（1962）、女性输卵管结扎（1976）在内的避孕方法都被引进到韩国的国家计划生育项目。[①] 1976 年女性绝育术引进之前，宫内节育器是政府提供的最主要的避孕方法。女性绝育术非常流行以至于韩国政府将避孕方法的重点从宫内节育器转移到了女性绝育术。随着女性绝育术接受程度的增加，宫内节育器、口服避孕药和避孕套的使用大幅减少。

随着韩国国家计划生育项目的开展，15－44 岁已婚妇女的避孕率从 1964 年的 9% 上升到了 1991 年的 79%。[②] 农村地区的避孕率甚至超过了城市，这主要是由于国家计划生育项目的重点是在农村地区，因为传统上农村地区的生育率高。

人工流产是影响韩国生育率下降的另一重要因素。随着 1962 年韩国国家计划生育项目的开始实施，作为避免非意愿生育的直接方法，人工流产数量开始上升，尽管这时人工流产在韩国还是被法律禁止的。1973 年实施的《母婴保健法》（MCH）允许以下几种情况下的人工流产：（1）有遗传缺陷或特定的传染性疾病；（2）由于强暴或乱伦导致的怀孕；（3）母亲会由于怀孕而处于危险状况。15－44 岁的育龄妇女至少有过一次人工流产经历的比例从 1964 年的 7% 上升到了 1991 年的 53%，然后到了 1994 年稍有下降为 49%。[③] 尽管法律仍然存在对人工流产的限制，58% 的人工流产是为了中止妊娠。1970 年的一项研究表明，韩国生育率下降的 38.6% 是由于初婚年龄的增加，31.9% 是由于避孕，29.4% 则是由于人工流产。[④]

妇幼健康对生育率的降低之所以很重要是因为这些因素与死亡率和避孕有着密切的联系。1962 年，韩国政府在每个健康中心建立了计划生育部门，并任用了护士和中年妇女为计划生育工作者。1967 年，政府在全国任命了妇幼

---

① 参见 Cho，Namhoon. 1996. Achievements and Challenges of the Population Policy Development in Korea. Korean Institute for Health and Social Affairs.

② 参见 Cho，Namhoon. 1996. Achievements and Challenges of the Population Policy Development in Korea. Korean Institute for Health and Social Affairs.

③ 参见 Hong，Moon Sik. 1994. "Boy preference and imbalance in sex ratio in Korea." Paper presented at the UNFPA/KIHASA International Symposium on Issues Related to Sex Preference for Children in the Rapidly Changing Demographic Dynamics in Asia, 21－24 Nov. Seoul. Korea.

④ 参见 Cho，Namhoon. 1993. Demographic transition：Changes in the determinants of fertility decline in the Republic of Korea. The Institute of Public Health. Tokyo. Japan.

保健工作者。然而直到第四个"五年经济发展计划"（1977－1981 年）韩国政府才正式考虑公共健康和社会福利问题。① 韩国大部分的避孕方法使用者是为了中止妊娠而采用避孕措施。由于这一情况，韩国政府开始通过避免意外怀孕和人工流产来强调妇幼健康。

二、从控制生育到鼓励生育

控制生育和鼓励生育背后的逻辑在本质上是一致的，即通过缩减理想家庭规模和实际生育孩子数之间的差距来修复平衡机制。在人口领域，自然生育水平的总和生育率是 6.0，这意味着对于计划生育的需求已经潜在的存在以抑制非意愿生育。在控制生育实施了几十年，同时作为这个世界上人口密度最高的国家之一，韩国政府发现很难扭转某些长期的趋势，这使得新人口政策虽然旨在鼓励生育，但实施起来并不容易。

考虑到这一点，在卢武铉的领导下，新人口政策的一个关键方面就是要采取各个击破而不是全盘的方法，即建立一个对孩子友好的环境，使得年轻男女感觉到不必再推迟他们的结婚年龄和生孩子的时间，以及减少他们的期望孩子数。② 韩国政府和商业社会必须付出努力以使妇女地位提高到和他们丈夫一样的水平，因为，横向和纵向数据分析均发现：生育率和妇女地位负相关。

然而不幸的是，在最近的发展阶段，即转变后期的社会，例如韩国、日本和欧洲、北美洲的发达国家，这种关系只是部分真实甚至完全无效。事实上，这种关系更像是 U 形曲线。在很多性别平等的国家比如北欧的瑞典和挪威，生育率并不像东亚（韩国，日本）和南欧存在性别歧视的国家那样低。③

生育孩子是一个可以逆转的过程，但是养育孩子是一个不可逆转的选择，几乎肯定是一生的义务，并且要求大量的时间、精力和金钱投入。在韩国，绝大部分的工作是由母亲来做的，这种牺牲对于那些比丈夫受到更多教育或拥有更多能力的妇女来说是很可怕的。如果没有适合的方法去减轻这种负担，她们中的大部分会坚持只要一个孩子。韩国的政府和私人企业以及小型或中型公司可能会再次强调男女平等的观念，通过减轻妇女和家庭相关的负担以及改善她们的生活条件来找到帮助她们产后复原的方法。

---

① 参见 Cho，Namhoon. 1996. Achievements and Challenges of the Population Policy Development in Korea. Korean Institute for Health and Social Affairs.

② 参见 Jun，K. H. 2003. "Fertility." in The Population of Korea. Korea. National Statistical Office.

③ 参见 Jun，K. H. 2003. "Fertility." in The Population of Korea. Korea. National Statistical Office.

韩国政府必须以平等和独立的名义，有强烈的政治意愿去奖励那些愿意接受这种道德责任生育至少两个孩子的公民，公共和私人部门都不应该惩罚和歧视他们。国家文化的继承和国家作为一个社会政治系统的存在就在他们的手上，拥有两个孩子值得花费更多代价。除了代际平衡问题的考虑，任何一个民主国家都有强烈的道德责任去提高每一个公民自由选择的权利。

当谈到孩子数量的问题，选择的自由，正如我们在"替代生育率"这一概念中看到的，这只不过是一个理论概念：父母为孩子的累积花费包括时间、精力和从小到大的花销远远超过了平常的想象。然而问题是，这不是回报到投资部门（父母）；而是被他们的国家政府、私人企业、国家养老金、健康保险系统，有时是为了缓解自己劳动力市场短缺的外国所吸收。

我们传统的人口思考方式有很多谜团和矛盾。① 其中一个与人口政策相关的提供了这样的信息：反对生育者认为计划生育项目是有效的，被很好接纳的，甚至在人口学家和国际捐助团体是很流行的。很少有统计学家敢说生育率的下降是时间的结果，在改变最终的家庭规模方面政府的政策是无效的。另一方面，建议鼓励生育的人口项目的人口学家通常会提出不合规范的观点："你将浪费你的时间、精力和金钱：年轻夫妇利用这些利益将预见到他们的家庭构成，但他们不会改变他们最终的家庭规模。"

根据韩国国家统计局最近的估计，生育率的下降更加明显甚至是令人震惊的：总和生育率在 2001 年为 1.30，2002 年为 1.17，2003 年为 1.19，2004 年为 1.16，2005 年为 1.08，2006 年为 1.13。这一模式的出现肯定不仅仅受 1997 年金融危机对韩国经济毁灭或瓦解的影响，也不仅仅是十二生肖的影响，还有高消费社会的到来，以及东亚妇女运动的高涨。显然，韩国的生育水平越来越接近南欧，像西班牙，意大利，希腊，并且低于韩国的邻国，日本和中国。

在韩国，经济活动和生育行为在传统的社会性别系统下变得更加严重，在这种社会性别系统下，男性在家务和子女照料中的参与程度非常的低。这种情况在南欧的意大利、西班牙以及东亚的日本和台湾都很普遍，不管他们一般的经济发展水平和社会福利状况如何。②

低生育率将持续到 21 世纪，除非韩国政府更多的关注基于家庭的人口政

---

① 参见 Jun, K. H. 2003. "Fertility." in The Population of Korea. Korea. National Statistical Office.

② 参见 Jun, K. H. 2003. "Fertility." in The Population of Korea. Korea. National Statistical Office.

策，这是由西方国家提出的以减少工作和生育的家庭行为之间的不和谐的政策，例如母亲/父亲休假以及孩子的照料服务。利益的关键之处在于要提高与男性相比较而言的女性的地位，并且提高社会对于下一代年轻人福利的关注。

对韩国来说，应该从法国、德国和瑞典的现实和历史经验学习基于家庭的人口政策。① 瑞典和法国这些欧洲国家都有较系统的以家庭为基础的人口政策，他们的妇女劳动参与率和生育率水平都比较高。2002 年，韩国妇女产假从两个月提高到三个月，但是由于全球竞争力的下降，遭到韩国商业公司的强烈反对，使得政府的这一政策没有执行。

此外，有报道说女性工作者在生第二个孩子后很难得到产假，政府应该为此做出努力，要求私人的小型和中型企业严格执行母亲/父亲休假的法律。尽管在最近十年韩国政府已经扩大并提高了儿童照料服务，服务的可得性还不够。需要政府和私人部门提供更多的服务以降低等待白天照料服务的孩子的数量。

韩国文化的传统特征是祖先崇敬和礼孝，这种情感已经延续了几个世纪。儒家经典《礼记》中提到了三种不孝，分别为：不扶养老年父母的人；盲目遵从父母，即使是错误的意见也不反对的人；不结婚没有后代的人，而后代指的是儿子。② 孟子是韩国最受尊崇的儒家学者之一，他认为无后是最不孝的。这种价值文化使得韩国妇女偏好儿子，因此在过去的十年带来了韩国不正常的高性别比。

然而目前，晚婚、不婚、离婚以及分居的情况比以前越来越多，也越来越被社会所接受。这些行为越来越普遍，形成的新的规范会影响韩国男女的婚姻行为，造成低结婚率和生育率。

过去的经验表明要成功的推行鼓励结婚的政策必须有一些必要条件。③ 任何以鼓励结婚为目标的新政策都应该是以女性为中心的和倾向女性的。此外，这些政策应该包含在更广泛的为预期的母亲所提供的健康、教育和家庭支持项目中。那些强化男性主导的经济和社会规则的政策将会遭遇女性主义团体的强烈反对。因此，妇女应该参与到社会政策的制定和项目的执行中来。从这方面讲，这些项目关注的应该是妇女和她们的孩子。

---

① 参见 Jun，K. H. 2003. "Fertility." in The Population of Korea. Korea. National Statistical Office.

② 参见 Park，S. T. 2003. "Population Policies." in The Population of Korea. Korea National Statistical Office.

③ 参见 Harbison，S. H. and W. C. Robinson. 2002. "Policy Implications of the Next World Demographic transition." Studies in Family Planning 33（1）：37 – 48.

政策应该提供足够的经济支持和动力促使妇女生育至少一个孩子，这就是说妇女生育更多孩子的经济和精神花费应该由国家来承担。这些方法应该包括国家开办的托儿所，工作中的产前产后假期，还有至少提供孩子到中学的教育补助。将来任何鼓励结婚的政策应该包括通过广泛的媒体宣传来改变公众对生育的观念，并且为多子女家庭塑造更积极的印象。

三、地方政府为提升生育水平采取的政策

韩国的生育水平持续不断地下降，为了提升生育水平，韩国政府制定了各种人口政策，并主要由地方自治政府来实施。表2-1展示了韩国各级地方政府采取的人口政策的数量。截止到2007年，大多数人口政策都是针对怀孕（占总政策数量的30.5%）和生育一个孩子（占总政策数量的26.4%）的。韩国政府针对低生育率水平，特别强调对生育孩子予以资助。

表2-1　韩国地方政府实施的人口政策情况（2007）　　单位：个，%

政策类别	合计	结婚	怀孕	生育	养育	认知发展教育	构建地方社区	支持跨国婚姻移民	其他
数量	1223	40	373	323	233	84	11	54	105
比例	100	3.3	30.5	26.4	19.1	6.9	0.9	4.4	8.6

资料来源：http：//library. mohw. go. kr. 2009. 6. 11

各项人口政策在各地的实施并不相同。其中对生育孩子所资助的金额随着时间不断增加。表2-2是韩国分胎次生育的资助情况。

表2-2　韩国分胎次生育给予资助的地方政府数量与金额：2006 – 2007

单位：个，韩元

胎　　　次		2006 年	2007 年
所有出生	地方政府数量	34	62
	资助金额	50 000　3 000 000	100 000　6 000 000
第二胎	地方政府数量	24	36
	资助金额	50 000 – 1 000 000	100 000 – 1 500 000
第三胎	地方政府数量	58	36
	资助金额	100 000 – 3 000 000	100 000 – 3 000 000

资料来源：http：//library. mohw. go. kr. 2009. 6. 11

韩国的江南区是首尔一个相对富裕的地区，表2-3展示了江南区政府为了

提升生育水平所采取的各项人口政策，以此作为地方自治政府人口政策的案例。尽管政策内容因地而异，几乎所有的地方政府都以提升生育水平作为主要目标。

表2-3　韩国首尔江南区鼓励生育的政策

鼓励生育的政策	政策内容
增加对多子女家庭孩子学前教育的支持	第二个孩子增加50%，第三个孩子增加100%
鼓励提高生育水平	生第二个孩子奖励100万韩元，生第6个孩子奖励3千万韩元
为12岁以下的孩子免费接种疫苗	100%免费接种
提高学前教育的便利性	建立新的学前教育机构
增加课外项目	针对双薪家庭
对3个及以上孩子家庭使用文化设施予以减免费用	使用公共文化中心时8折优惠
对不育人群提供帮助	提供5次免费体外受精机会
为单身男女相见提供机会	提供1年超过2次的约会集会
为婚礼提供贷款	提供2千万韩元的婚礼贷款
大型建筑中提供学前机构	超过5000平方米的建筑中需建立学前机构

第三节　韩国的人口再分布与相关政策

一、城市人口与城市化率的持续增长

在人口转变时期，韩国同时经历了快速的城市化过程。城市人口和城市化率在这一时期都持续增加。1960年韩国的城市人口只有700万，城市化率为28.0%。1975年韩国的城市人口上升到了1680万，城市化率达到48.4%。城市人口数量1990年为3230万，2000年为3660万人，2005年为3850万；城市化率1990年已上升至74.4%，2000年达到79.7%，2005年更进一步增加到80.8%。事实上，1960年以来韩国城市人口的增长率高得超乎人们的预期。

尽管韩国的城市人口和总人口数量均在持续上升，但是城市人口的增长速

度要远远高于农村人口的增长速度。与城市人口的迅速增长形成对比的是，农村人口的增长率随着时间呈现下降趋势。在 1966 – 1970 年间，农村人口的增长率从先前的 1.2% 降低到了 – 1.6%[①]，韩国近代历史上第一次出现了农村人口规模的绝对减少。

从第一个五年经济发展计划开始，国家导向的工业化带动了经济的快速增长，使得农民从农村向城市地区迁移。[②] 20 世纪 60 年代以后，韩国的城市化增长率就远远高于其他发展中国家。韩国用了 40 年就赶上了"西方模式"的城市化道路，而西方国家则花费了两个世纪。由于这个原因，20 世纪 60 年代以后韩国的城市化被称为"压缩城市化"[③]。

1966 – 1970 年间由于净迁移导致的农村人口流失累计超过了 150 万。这样大量的向外迁移，尤其是劳动年龄人口的迁移，不仅导致了高城市人口增长率，还导致了城市的高负担系数。[④]

二、人口的分布与集中

城市化是现代化的空间体现，同时伴随着各种社会物理现象。[⑤] 韩国的城市化与其工业化和经济发展密切相联。从 20 世纪 60 年代开始，韩国的首府首尔就在韩国的城市化进程中占据了主导地位，国内人口迁移主要是全国各地人口流向首尔的向心运动。与其在城市化进程中的主导地位相一致，首尔在韩国经济发展中同样起着核心作用。

1975 年后在城市化进程中另一个显著的事实是在大都市周围建立新的卫星城市。新城市的建立对于城市人口增长影响所占的比重在 1985 – 1990 年间特别高。由于城市化的发展和城市人口尤其是首都首尔人口的迅速增加，韩国政府开始关注城市人口的再分布问题，并在一些都市区周围兴建新的卫星城市。

---

① 参见 Kim, Ik Ki. 1987. Socioeconomic Development and Fertility in Korea. Population and Development Studies Center. Seoul National University.

② 参见 Kim, Ik, Ki. 2004. "Concentration of urban population in Korea". Conference on Urbanization in Seoul (Korea) and Hochimin City (Vietnam)：Lessons and Challenges (Hochimin City, Vietnam).

③ 参见 Choi, J. H. and S. H. Chang. 2003. "Population distribution, internal migration and urbanization" in The Population of Korea. Population Association of Korea.

④ 参见 Moon, S. G. 1978. "Urban – rural disparity in socioeconomic and demographic changes in Korea, 1960 – 1970." Bulletin of the Population and Development Studies Center.

⑤ 参见 Choi, J. H. and S. H. Chang. 2003. "Population distribution, internal migration and urbanization" in The Population of Korea. Population Association of Korea.

1967 年首尔人口只占总人口的 9.8%，在人口增长的趋势下，首尔人口增长持续到了 1990 年，之后逐渐减少。另一方面，京畿地区人口的增长却没有中断过。随着京畿地区人口比重的增长，首府地区比重也持续增加，从 1960 年的 20.8% 上升到 1980 年的 35.5%，2000 年达到 46.3%。2000 年 21.5% 的韩国人生活在首尔，几乎一半的韩国人住在首府地区。总人口的增长很大程度上是由于首府地区人口的快速增长。

2000 年，首尔只占全国面积的 0.6%，京畿地区占 11.2%，因此首府地区的面积是 11.8%。在 0.6% 的土地上，首尔集中了全国 21.5% 的人口。京畿地区有全国 11.2% 的面积，却有 25.3% 的全国人口。即便如此，首尔的人口密度要远远高于京畿地区。

在韩国城市化的快速进程中，最令人震惊的现象就是首府地区社会经济的集中，包括首尔及其卫星城。首府地区社会经济集中是快速城市化的一个最重要的原因，人口在首府地区的集中也加速了经济增长。

三、问题与政策

快速工业化带来的问题不仅仅局限在城市地区。由于大量年轻人口迁移到城市，农村地区苦于劳动力短缺，尤其是在农忙季节。同样，年轻人大量涌入城市造成了农村的严重的贫困问题。农村另一个严重的问题是年轻人的婚姻挤压。此外，由于缺少年轻人，老年人口得不到照顾，这也是在老龄化社会时期一个正在到来的严重社会问题。[1]

由于工业化和城市化导致的年轻人大量从农村外迁，带来了韩国城市老年人和农村老年人居住安排的不同模式。[2] 根据一项调查，城市和农村地区老年人的生活模式明显不同。[3] 这项调查指出，城市老年人有 9.1% 是独居，而农村地区的这一比例是 15.5%。与配偶生活的老年人在城市和农村的比例分别

---

① 参见 Kim, I. K. and E. H. Choe. 1992. "Support exchange patterns of the elderly in Korea." Asia – Pacific Population Journal 7（3）. Kim, I. K. et al. 1996. "Population aging in Korea: Changes since the 1960s." Journal of Cross – Cultural Gerontology. Kim, I. K. 1999. "Population aging in Korea: Social problems and solutions." Journal of Sociology and Social Welfare. Vol. 26. No. 1.

② 参见 Kim, I. K. 1998. "Urban – Rural Differentials of the Living Arrangements of the Elderly in Korea". D. I.（ed.）, Rural Korea in Flux. Moonum – sa Publishing Co. Kim, Ik, Ki. 2004. "Concentration of urban population in Korea". Conference on Urbanization in Seoul（Korea）and Hochimin City（Vietnam）: Lessons and Challenges（Hochimin City, Vietnam）.

③ 参见 Kim, I. K. et al. 1997. A Survey on Family Structure and the Quality of Life of the Korean Elderly.

是 29.2% 和 48.7%。和子女生活的老年人比例在城市是 61.7%，但是在农村这一比例只有 35.8%。

韩国政府开始采取一系列的人口再分布政策。从上世纪 80 年代起韩国政府在京畿地区建立了新的卫星城。人口再分布政策在一定程度上取得了成功，因为首尔的人口开始下降，取而代之的是京畿地区人口的快速增长。因此，首府地区人口比例持续的增加。2000 年，全国 21.5% 的人口居住在首尔，几乎一半的人口生活在首府地区。

在韩国五年经济发展计划的早期，加速发展不仅要求首尔的人口集中，还要求社会经济集中。五年经济发展计划的一个特点是不平等发展，作为首都，首尔是发展的重点。从这方面来说，首尔社会经济的集中是成功的，首尔引领着韩国的城市化和经济增长。然而，由于过度城市化，首尔人口的持续增长带来了很多社会问题。

这也许能够说明重点在首府地区的不平等发展政策只是在一定程度上取得了成功。然而这种不平等的发展政策不能无限继续下去，应该被限制在一定的范围内。为了国家健康的未来，追求的不应该是无限的增长，而是可持续的发展。① 经济的持续增长不应该是一个国家发展的最终目标。为了可持续的目标，政府应该采取必要的政策，重点不仅是经济还有财富分配、健康环境以及人民的福利等等。

第四节　韩国的人口老龄化及其相关政策

一、老年人口政策的需求和实践

2000 年，韩国 65 岁及以上老年人口比例达到 7.2%，韩国已经进入老年型人口国家。2006 年，这一比例继续上升到 9.5%。尽管家庭作为一个有效的社会单位可以抚养孩子，但由于现在越来越多的老年人拥有的孩子数量减少或与孩子分开居住，家庭继续为老年人提供足够的保障则变得愈加困难。尽管如今孝顺的观念在韩国还是很强，但其表现方式已经不同于传统。传统的孝顺就

---

① 参见 Harper, Charles L. 2003. "Sustainable development and social change – theory and practice." In Jeong and Mullins（eds.）. Environment and Sustainable Development. Jeju University. Kim, I. K. 2003. "Population growth, environment, and sustainable development in South Korea." In Jeong and Mullins（eds.）. Environment and Sustainable Development. Jeju University.

是要通过与父母共同居住来照料他们，并在情感上和生活上支持他们。然而今天很多父母不再期望子女能为他们提供支持。

独居的老年人遭遇到严重的经济问题。事实上，经济困难不仅仅限于独居的老年人，一项调查①指出，50%的韩国老年人感觉自己在经济地位上处于贫困状态，老年人的经济困难已经成为一个普遍而严重的问题。由于年轻人的大量外迁，农村地区老年人的这一问题更加严重。随着人口老龄化进程，这个问题将会更加恶化。

老年人口的迅速增加、扩大家庭的解体，使得老年人公共支出的增加似乎不可避免。其中，提供适合老年人居住的房屋逐渐成为一个公共关注的焦点。寿命的增加也为健康和医疗服务带来了挑战，而健康和医疗服务因为飞涨的医疗支出背上了沉重的负担。

由于韩国低生育率和人口老龄化带来的新问题，需要有不同于高生育率时期的新的政策出台。有学者将新的人口政策目标定义如下：（1）继续保持低于更替水平的生育率，改善疾病和死亡水平作为实现可持续的社会经济发展过程的一部分；（2）提高家庭健康和福利；（3）抑制出生性别比的失衡，减少人工流产；（4）解决年轻人和青少年与性有关的问题；（5）通过扩大就业机会和福利来增加妇女的能力；（6）增加老年人的就业机会并为他们提供足够的健康照料和福利服务。②

在新人口政策的目标中，首先也是最重要的政策是保持低于更替水平的生育率。事实上，不期望也不可能恢复到20世纪60年代的高生育率。然而，由于更替水平以下的低生育率带来的人口老龄化引起了人口年龄结构的快速变化，并且对整个人口的福利带来了影响，因此，政策发展对韩国的挑战在于建立适应机制使得韩国社会能够长期繁荣。③ 新人口政策的真正目标就是与这种适应机制相关的。在适应机制中，增加就业机会是新人口政策重要的目标之一。

1995年，韩国健康福利部宣布采取新的老年人福利基本政策，并且建议

① 参见 Chung，Kyunghee et al. 1998. National Survey of Living Conditions and Welfare Needs of Older Persons. Seoul：Korean Institute of Health and Social Affairs.

② 参见 Cho，Nam – Hoon and Yong – Chan Byun. 1998. New challenges of population policy development in Korea. Paper presented at International Symposium on Population and Development Policies in Low Fertility Countries. Korean Institute of Health and Social Affairs.

③ 参见 Teielbaum，Michael. 2000. Sustained below – replacement fertility：realities and responses. Below Replacement Fertility. Population Bulletin of the United Nations. pp. 161 – 182.

以五种方式扩大老年人的就业机会。① 包括：（1）开发并扩大适合老年人的工作；（2）延长退休年龄，取消新就业者的年龄限制；（3）宣传老年人就业活动的必要性；（4）为给老年人介绍工作的组织机构提供支持；（5）建立并扩大为老年人提供的合办企业。

退休制度的重要性在于，它不仅仅为老年人提供了稳定的生活，而且还可以解决由于生育率下降导致的劳动力短缺的问题。1963 年韩国政府为公务员引入了强制退休体系，规定除了一些专业的政府工作者例如教师（62 岁）和教授（65 岁）外，大多数政府工作人员应在 60 岁退休。私人部门工作人员的情况还不如政府部门。大约 65% 左右在私人部门工作的雇员在 55 岁就退休了。② 根据一项全国调查③，79.9% 的韩国老年人表示希望尽可能长时间地继续工作。

那么什么年龄才是最合适的退休年龄呢？根据 UNPD 的替代移民预测，假定按照 1995 年的潜在扶养比，并且不考虑移民的因素，工作年龄的上限将在2050 年达到 82.2 岁。然而这个数字看起来并不真实。根据一项全国调查④，24.8% 的老年被访者认为应该废除现行的强制退休制度，取而代之的是根据老年人健康状况和能力灵活而定的退休年龄。

老年人口中一个明显的趋势就是劳动参与率的下降。⑤ 以美国为例，1950年 65 岁及以上老年人中有 27% 在工作，1987 年这一比例降低到 11%。如果我们关注男性，这一数字会更加明显。1950 年 46% 的男性老年人还在工作，1987 年只有 16% 的人就职或正在寻找工作。提早退休的趋势并不仅限于美国，在一些国家，老年工作者常常被要求在 55 岁左右退休。

为了填补未来的劳动力短缺，韩国政府应该为女性提供更多的劳动机会。尽管从 1985 年起女性就业的增长就要比男性快的多，但是处于就业状态中的

---

① 参见 Park，Kwang Jun. 1999. Aging society and social policy. in Park，Kwang Jun and others，（eds）. Aging Society and Welfare for the Elderly.（in Korean）. Seoul：Sejong Publishing Co.

② 参见 Yoo，Seong – Ho. 1999. The economic status of the aged and income security programs for the aged in Korea. Aging in Korea：Today and Tomorrow. pp：67 – 82.

③ 参见 Rhee，Ka Oak et al. 1994. Analysis of Life Conditions of the Elderly and Policy Questions.（in Korean）. Seoul：Korean Institute of Health and Social Affairs.

④ 参见 Rhee，Ka Oak et al. 1994. Analysis of Life Conditions of the Elderly and Policy Questions.（in Korean）. Seoul：Korean Institute of Health and Social Affairs.

⑤ 参见 United Nations Population Division. 2000. Replacement Migration：Is It a Solution to Declining and Ageing Populations？

女性的比例仍然远远低于男性。① 根据 1998 年《韩国统计年鉴》，1997 年韩国 15 岁及以上男性的劳动参与率是 75.6%，而同年韩国 15 岁及以上女性的劳动参与率仅有 49.5%。

为了使女性参与劳动更加便利，韩国社会应该为女性工作者建立更好的基础设施和环境，除了应该包括制度性的改革，例如两性平等的就业机会外，还应该包括硬件的提供，例如工作时间的孩子照料设施。在韩国，传统上无论是在社会还是家庭都有着严重的性别歧视。特别是在工作场所，新员工的招聘、福利工资的提供以及解雇等各方面都存在着性别歧视。所有这些领域的性别歧视都应该被废除。

此外，公司为了应对未来的劳动力短缺还应该做得更多。② 短期调整包括：（1）通过加班更多地使用正常的劳动力；（2）雇用更多的兼职、合同工或者外籍劳工；（3）减少生产和产出。长期调整包括：（1）提高工资待遇吸引员工；（2）改善工作环境和条件；（3）采用节约劳动力的新科技或自动化设备；（4）转向非劳动密集型生产线；（5）把工厂转移到劳动力更加充沛的地区或国家。

与低生育率和人口老龄化有关的政策选择应该关注老年人的福利。韩国传统上是由妇女尤其是长媳来为老年人提供照料，然而妇女劳动参与的增加已经弱化了妇女照顾老年人的角色。将来为了缓解劳动力短缺，越来越多的妇女参与劳动将会严重影响老年人的支持体系。因此可以预见到大多数老年人将难以在家得到照料服务。一个重要的政策问题是未来为脆弱的老年人提供服务的医护人员和设施、更重要的是支出是否足够，是否有替代的制度协助以满足他们的需求。对政府来说发展合适的和有效的项目为老年人提供需要的服务是一个挑战。如上所述，韩国政府在为老年人提供足够的服务方面是有限的。因此，韩国应该合理利用所有的政府、企业、社区和家庭资源来应对这一挑战。

老年人应该被看作是有价值的人力资源，他们可以为社会的发展做出贡献。他们的技能、专业、经验可以合理地发挥作用，而这些往往被忽视。应该

---

① 参见 Abella，Manolo I. And Young – bum. Park . 1995. "Labor shortages and foreign workers in small firms of the Republic of Korea." in Adjustments to Labour Shortages and Foreign Workers in the Republic of Korea.

② 参见 Abella，Manolo I. And Young – bum. Park . 1995. "Labor shortages and foreign workers in small firms of the Republic of Korea." in Adjustments to Labour Shortages and Foreign Workers in the Republic of Korea.

鼓励他们更积极地参与社会工作和家务劳动，在家中照料孙子女，为子女传授传统和文化遗产，为社区的人们传授道德价值，并且参与到国家的环境保护活动中。

家庭应继续成为老年人获取社会和经济支持的主要来源。家庭照料老年人的传统角色应该保持，并且通过适当的制度建设得到加强，例如为多代同堂的家庭开发公共住房，帮助老年人得到有收入的工作等。此外，把子女缴纳税收的一部分还给他们的家长也可能是一个有效的措施。

地方组织可以为老年人力资源提供培训和开发，并且根据国家对老年人口的政策为他们提供经济机会。国家组织可以在有利于老年人的政策制定中发挥更积极的作用。

非政府组织由于其非正式结构及"草根"特性，其重要性已经被广泛认可。非政府组织与政府的合作是必不可少的，通过与国际机构的网络合作交换信息也是项目成功实施必不可少的。此外，大众媒体的支持对于在更广泛的人群中传播信息也十分重要。可以通过在报纸上发表文章来提升老年人的正面形象，促进对老年人的积极认识。广播和电视网络可以通过戏剧或表演描绘对老年人的和谐、爱和理解来发挥更积极的作用。

随着老年人数量和比例的快速增加，急需更好地理解老年人口的复杂问题。应该采取措施进一步研究老龄化的后果，并据此制定政策和项目。为了实现这一目标，应该周期性的开展全国性的抽样调查，开展地方研究和焦点组研究。

三、韩国现行的老年人口政策

韩国的《老年福利法》于1981年开始实行，为改善老年人口的福利建立了法律依据。该法在1989年、1993年、1997年和1999年都进行了修订。为解决不断增加的政策需求，在组织机构上，1990年健康和社会事务部建立了老年福利科，1999年建立了老年健康科。2000年初，韩国政府决定扩大家庭护理员派遣机构、日间护理设施、短期护理设施以及提供送餐服务的敬老食堂。

2001年，在总理办公室的领导下成立了老年人口健康和福利政策发展委员会，以应对人口老龄化对于韩国社会的影响。委员会的任务是为韩国老年人口福利发展确立长期目标并制定政策方向。

2002年，老年人口健康和福利政策发展委员会制定了"为应对老年型社会，老年人健康和福利的发展方向"的计划，建立了老年人口政策的基本导向。这个计划的目标和策略①如下。

计划目标：健康和积极的老龄化。

计划方向：社会融合，实现生产性福利，自立的高质量的生活。

计划策略：（1）经济保障政策：加强公共养老金项目；养老金实质化；扩大就业机会；为老年人开发适当的职业并加强职业培训项目；建立求职网络；（2）健康生活政策：扩展长期照料服务；扩大家庭照料服务；开发长期照料人员；健康检查制度化；采取措施降低长期照料费用；（3）有意义和舒适的生活政策：发展终身教育项目；开展志愿者活动；扩大文化和休闲活动；加强代际团结；（4）活跃老年市场：扩大老年人住房；扩展健康和医疗服务；活跃老年人福利供给的生产和分配；开发休闲项目；发展金融项目以保障未来生活。

具体细节如下：

1. 经济保障政策

老年人的经济保障政策主要包括维持收入的政策和增加就业机会的政策。维持老年人收入的政策主要由三个公共政策组成："公共养老金项目"、"基于国家保障法的公共支持"和"老年养老金"。

对于国家生活保险金的接受者，80 岁及以上的老年人每人可以领取 5 万韩元（合 50 美元），65 - 80 岁的老年人每人 4 万 5 千韩元（合 45 美元）。低收入的老年人每人 3 万 5 千韩元（合 35 美元）。

另外，还有三个就业安置项目为老年人提供以下挣钱的机会：经营就业安置中心（即以前的老年就业银行），老年工作地以及老年就业促进。1991 年实施的《就业促进法》要求商业公司雇用的员工中要有至少 3% 是 55 岁及以上的老年人。

2. 健康生活政策

最近韩国政府为老年人的健康生活启动了五项重要的政策，包括健康保险，免费健康检查，社区入户护理服务，机构照料服务和家庭照料服务。2000 年，健康保险或医疗资助项目已经覆盖了所有韩国人。89.1% 的韩国老年人有健康保险，其它的则是医疗资助项目的覆盖人群。

与医疗保险一致，免费的健康检查服务是为了尽早的预防和诊断老年病。免费健康检查政策始于 1983 年，并于 1992 年扩大到包括糖尿病和白内障在内的各种老年病。1996 年又扩大到了包括特殊疾病例如癌症的更广阔的范围。

①　参见 Chung，K. H. 2002，Paper presented at an international conference on Aging in East Asia：Issues and Policies. Population Association of Korea.

社区入户护理服务由在公共健康中心工作的护士提供的社区健康照料行动和医院工作的上门护士提供的医疗照料行动共同组成。过去，公共健康中心工作的社区入户护士的工作局限在提供简单或常规的健康照料服务，例如洗澡和穿衣，但是现在提供更多更复杂的医疗照料服务。费用是由健康保险和病人共同承担。

随着老年人口的持续增长，体弱或残疾的老年人数量也在增长。传统上由家庭成员提供的老年人的生活照料，由于低生育率持续的趋势，已难以为继，因此，政府不得不为老年人的生活照料尤其是长期照料承担一部分的责任。在韩国有 7 种老年福利设施：免费设施（养老院，护理院，高级护理院），部分收费设施（养老院，护理院），全收费设施（养老院，护理院）。然而 2001 年，韩国 65 岁及以上的老年人中只有 0.28% 住在这些机构。

由于在家照料体弱的老年人很困难，韩国政府开始为老年人提供家庭照料服务。2001 年，有 109 个家庭帮助服务中心，107 个老年日间照料中心和 36 个短期照料中心在运营。大约有 2/3 的这类机构有政府的经济支持。这些机构会收到大量的经济支持，因此预计在未来几年会有快速的发展。

3. 有意义和舒适的生活政策

随着生活水平的提高和人口老龄化，韩国政府开始采取措施为老年人提供更有意义和舒适的生活。首先，地方政府为 40691 个社区老年中心提供经济支持。此外，政府还协助老年人的日常生活，例如提供清洁和食物运送服务。

韩国政府还建立了 133 个多功能老年中心，为老年人提供更综合的福利，例如健康咨询，文化活动和娱乐活动。还有老年人参加的志愿活动，鼓励他们过更有价值和有意义的生活。

4. 培养对老年人的尊重

1997 年，为了培养尊重老年人的精神，韩国政府设立了"老年月（十月）"和"老年日（十月二日）"。另外，政府开始对孝敬老年人起到榜样的家庭成员和为老年福利做出贡献的公民给予奖励。韩国政府还为老年人的交通费提供了打折优惠（二等车厢火车票享 50% 优惠，一等车厢火车票享 30% 优惠，船票享 20% 优惠，飞机票享 10% 优惠）。老年人乘坐地铁和进入公共公园以及博物馆都是免费的。

2004 年，韩国政府成立人口老龄化与未来社会总统协调委员会，以提出应对低生育水平与老龄化的政策。

2008 年，韩国在老年护理政策方面启动长期护理社会保险，保险对象主要是 65 岁及以上的老年人。

第五节 韩国的未来人口趋势与劳动迁移政策

一、韩国未来的人口趋势

韩国目前正面临着长期持续的低生育率危机。这样持续的、低于更替水平的超低生育率，将会带来很多问题，不亚于高生育率曾经带来的挑战。可以预见，几十年之内韩国人口规模将会最终下降，这是很少有国家愿意接受的现象，尽管预期寿命的延长可能推迟这一情况的到来。同时，生育率的下降导致了老年人口比例的增加，韩国正在进行的快速人口老龄化将在未来几年加速。

表 2-4 显示，韩国人口预计将持续增长到 2020 年，然后将急剧下降。0－14 岁少儿人口比例将从 2000 年的 21.1% 持续减少到 2020 年的 13.9% 和 2050 年的 10.5%。15－64 岁劳动年龄人口比重预计将从 2000 年的 71.6% 增加到 2010 年的 72.1%，之后持续下降。与其他年龄人口相比较，65 岁及以上老年人口的比例预计将持续增加，将会从 2000 年的 7.3% 升至 2020 年的 15.1%，2030 年的 23.1%，乃至 2050 年的 34.4%。

表 2-4 韩国总人口和人口增长率预测：2000－2050 年 单位：千人，%

	2000	2010	2020	2030	2040	2050
总人口	47 008	49 594	50 650	50 296	48 204	44 337
年均人口增长率	0.71	0.38	0.04	-0.24	-0.64	-1.04
合计	100.0	100.0	100.0	100.0	100.0	100.0
0－14 岁	21.1	17.2	13.9	12.4	11.5	10.5
15－64 岁	71.6	72.1	71.0	64.6	58.4	55.1
65 岁 +	7.3	10.7	15.1	23.1	30.1	34.4

数据来源：KNSO（Korea National Statistical Office）. 2001. Population Projections for Korea, 2000－2050.

基于 1998 年的中方案预测数据，UNPD 对于更替迁移的预测考虑了 5 种不同的情况。[1] 第一种情况是，韩国人口将从 1995 年的 4490 万人增加到 2030 年的 5300 万人，然后在 2050 年下降到 5130 万人。韩国的劳动年龄人口预计

---

[1] 参见 United Nations Population Division. 2000. "Replacement Migration：Is It a Solution to Declining and Ageing Populations".

从 1995 年的 3190 万增加到 2020 年的 3630 万，然后下降到 2050 年的 3040 万。65 岁及以上老年人将从 1995 年的 250 万增加到 2050 年的 1270 万。作为这些变化的结果，15－64 岁人口与 65 岁及以上人口的比将从 1995 年的 12.6 降至 2020 年的 5.7，然后降到 2050 年的 2.4。

第二种情况与第一种情况的假设相同，但是假定 1995－2050 年间的净迁移为零。这种条件下的结果与第一种情况类似。根据第三种情况，假设维持总人口规模在 2035 年 5350 万人的最大水平，则需要在 2035－2050 年间有 150 万的净迁入人口，这样 2050 年韩国人口的 3.2% 都将会是移民及其后代。第四种情况预计 2020－2050 年间韩国需要总计 640 万的移民，以使劳动年龄人口的规模维持在 2020 年 3660 万的最大水平，这样 2050 年 13.9% 的韩国人口将是移民及其后代。

最后，第五种情况指出 1995－2050 年间要有 51 亿移民以使潜在抚养比维持在 1995 年 12.6 的水平。在这种情况下，韩国的总人口预计会在 2050 年达到 62 亿，到时候 99% 的韩国人都将会是移民和他们的后代。这种极端的结果表明第五种情况是不现实的，因此 1995 年的潜在抚养比在未来会发生剧烈变化。

将 UNPD 的人口预测结果与韩国国家统计局（KNSO）的人口预测结果作一比较。UNPD 预测的假设条件是韩国人口将会基于联合国 1998 年中方案中的生育率和死亡率[1]变化。而韩国国家统计局的预测用了"队列多因素方法"，用 1995 年人口普查的人口作基期人口。[2] 因为人口普查的标准时点是在 11 月 1 日，因此 KNSO 的预测用了连续三年的人口（1994，1995，1996）求出加权平均人口，最后计算年中人口作为基期人口。

UNPD 和 KNSO 的预测最重要的区别在于总和生育率和净迁移率的水平。UNPD 预测中，假设总和生育率从 2020 年维持在 1.90 的水平，而 KNSO 的假设则是总和生育率自 2020 年维持在 1.80 的水平。关于迁移 UNPD 假设从 2020 年起没有净迁移，而 KNSO 预测净迁移率从 1995－2030 年会维持在 0.5－0.6 的水平上。

根据中方案预测，UNPD 预计韩国人口将从 1995 年的 4490 万增加到 2030

① 参见 United Nations Population Division. 2000. "Replacement Migration：Is It a Solution to Declining and Ageing Populations".

② 参见 Kim, T. H. 1997, "Population prospects and social Impacts." in Toward An Interpretation of the Korean Fertility Transition, Kwon T－H et al（eds.）, pp. 127－154. Seoul：Ilsinsa.

年的最大值 5290 万，然后下降到 2050 年的 5130 万。根据 KNSO 的预测，韩国人口将从 1995 年的 4510 万上升到 230 年的 5270 万。应用与 KNSO 预测相同的假设，笔者预测韩国人口将从 2030 年的 5270 万下降到 2050 年的 4850 万。

然后让我们更具体地看一下差异。首先，UNPD 假设的总和生育率从 2010 年起高于 KNSO 的假设。另外，UNPD 假设的 2000 年以后的净迁移率要低于 KNSO 的假设。由于总和生育率和净迁移率假设的差异，两个人口预测的结果也表现出了不同。UNPD 预测的总人口直到 2020 年均低于 KNSO 的预测结果，然而从 2030 年开始，UNPD 预测的总人口将远远高于 KNSO 的预测值。2050 年 UNPD 的预测人口将达到 5130 万，而 KNSO 的预测人口是 4850 万。与 UN-PD 的预测结果相比，KNSO 的预测显示韩国人口下降将更为剧烈。

二、韩国的劳动迁移政策

由于低生育率和人口老龄化导致韩国的劳动力短缺不断增加，这一趋势使得韩国政府不得不雇用更多的外籍工人。2002 年，韩国政府设计了一揽子方法以利用外籍人力资源，还出台了"外国人就业指南"。2002 年 3 月，韩国的移民工人数量总计 33 万 7 千人，其中 78.9% 被发现持有过期护照。非法劳工数量的增加被认为是导致劳动力市场不稳定的因素。

基于这一新的就业指南，具有外国国籍的朝鲜族（主要是中国的朝鲜族）将被允许在服务业工作，享受社会福利，如果有亲戚在韩国的话可以在韩国最少待两年。1993 年，为了使韩国的"产业培训者制度"更具灵活性，政府决定将培训者的配额从 126750 人增加到 145500 人，其中包括为中小型制造企业培训的 13 万人，为渔业培训的 3 千人，为农业畜牧业培训的 5 千人和为建筑公司培训的 7500 人。2003 年 3 月，韩国政府提出一项"外国人工作许可制度"，以替代"产业培训者制度"，以有效的解决中小型企业劳动力短缺的问题。这一制度在法律上使外籍工人和本国工人享有同样的条件，包括参与集体活动。没有注册的工人可以驻留到 2003 年 8 月，刚好是国家议会将会通过这一议案之后。

这个议案是为了给朝鲜族人更多的工作机会、改善国家形象，同时在一些产业领域缓解劳动力短缺的问题。与这一制度可能会带来的副作用，例如工资上涨、本地失业率增加和劳资关系困难相比，人们更期待这一制度带来更多的好处。

第三章

中韩两国人口政策特点比较

　　中韩两国具有共同的儒家文化背景，在历史上和地理位置上具有非常紧密的联系。虽然两国的国情并不相同，但从人口政策的制定与实施、发展历程看，具有很多相似性，如均制定过国家所倡导的控制生育政策；人工流产作为控制生育的重要措施之一经历了从法律严格禁止到合法化的过程；引进、推广了避孕、节育措施；为了实施人口政策均颁布了相关的专门法律，成立了专门的机构；奖励和惩罚措施并用以促进人口政策的成功实施；人口政策均达到了控制人口迅速增长的目的；在生育率转变的过程中均面临着出生性别比升高和人口老龄化的人口结构问题。

　　我们同时也看到，由于两国国情和政治、经济制度的差异，两国人口政策的实施背景和过程也存在着差异，如韩国国土狭小、区域的复杂程度和区域间差异不大，因此全国一体化的人口政策的推行较中国更为容易；韩国的人口政策实施过程没有经历过如中国 20 世纪五六十年代时期一样的反复过程；韩国的社会经济发达程度更高、城市化进程更为迅速和彻底；韩国在实施人口政策的过程中国民的生育观念转变更为明显和一致；韩国的人口政策对于人口形势的反应更为灵敏，所谓"船小好调头"，人口政策的调整与改变更为简便易行；韩国正面临着低生育率的困扰，已经从控制人口的政策转变为鼓励生育的政策，等等。本章从政策背景、政策目标和政策体系三个方面更为具体地分析和比较两国人口政策的特点。

第一节　政策背景：人口基数与经济基础

　　政策的制定虽然总体上体现了统治阶级的意志，但一个根本的要求是要符合国情，符合现实的社会经济发展水平和制度文化，同时考虑人民的可接受程度。中韩人口政策的制定就与两国当时社会经济的发展状况密切相关。

首先需要看到的是，中韩两国的人口基数虽然不在一个数量级上，但对于两国的意义却同样重要。数以亿计的人口总量既是中国栖身于世界大国的主要标志，意味着相对丰富的人口资源和潜在的人力资源，也为中国的社会经济发展无形中造成了巨大的压力。人口与粮食、土地等资源之间的关系成为历朝历代统治者和有识之士首要考虑的问题；劳动力有效而充分的就业问题更是在工业化和现代化的过程中日益凸显。相比较而言，韩国的人口总量要小得多，但对于其有限的生存空间而言，人口迅速增加固然不堪重负，但人口急剧减少，也会令人忧心不已。

两国政策的制定均与各自的社会经济发展状况密切相关。中国 20 世纪五六十年代之所以开始制定节制生育的人口政策，其背景是在经历了连年战乱、生产力水平恢复发展的同时伴随着人口数量的剧增，人口开始压迫生产力，因此国家提出节制生育的措施是与当时的社会经济发展相适应的。但由于一些历史现实原因，政策的实施一度被迫中断。到了 20 世纪 70 年代，面对人口数量与社会经济发展日益突出的矛盾，中国开始了计划生育政策的实施，进入 20 世纪 90 年代后，随着社会经济的不断发展，中国人口政策的内容日益丰富和完善，也日趋人性化，不断适应现实社会的生产发展水平。

1962 年，韩国开始实行社会经济发展五年计划（1962 – 1966 年），全国范围内的计划生育政策正是当时韩国国家经济发展五年计划的组成部分。当时韩国政府已意识到人口发展对社会经济发展的影响，如果不控制人口数量，则会阻碍经济的发展。此后，随着经济发展水平的不断提高，人口数量逐渐下降，1996 年韩国又制定了新的人口政策，政策的涉及面也越来越广，劳动力问题、养老保障、教育等与经济发展密切相关的问题成为人口政策的重要内容。

从两国人口政策制定的社会经济背景来看，由于韩国的社会经济发展水平较高，政府一直致力于经济的发展，因此，人口政策的制定是与经济状况密切相关的，是社会经济发展的重要组成部分，人口政策内容也更多体现了社会经济的发展，经济的发展对人口发展有着重要影响；而中国早期的计划生育政策则是相对独立于社会经济的发展，是在生产力发展水平还不高的情况下实行的，对人口数量的控制作用要大于社会经济影响的作用，只是随着中国改革开放的不断深入，经济的迅速发展，社会经济因素对人口转变开始发挥着越来越重要的作用。

第二节　政策目标：从单一走向多元

中国人口政策主要体现在以人口数量的控制和稳定低生育水平为主要目标。无论是早期20世纪五六十年代的节制生育政策，还是七八十年代正式实施的计划生育政策，其核心目标都是以控制人口数量为主。尤其是七八十年代的计划生育政策，对生育数量有了明确的要求。20世纪80年代初为了迅速将人口增长降下来，更是在全国大部分地区全面实施了举世罕见的独生子女政策。20世纪80年代中期以后，全国大部分农村地区开始实行"一孩半"政策，其目的是考虑到农村的实际情况为了照顾农民的现实需要，但由于这一政策带有明显的性别倾向，同时对生育间隔也有一定要求，引起了很多专家学者的质疑。进入20世纪90年代后，虽然稳定低生育水平仍是人口政策的主旋律，但不再强调单一的人口数量控制，人口政策目标逐渐趋向多元化，人口的素质、结构、分布等问题都纳入了国家人口发展战略中。

韩国人口政策的目标随其人口政策的调整有一个大的转折，总体日趋多元化。自朝韩战争结束后，韩国迎来了一个出生高峰，从1955年到1960年韩国人口持续增长，1960年总和生育率达到历史最高峰6.0。面对人口数量的剧增，1962年，韩国在健康福利部的指导下首先提出了国家计划生育项目。最初阶段，重点放在提供免费的避孕方法和信息服务。和中国20世纪七八十年代的计划生育一样，韩国在短时间内完成了生育率大幅下降的人口转变。1988年，韩国政府达到了计划生育项目的最初目标，生育率降低到了更替水平以下，政府对国家计划生育项目的预算从1986年的318亿大幅减少到1996年的24亿。并且在同一时期，接受政府项目提供的免费避孕药具的人数也大幅下降。此后，由于生育率持续下降，韩国老龄化问题日益严重，劳动力资源紧缺，一系列人口问题的出现开始制约着韩国经济的发展，为了解决这些新的问题，韩国政府将人口政策调整到了新的方向，以适应不断变化的社会经济和人口形势。1996年，韩国政府正式宣布采纳新的人口政策，重点在整个人口的生活质量和福利，特别关注老年人的福利。

比较中韩人口政策的目标，首先可以看出，两国在制定人口政策的早期阶段，都是以控制人口数量为主要目标；其次，到了20世纪90年代以后，两国的人口政策目标开始走向了分水岭，虽然都共同面临着人口性别、年龄结构等问题的挑战，但中国政府一直坚持稳定的计划生育政策，控制人口数量的目标始终没有动摇，而韩国在经历了长期的人口结构问题困扰后，20世纪90年代中期后逐渐调整了生育政策目标，改变了最初以人口数量控制为主的人口政策，针对现实的人口问题，人口目标也趋向多元化。

第三节　政策体系不断丰富完善

中韩两国都走过相似的人口发展道路，因此，在人口政策制定的内容方面也有很多共同之处，而随着韩国人口政策的调整，两国人口政策走向不同的方向，表现出很多差异，了解韩国人口政策的不同特点，可以为中国人口政策今后的发展提供有利的借鉴。

中国人口政策内容主要包括核心人口政策和非核心的相关人口政策，核心人口政策主要涉及生育的数量、性别、间隔等生育政策，还包括为了实施生育政策而制定的一系列辅助政策，例如奖励、惩罚措施等，非核心的其他人口政策主要包括了教育、卫生、户籍、就业、福利保障等方面与人口相关的各项法律、法规。在中国人口发展的不同阶段，人口政策的侧重点有所不同。在20世纪五六十年代，人口政策的内容还比较单一，以控制人口数量的生育政策为主要内容，而关于人口素质、结构等方面的人口政策还很不完善；到了20世纪七八十年代，人口政策中丰富了关于提高人口素质，重视人口质量的内容，并辅以惩罚机制为主的生育辅助政策。此后随着社会经济的发展，人口结构等问题的不断出现，人口政策的内容也日趋丰富和完善，关于人口卫生健康、教育就业、养老保障、迁移流动等问题都被纳入人口政策制定的体系中，人口政策的制定已经与社会经济发展有着越来越密切的联系，涉及的领域和部门也越来越广泛。进入21世纪，国家制定了奖励扶助利益导向为主的生育辅助政策，对人们的生育行为发挥着越来越积极的引导作用。目前中国政府在继续坚持稳定低生育水平的前提下，不断完善社会保障，医疗卫生、教育就业、户籍改革、性别平等方面的相关人口政策，以缓解现实中不断出现的人口问题。

韩国在20世纪60年代初实行家庭计划生育政策，与中国早期的节制生育政策类似，主要强调通过避孕来降低生育率，政府提供免费避孕药具和服务，流产和绝育合法化，同时辅以奖励低生育的人口家庭。随着生育率的持续下降，1996年韩国实行了新的人口政策，主要是针对日益严重的人口性别、年龄结构等问题，制定相关人口政策，旨在提高家庭健康与福利，平衡出生性别比，提高妇女就业与福利，提高老年人口健康与福利，实现全国人口平衡分布等方面。传统的以生育政策为主要内容的人口政策体系已逐渐被强调人口质量与福利的新人口政策所取代。

通过上述中韩两国人口政策体系的比较可以看出，一方面，在两国人口政策实行的早期阶段都是以控制人口数量的生育政策为主要内容。不同的是辅助生育政策在中国早期以惩罚、强制措施为主，而在韩国主要以知识信息的传播、宣传诱导为主；另一方面，在 20 世纪 90 年代中期以后韩国人口政策体系有了较大调整，不再是强调生育政策，政策内容更趋向多样化，与社会经济发展息息相关，而中国人口政策在强调稳定低生育水平，坚持计划生育政策为核心的前提下，针对人口数量与结构矛盾，为了统筹解决人口问题，国家也制定了大量相关政策，人口政策的内容日趋丰富和完善。

总之，虽然中韩两国人口政策内容在不同时期存在一定差异，但总的方向和目标却是共同的，即人口与社会、经济的全面、协调、可持续发展，同时韩国新人口政策中关于增进人口健康、福利和促进性别平等的相关措施法规对于中国今后人口政策的调整与完善可以提供有利的参考。

第二篇
中韩人口政策与两国人口转变

第四章

1949 年以来中国人口形势与人口转变

　　自 1949 年中华人民共和国成立以来，中国的政治、经济、社会生活发生了重大变革，人口形势也不例外。如果说中国目前令全世界赞叹的快速的经济增长起因于 1978 年开始实行的改革开放政策，那么中国的人口形势与人口转变则与 20 世纪 70 年代以来在全国普遍推行的计划生育政策有着密不可分的联系。中国以控制人口为主的计划生育政策根源于对中国当时和未来人口形势的判断，而计划生育政策的推广实施一定程度上促进了中国的人口转变，转变后的新的人口形势又对人口政策提出进一步的要求。因此为了深入研究中国的人口政策，有必要对 1949 年以来的人口形势与人口转变历程予以梳理。

　　本章重点概括 1949 年以来中国的人口形势包括人口规模、人口增长及其对资源环境的压力、人口分布情况，阐述中国的人口转变实践与迄今为止在该领域进行的理论探索。

第一节　中国人口规模与增长

一、中国人口规模与人口增长的历史背景

中国是世界上人口最多的国家，这一现实已经存在了近百年。从中国人口发展历程来看，有研究①表明，中国历史人口的变化是稳定人口和人口循环的结合：秦汉以来，和平时期的人口增长率一般稳定在 5% – 10% 之间，但王朝更替造成的社会动荡使人口数量增减循环。总人口在明清或北宋以前，基本上沿着一条 5000 万 – 6000 万人左右的水平总量线上下波动；在明清或北宋之后，和平时期延长加上农业技术发展，总人口开始沿着一条向上倾斜的总量线波动。到清朝末年，人口总量已经超过了 4 亿，这为以后中国的人口发展奠定了规模性基础。

人口规模是观察、评价人口形势和人口问题的第一要素。一般来说人口形势蕴含着潜在的人口问题，而人口问题从萌发到生成，有其内在的时空规律，但人们对这一规律的认识往往存有滞后性。当人们意识到人口问题的时候，经常是人口问题凸显而人口形势已然变化的时候，解决人口问题的最佳时机往往已经错过。

尽管新中国建立初期，全国人口总量仅有 5.4 亿，但随后由于死亡水平降低，生育水平居高不下，人口增长率较长时期内保持在较高水平，人口总量迅速增加。直到 20 世纪 70 年代，随着计划生育政策的推广实施，中国的人口生育率才趋于下降，再生产类型开始向低出生率、低死亡率、低增长率转变。20世纪 90 年代以来中国的生育率降到了更替水平以下，但人口规模庞大已成事实，由于人口惯性导致的人口增长量依然巨大，人口分布很不平衡，人口结构性问题开始逐渐凸显。

二、1949 年以来中国的人口规模

新中国成立后，社会安定，经济发展，人民生活有了保障，死亡率大幅度下降，人口规模迅速攀升。自 1949 年以来，中国的人口规模除个别年份外，一直呈现持续增加的态势（见图 4 – 1）。1953 年 6 月，新中国成立后第一次人口普查的数据显示：全国人口总数为 5.82 亿，人口出生率为 37‰，死亡率为 17‰，人口自然增长率高达 20‰。1954 年，中国人口达到 6 亿；1964 年 7

---

① 参见朱国宏：《中国历史人口增长再认识：公元 2 – 1949》，《人口研究》，1998 年第 3 期。

亿；1969 年 8 亿；1974 年 9 亿，1981 年 10 亿，1988 年 11 亿，1995 年 12 亿。2005 年 1 月 6 日，中国内地（不包括香港、澳门特别行政区和台湾省）人口总数已经达到 13 亿。"13 亿人口日"的警钟敲响，但并没有阻挡住中国人口规模继续膨胀的步伐。2008 年中国人口总数攀升至 13.28 亿。

尽管研究表明，由于中国控制人口和实行计划生育，使世界 60 亿人口日和中国 13 亿人口日的到来各推迟了 4 年①，但人口众多仍是中国最鲜明的特点，也是中国未来发展所面临的第一个问题。

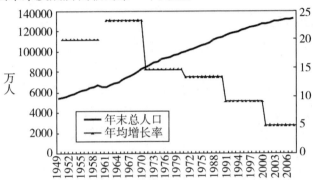

资料来源：1949 年 – 1989 年数据来自国家统计局：《中国统计年鉴1990》，北京：中国统计出版社，1990 年；1990 年 – 2006 年数据来自国家统计局：《中国统计年鉴2007》，北京：中国统计出版社，2007 年；2007 年数据来自国家统计局：《2007 年国民经济和社会发展统计公报》；2008 年数据来自国家统计局：《2008 年国民经济和社会发展统计公报》。

备注：本书中有关中国人口数据，除署明外，皆不包含香港特别行政区、澳门特别行政区、台湾省、福建省金门、马祖等岛屿及中国人民解放军现役军人。

图 4-1　1949 – 2008 年中国人口规模变动趋势

以人口规模来衡量，中国目前仍是世界上第一人口大国（见表 4-1）。迄今为止，中国和印度是世界上仅有的两个人口总量超过 10 亿的人口"巨人"，位居世界排名第三的美国人口只有 3 亿，是中国人口总量的四分之一弱。

表 4-1　2008 年世界前十位人口大国　　　　单位：百万

排　名	国　家	人口总数	排　名	国　家	人口总数
1	中　国	1324.7	2	印　度	1149.3

---

① 参见国家人口发展战略研究课题组：《国家人口发展战略研究报告》，北京：中国人口出版社，2007 年。

续表

排　名	国　家	人口总数	排　名	国　家	人口总数
3	美　国	304.5	7	尼日利亚	148.1
4	印度尼西亚	239.9	8	孟加拉国	147.3
5	巴　西	195.1	9	俄罗斯	141.9
6	巴基斯坦	172.8	10	日　本	127.7

资料来源：Population Reference Bureau. 2008 World Population Data Sheet.

三、中国的人口增长

尽管中国人口的绝对数量除个别年份外，一直呈现增长态势，但人口增长速度趋于减缓。比较 1950 – 1959 年、1961 – 1970 年、1971 – 1980 年、1981 – 1990 年、1991 – 2000 年 5 个 10 年中国人口的年均增长速度[①]（见图4-1），分别是 50 年代年均增长 19.9‰，60 年代年均增长 23.4‰，70 年代年均增长 14.8‰，80 年代年均增长 13.4‰，90 年代年均增长 9.1‰。进入 21 世纪，2001 – 2008 年 8 年期间人口的年均增长率进一步下降为 4.98‰。

中国人口规模的不断增加，主要取决于持续较长时期的人口高自然增长率和其后续效应。在 20 世纪五六十年代，除个别年份外，中国人口的自然增长率一直保持在 20‰以上的高水平。为了控制人口规模，中国政府于 20 世纪 70 年代开始在全国范围内开展了计划生育工作，并取得了显著的成效，中国人口增长速度逐渐降下来：1974 年人口自然增长率低于 20‰；1998 年，人口自然增长率降至 10‰以下。20 世纪 90 年代中国人口类型开始进入低出生、低死亡、低自然增长时期。

由于人口惯性的影响，尽管人口增长率在逐年下降，但人口每年的增长量仍相当可观。低增长率、高增长量成为目前中国人口增长的主要特征。

四、中国的人口规模与增长对资源环境造成压力

如何看待人口与资源、环境的关系，一直以来就存在着悲观与乐观两大尖锐对立的观点。以罗马俱乐部为代表的悲观派认为，世界人口与经济按照 20 世纪 70 年代的速度增长下去，用不了多久，地球上的耕地就会绝对不足，粮食严重匮乏，自然资源枯竭，污染将超过人类所能忍受的限度，人类就要遭到毁灭。为此，他们主张必须把人口与经济的增长率尽快地变为零。而以经济学

---

① 注：由于三年自然灾害的影响，1960 年和 1961 年中国人口出现负增长，1960 年的人口总量较 1959 年有所减少，因而在计算年均增长速度指标时，排除 1960 年的数据。

家如美国的佩吉和西蒙为主的乐观派，则认为人类的聪明才智将会无限地拓展地球的负荷能力，人类将无限地进步，因为地球上的资源取之不尽，用之不竭。因而主张"工业化"、"再工业化"的发展模式，这样经济、污染、资源、人口等问题才能得到很好地解决。

中国庞大的人口规模、持续的人口增长对于资源、环境造成了极大的压力。中国各种资源的储备从总量上看是"地大物博"，但对国民经济发展和人民生活具有战略意义的土地、水、矿产和森林等资源，人均占有量都不足世界人均水平的一半，资源供给不足已成为经济可持续发展的重要约束。

在几种主要资源中，中国森林蓄积量的人均值极低，水资源和耕地的人均值也较低。中国各类可更新资源的人均占有量在全世界所有国家中排在 120位，不可更新资源人均占有量排名在第 80 位。根据世界银行的数据，各个地区或国家已形成的资产、人力资源、自然资源的比率，发达国家为 16：64：17，非洲为 14：33：52，拉丁美洲为 15：50：35，而中国仅为 18：73：9，充分反映中国自然资源相对贫乏的突出（见表 4-2）。

表 4-2　世界和几个国家人均自然资源占有量与中国的对比（以中国为 1）

地区	耕地面积	永久草地面积	森林蓄积量	水资源	可开发水能	矿藏资源总值
全世界	3	1.3	7.9	3.7	1.2	1.6
印度	1.9	0.1	1.4	0.8	0.2	—
巴西	5.3	4.3	54	14.6	1.7	1.7
美国	8.1	3.9	13.1	5.2	2.2	5.6

资料来源：张善余：《中国人口地理》，北京：科学出版社，2003 年，第 404 页。

中国的土地资源总量多、人均少、优质耕地少，可开发的后备资源少。近年来各种非农使用使良田大幅度减少，基本没有实现耕地动态平衡的目标；部分沿海省市的人均耕地面积已经低于联合国粮农组织提出的 0.8 亩警戒线。人口增长，耕地减少，必然加剧粮食生产的压力。近几年，中国粮食产量一直徘徊在 4500 亿公斤至 5000 亿公斤之间，粮食数量和品种结构远远满足不了消费需求，缺口很大，需进口国际市场的粮食来补足。另外，中国的耕地质量差，产出率低，平均亩产仅 200 公斤至 250 公斤，比发达国家少100 多公斤。中国又是自然灾害频发的国家。受灾害影响，年际间粮食总产量波动较大。

庞大的人口规模同样也加剧了对淡水资源的需求。中国是淡水资源紧缺的国家，人均占有量不及世界人均占有的 1/4，在世界上排到第 110 多位，到 2030 年人均占有量还将减少 1/5。水资源紧缺已影响到生产和生活。河流断流、泉水干涸、地下水位大幅度下降，水质污染更加剧了缺水危机。人口增长与城市化发展，促使生活用水增加。矿产资源总量丰富，但一些关系到国计民生的大用量矿产，如富铁矿、锰、铜、石油等，储量不足，供给愈来愈依赖于国际资源的利用。除资源短缺现状外，资源浪费问题严重。中国与发达国家相比，创造单位 GDP 需要消耗更多的资源。

由于人们对资源、环境过度的利用和破坏。目前水土流失和荒漠化严重。中国是世界上水土流失和土地荒漠化最严重的国家之一。现有水土流失面积 367 万平方公里，占国土面积 38%，且以全年 100 万公顷的面积增加，土地生产力下降严重。草场退化、沙化、盐碱化明显，建设速度赶不上退化速度。草原面积逐年缩小，草原植被覆盖率降低，畜牧生产力不高，甚至赶不上一些发展中国家。

随着人口数量的增加，生活水平的提高，中国作为世界第一人口大国，也是世界经济发展较快的国家，面临着比其他国家更为严峻的环境挑战。控制人口可以将人口数量对资源环境的压力降到最小；而环境治理和制度创新也是实现人口与资源环境的可持续发展的必要途径。

第二节　中国的人口分布

一、中国人口的地域分布

20 世纪 30 年代中国著名人口地理学家胡焕庸先生发现并提出"爱珲—腾冲线"（也称胡焕庸线），形象描述中国"东多西少"的人口分布宏观格局："今试自黑龙江的爱珲，向西南作一直线，至云南之腾冲位置，分全国为东南与西北两部分，则此东南部之面积，计四百万方公里，约占全国总面积之百分之三十六，西北部之面积，计七百万方公里，约占全国总面积之百分之六十四；惟人口之分布，则东南部计四万四千万，约占中人口之百分之九十六，西北部之人，仅一千八百万，约占全国总人口之百分之四，其多寡之悬殊，有如此者。"[①] 几十年来，这一人口地区分布格局一直没有发生质的变化。

---

　①　参见胡焕庸：《中国人口之分布》，《地理学报》，1935 年。

根据 1990 年和 2000 年人口普查数据，中国东、中、西部三类地区①的人口密度依次减少，1990 年分别为每平方公里 392 人、241 人和 53 人；2000 年分别为每平方公里 452 人、262 人和 51 人。东部与西部地区人口密度的比值，1990 年是 7.4 倍，2000 年是 8.9 倍。

国家统计局全国抽样调查数据显示，2007 年中国人口地区分布依次为东部 5.2 亿人、中部 4.2 亿人、西部 3.6 亿人，分别占全国人口总数的 39.18%、31.67% 和 27.47%。与往年相比，各地区人口比重及其位次变化不大（见表 4-3）。

表 4-3　中国东、中、西部地区人口占总人口比重　　　单位：%

地区别	2007 年	2006 年	2005 年	2000 年	1990 年	1982 年
东部	39.18	38.93	38.70	38.92	37.67	37.51
中部	31.67	31.80	31.92	32.93	33.85	33.83
西部	27.47	27.51	27.51	28.15	28.48	28.66

资料来源：1982、1990 和 2000 年数据根据人口普查资料计算；2005 年数据根据全国 1% 人口抽样调查数据计算；2006、2007 年数据根据人口变动情况抽样调查数据计算。

注：各省数据中未含中国人民解放军现役军人数据。数据中的比例按照各地区人口与总人口的比重计算，计算后结果相加不为 1。

地域条件的优劣直接决定了人口分布的疏密。目前中国仍有 1/10 的地区为荒漠地区，基本上没有常驻居民，这些区域主要分布在西北地区；而长江中下游平原、黄淮海大平原等自然条件较好的区域则由于物产丰富、环境适宜成为人口高度稠密的地区。由于自然条件的差异导致了各个地方发展程度的不同。据统计，2000 年东中西部的人均 GDP 分别为 11862 元、5896 元和 4554 元。发展较好的东部是西部的 2.6 倍之多。② 2008 年西部 12 个省市自治区 GDP 总和不到人民币 6 万亿元，约占全国 GDP 的 19%；而东部地区 GDP 达到

①　注：根据 2000 年 12 月 27 日国务院《关于实施西部大开发若干政策措施的通知》中相关地区划分标准，中国东部地区包含北京、天津、河北、辽宁、上海、江苏、浙江、福建、山东、广东、海南 11 个省、市；中部地区包括山西、吉林、黑龙江、安徽、江西、河南、湖北、湖南 8 省；西部地区包括内蒙、广西、重庆、四川、贵州、云南、西藏、陕西、甘肃、青海、宁夏、新疆 12 个省、市、自治区。东、中、西部三类地区的面积大小依次为 108.6 万平方公里、158.5 万平方公里和 692.7 万平方公里。

②　参见《我国东部人均 GDP 为西部 2.2 倍》，来源：http：//finance.sina.com.cn/g/20070814/15053881033.shtml.

3万亿元的省份就有3个，其中江苏省突破3万亿元，山东省为31072亿元，广东省为35696亿元。①

实际上，世界各国的人口分布均体现出和中国人口分布相近的规律。世界各国的人口分布一般都具有趋向沿海、趋向平原、趋向温暖湿润气候的规律。一方面这些区域有较好的自然环境，能满足人类生存的需要，另一方面，这些地区比较适合人类生产，有利于农业、工业的发展。全世界范围内，温带及热带的近海地区，是人口密度最高的地区。气候在人口分布中也扮演着重要的角色，人口分布对于温暖湿润的气候的趋向性也非常明显。中国的热带、亚热带以及温带的半湿润气候均位于爱珲—腾冲线的东南侧。由于中国各地经济、历史发展的不平衡性和地理环境的特殊限制，使中国人口分布很不平衡，形成的"倾斜的中国"格局在未来也不会有根本性的变化。

2007年中国实施《科学界定人口发展功能区，促进区域人口资源环境协调发展》的规划，将全国的国土分成五大区域，即不适宜、临界适宜、一般适宜、比较适宜、高度适宜地区。其中高度适宜地区，面积只有全国的10%，但是要积聚全国30%的人口，是人口密度最大的地区。在此基础上，按照环境资源承载力，把全国划分出四大人口发展功能区域，即限制区、疏散区、稳定区和聚居区。人口聚居区将占全国人口的54%，约为7.4亿，属于积聚人口最多的地区。限制区将主要是江河、风沙源头等不适宜人类居住地区，以及国家限制开发的区域。疏散区主要包括西北干旱区、藏东南横断山区、云贵高原、黄土高原等临界适宜区。稳定区，主要包括天山南北、河西走廊等相关一般适宜区。兰州、贵州、太原等城市都属于此类地区。聚居区则包括比较适宜区和高度适宜等地区。这包括东北平原，沈阳、大连、齐齐哈尔一线，华北平原的京津冀城市群，河南的中原城市群，武汉城市群，长株潭城市群，环鄱阳湖城市群，山东半岛城市群，北部湾城市群，珠三角城市群，成渝地区等。这些划分均是遵循自然规律的同时，考虑人口对资源环境的压力，合理引导人口分布，达到合理利用各地区资源，人民安居乐业的目的。

二、中国人口的城乡分布

人口的城乡分布可以通过城镇化水平指标来衡量，指的是城镇人口数量占总人口的比重，反映一个国家的经济发展水平尤其是工业发展水平，受城乡人

---

① 参见《2008年中国各省、直辖市、自治区GDP完成情况》，来源：http：//economy. enorth. com. cn/system/2009/01/22/003874407. shtml.

口自然增长和人口的迁移行为影响，也与行政区划和对"城"、"乡"的定义有关。

中国人口的城镇化水平自1949年以来总体呈现上升的趋势，从1949年的10.6%，上升到1957年的15.4%，1981年超过20%，1998年增至30%，2003年突破40%。2007年中国城镇人口比重达到44.7%。

然而，与世界其他国家相比，中国人口的城乡分布仍向农村倾斜，城镇化水平近年来刚刚超过了发展中地区的一般水平，与发达地区的差异则非常显著（见表4-4）。

表4-4 1950－2006年世界人口城镇化水平 单位:%

年份	中国	世界平均	发达地区	发展中地区
1950	11.2	29.1	52.5	17.9
1955	13.5	30.9	55.5	19.7
1960	19.8	32.9	58.6	21.7
1965	18.0	34.7	61.7	23.7
1970	17.4	36.0	64.7	25.2
1975	17.3	37.3	67.2	26.9
1980	19.4	39.2	69.2	29.5
1985	23.7	41.1	70.5	32.3
1990	26.4	43.2	71.8	35.2
1995	29.0	45.1	73.0	37.8
2000	36.2	47.1	73.9	40.5
2006	43.9	49.1	74.3	43.4

资料来源：中国数据来自相关年份《中国统计年鉴》；世界数据来自United Nations：World Population Prospects：The 2006 Revision.

第三节 中国的人口转变及其理论探索

一、中国的人口转变

人口转变主要是指由出生率、死亡率、自然增长率决定的人口再生产类型的转变过程。其中死亡率率先下降，生育率下降滞后于死亡率下降，人口再生产模式由高出生率、高死亡率的"高位均衡"转向低出生率、低死亡率的"低位均衡"。

1. 死亡率和生育率转变

人口的出生和死亡水平直接决定着人口自然增长率的高低和人口规模的增减。

人口死亡率转变表现为死亡率水平由高而低下降，并在低水平上趋于稳定的过程。1949年，中国人口死亡率高达20‰；1950－1964年，除了个别年份外，中国人口死亡率迅速下降至20‰以下，并向10‰趋近。1965年中国人口的死亡率跌至10‰以下，1977年以后保持稳定，2005年之后略有抬头，但一直稳定在6‰－7‰之间。与之相对应，中国人口的平均预期寿命不断延长，从1981年的66.77岁增加到1990年的68.55岁，2000年更是突破到71.4岁。

虽然中国人口的平均预期寿命与发达国家相比还有一些差距，但是高于世界平均水平和其他发展中国家。根据美国人口咨询局提供的数据，2008年世界人口的平均预期寿命为68岁，世界上最长寿的国家是日本，为82岁，比中国的73岁高了9岁。

中国的人口出生率变动总体上呈现下降的趋势。1949年新中国成立伊始，全国人口出生率为36‰；20世纪五六十年代，除了个别年份外，人口出生率一直保持30‰以上的高水平，1963年更是突破40‰；1972年之后，在国家计划生育政策的影响下，人口出生率开始逐步下降，1976年首次低于20‰，并一直维持到1980年。经过了20世纪80年代出生率水平的回升与波动，1991年中国的人口出生率再次低于20‰，并保持下降趋势至今。

以总和生育率来衡量的人口生育水平的变化更清楚地反映了中国人口生育率转变的过程（见图4-2）。除了1959－1961年的特殊情况之外，在20世纪五八十年代中国人口的总和生育率基本上在5以上，1963年甚至达到了7.5的峰值水平。直到20世纪70年代初期，总和生育率才开始了急剧下降的过程：1972年为4.98，勉强低于5；1975年降至3.57，1977年降至2.84，之后一直在2－3之间波动，到1990年时，已经降至2.17。尽管对于20世纪90年代的确切生育水平人们一直持怀疑态度，但是一致的结论是，总和生育率稳定在更替水平以下①，即保持在1－2之间的水平。

---

① 参见路遇：《新中国人口50年》，中国人口出版社，2004年，第127页。

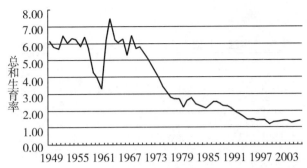

资料来源：1949－1992年数据来自姚新武等：《中国常用人口数据集》，北京：中国人口出版社，1994年；1993－2007年数据来自国家统计局：《中国统计年鉴1990－2008》，北京：中国统计出版社，1990－2008年。

图4-2　中国1949－2007年总和生育率变化

中国的人口转变遵循了死亡率先于生育率下降的一般规律。一般来说，死亡率下降需要的条件比较简单，在中国，社会经济发展和医疗卫生事业发展均对人口死亡率的大幅下降具有重要的贡献。而出生率下降需要的条件则复杂得多，除受经济因素制约外，更受文化教育、宗教信仰、风俗习惯、伦理观念等等非经济因素的制约。中国历史上长期形成的"男尊女卑"、"传宗接代"、"多子多福"、"不孝有三，无后为大"等传统生育文化，仍然束缚着人们的婚姻、生育行为。尽管中国的生育水平统计上来看已经低到了甚至令人担忧的程度，然而生育观念的转变并没有在全部人群中实现，生育水平还处在不稳定状态。政策生育率、实际生育率和意愿生育率之间还存在差异。

受到人口年龄结构的影响，从2004年开始，中国人口的死亡率水平有悄然抬升的势头。根据国家统计局《2004年统计公报》，2004年全年中国出生人口1593万人，出生率为12.29‰，与2003年相比下降了0.12个千分点；全年死亡人口832万人，死亡率为6.42‰，与2003年相比上升0.02个千分点。之后，每年中国人口的死亡率都呈现出比前一年略有上升的态势。如2005年相比上一年死亡率上升0.3个千分点，2006年相比上一年上升0.12个千分点。预计随着人口逐渐老化和高龄人口的增加，今后中国人口的死亡率水平可能会有所提升。

数据显示，中国人口的出生率、死亡率和总和生育率所代表的生育水平已与发达国家水平相近（见表4-5）。2008年，世界人口总和生育率水平为2.6，其中发达国家为1.6，不包含中国的发展中国家为3.2，包含中国的发展中国家为 2.8，不发达国家为 4.7。①

表 4-5　中国与其他部分国家人口出生率与死亡率比较　　单位:‰

国　别	出生率					死亡率				
	2004	1990	1985	1980	1975	2004	1990	1985	1980	1975
中国	12.3	21.1	21.0	18.2	23.0	6.4	6.7	6.8	6.3	7.3
美国	14.1	16.7	15.7	16.2	14.0	8.3	8.6	8.7	8.9	8.9
澳大利亚	12.4	15.4	15.7	15.3	16.9	7.4	7.0	7.5	7.4	7.9
法国	12.3	13.5	13.9	14.8	14.1	9.1	9.3	10.1	10.2	10.6
挪威	11.9	14.3	12.3	12.5	14.1	9.5	10.7	10.7	10.1	9.9
荷兰	11.4	13.2	12.3	12.8	13.0	8.7	8.6	8.5	8.1	8.3
英国	10.9	13.9	13.3	13.5	12.5	10.2	11.2	11.8	11.8	11.9
葡萄牙	10.9	11.8	12.8	16.4	19.1	10.4	10.4	9.6	9.9	10.4
波兰	10.6	14.3	18.2	19.5	18.9	10.0	10.2	10.3	9.8	8.7
瑞士	9.8	12.5	11.6	11.3	12.3	8.4	9.5	9.2	9.2	8.7
日本	9.6	9.9	11.9	13.7	17.2	8.8	6.7	6.2	6.3	6.4
意大利	9.1	9.8	10.1	11.2	14.8	10.2	9.4	9.5	9.7	9.9

资料来源：中国数据来自于国家统计局《中国统计年鉴》。其他国家 2004 年数据来自美国普查局，International Database；其他年份数据来自 United Nations，Monthly Bulletin of Statistics，June 1997。

2. 地区差异

需要注意的是，到目前为止，中国不同地区人口的出生水平和死亡水平仍存在相当明显的差异。这一点已被学者们注意到并被认为是中国人口转变的主要特征之一。②

根据国家统计局抽样调查数据，近年来出生率的地区差异仍然非常明显。如 2007 年中国有 10 个省、自治区、直辖市的人口出生率高于全国平均水平（12.10‰），其中人口出生率最高的省份是西藏，达到 15.65‰，比全国平均水平高 3.55 个千分点，极差值高达 10.35 个千分点；此外，河北、江西、广

---

① 参见美国人口咨询局：2008 World Population Data Sheet。
② 参见翟振武等：《跨世纪的中国人口与发展》，《人口研究》（增刊），1994 年；吕荣侃：《中国人口转变的主要特征》，《中国人口报》（理论版），1994 年 7 月 18 日。

西、海南、青海、宁夏的出生率都超过了13‰。出生率最低的省份为上海，仅有5.3‰，比全国平均水平低6.8个千分点。天津、辽宁、吉林、黑龙江四个省、市的出生率也低于8‰。总体上看，中国西部和部分中部地区的出生率较高，东部地区的出生率较低。

各省、市、自治区人口的死亡水平相差不大，与2006年相比，除河北、山西、吉林、黑龙江、福建、广东、四川略有上升以外，其他地区均呈下降趋势。死亡率水平最高的是河北省，达到6.89‰，死亡率水平最低的是北京市，为3.65‰，极差值为3.24个千分点。

因此各地区自然增长率主要受到出生率的影响，表现出明显的地区差异。上海市的自然增长率仅为0.75‰，是全中国的最低水平，西藏的自然增长率最高，达到10.61‰，高出全国平均水平5.44个千分点，极差值为9.86个千分点。中国的自然增长率与出生率一样表现出西部地区高、东部地区低的特征（见表4-6）。

出生率和死亡率的地区差异很大程度上是受到不同地区人口年龄结构等因素的影响，与各地区社会经济发展水平、医疗卫生条件和生育水平的差异也有关。

表4-6 2007年全国各省、自治区、直辖市人口自然变动情况

单位:‰

地区别	出生率	死亡率	自然增长率	地区别	出生率	死亡率	自然增长率
全 国	12.10	6.93	5.17	河 南	9.90	5.21	4.69
北 京	8.45	3.65	4.79	湖 北	9.43	4.78	4.65
天 津	7.71	5.86	1.85	湖 南	11.35	6.11	5.24
河 北	13.45	6.89	6.56	广 东	12.29	4.57	7.72
山 西	11.12	6.03	5.09	广 西	14.03	5.78	8.26
内蒙古	10.06	4.63	5.43	海 南	13.61	4.70	8.92
辽 宁	6.88	5.06	1.82	重 庆	10.09	6.31	3.77
吉 林	7.36	5.07	2.29	四 川	9.32	6.39	2.94
黑龙江	7.92	5.40	2.52	贵 州	11.09	5.79	5.30
上 海	5.30	4.55	0.75	云 南	11.82	6.14	5.68
江 苏	8.22	6.48	1.74	西 藏	15.65	5.04	10.61
浙 江	9.96	4.74	5.22	陕 西	8.84	5.47	3.36

续表

地区别	出生率	死亡率	自然增长率	地区别	出生率	死亡率	自然增长率
安 徽	12.61	5.88	6.73	甘 肃	10.34	5.42	4.92
福 建	11.05	6.42	4.63	青 海	13.53	5.36	8.17
江 西	13.72	5.92	7.80	宁 夏	14.08	4.69	9.38
山 东	10.49	6.07	4.42	新 疆	13.68	4.89	8.79

资料来源：国家统计局 2007 年人口变动情况抽样调查。

二、关于中国人口转变的理论探索

自从人口转变理论在 20 世纪 30 年代依据欧洲国家的人口实践逐渐成型以来，就被广泛应用于描述世界各国的人口转变历程。尽管其在发展中国家的适用性受到不少学者的质疑，但是由于缺乏更好的理论，实际上人口转变理论仍在解释发展中国家人口转变历程上发挥着重要的作用。关于中国的人口转变，主要的理论解释和探讨集中于以下三个领域：人口转变的阶段划分、人口转变的影响因素、人口转变是否已经完成。

1. 中国人口转变的阶段划分

关于中国人口转变的阶段划分，主要有"三阶段论"[①] 和"四阶段论"[②]，也有一些学者认为应给予更详细的划分[③]。

人口转变"三阶段论"的最早提出者是人口转变理论的奠基者法国经济学家、人口学家阿道夫·兰德里（Adolphe Landry，1874 – 1956）和美国的沃伦·汤普逊（W. S. Thompson，1887 – 1973），他们把人口转变分为原始阶段、中期阶段和现代阶段。持中国人口转变"三阶段论"的学者以 1949 年作为中国人口转变的起始点，将 20 世纪五六十年代看作中国人口转变的前期阶段，期间中国人口再生产类型实现了从高出生、高死亡、低自然增长到高出生、低死亡、高自然增长的过渡，死亡率持续迅速下降是主要特点；20 世纪 70 – 90 年代是中国人口转变的深入阶段，期间中国政府在全国范围内大力推进计划生育政策，人口出生率和生育率显著持续稳定下降，死

[①] 参见路遇：《新中国人口 50 年》，中国人口出版社，2004 年。

[②] 参见尹勤、高祖新：《我国人口转变进程探讨》，《南京人口管理干部学院学报》，1998 年第 2 期。

[③] 参见朱向伟：《我国人口转变模式及其形成机制》，《南京人口管理干部学院学报》，2002 年第 1 期。

亡率下降趋缓，中国人口再生产类型实现了从高出生、低死亡、高自然增长到低出生、低死亡、低自然增长的历史性转变；21 世纪上半叶则是中国人口转变的后期阶段。

"四阶段论"可追溯至美国人口学者弗兰克·诺特斯坦（F. W. Notestein, 1902–1983），他把人口转变分为四段：前工业化时期、工业化早期、进一步工业化时期和完全工业化时期。支持中国人口转变"四阶段"的学者将 1949–1957 年划分为第一阶段，期间死亡率开始下降，出生率居高不下，人口规模迅速增长；1958–1961 年属于非正常时期，死亡率回升、生育推迟、出生率下降，人口甚至出现负增长；1962–1973 年为第三阶段，补偿性生育之后出生率开始下降，死亡率恢复下降，人口高速增长；1974 年之后，出生率和死亡率都在下降，人口规模扩展的速度减缓。

也有一些学者主张对人口转变历程给予更详细的划分。如英国人口学家布莱克（C. P. Blacker）就提出，人口转变应包含"五阶段"，即高位静止阶段、早期扩张阶段、后期扩张阶段、低位静止阶段和减退阶段。对于中国的人口转变，还有"六阶段论"，认为 1949–1959 年是中国人口加速增长阶段、1959–1961 年是人口负增长阶段、1961–1973 年是人口高速增长阶段、1973–1980 是人口减速增长阶段、1980–1991 年是人口波动增长阶段、1992 年至今是人口低速增长阶段。

将人口转变历程划分为具体几个阶段，可以说是仁者见仁，智者见智，并没有一定之规。对于以 1949 年作为起始点的中国人口转变历程来说，最为特殊的就是由于历史的原因，生育率和死亡率下降的历程曾经有过短暂的中断和干扰，之后才又恢复了其下降的趋势。如何看待与归类这段特殊时期，可能是学者们在对中国人口转变历程进行阶段划分时遇到的主要分歧。笔者认为，对于转变历程的阶段划分如果与中国人口转变的主要影响因素——政策因素相联系的话，上述的"三阶段"划分法应该是较为简练而合适的。

2. 中国人口转变的影响因素

人口转变理论在其发展过程中，一个重要的内容是对人口转变影响因素的研究。现代避孕技术、教育、家庭内部经济结构的变化、对孩子需求的变化、经济社会文化发展以及政府的政策决策等都被认为是影响人口转变尤其是导致生育率下降的主要因素。

与西欧各国不同，属于后发人口转变国家①的中国人口转变模式极具特色：死亡率下降很大程度上受益于医疗技术手段的传播；生育率下降很大程度上受到政策等制度性因素的影响；人口转变发生的晚，但速度相当快，用相当于西欧国家几分之一的时间就完成了人口转变的绝大部分历程。

在导致中国人口转变发生的社会经济因素和政策性因素中，政策因素被认为是主要决定因素②，并且越来越多的学者认为，人口政策对于人口转变的影响要以一定的社会经济发展为条件，只有最终实现经济现代化和相应的生活方式现代化，中国的人口转变过程才能彻底排除各种不稳定因素③；计划生育推动并促成了人口转变的开始，其最终完成需要以经济社会的转型为基础④；生育率下降的直接推动力是国家价值取向支配下的生育政策，其内在动力是由随后而来的改革开放政策带来的经济领域的工业化、政治领域的民主化、社会领域的城市化和价值观念领域的理性化。⑤ 因而，中国人口转变是社会经济发展和计划生育相互作用的结果，社会经济因素在人口转变中起了重要的作用。⑥

如果将人口转变的影响因素分为宏观和微观两个层面、经济社会发展和政策促进两大类因素，我们发现，两个层面与两类因素是互相作用，缺一不可的。只有微观的家庭生育观念和行为的变化才会促成生育率的最终转变，但微观层面变化的前提是宏观上社会经济的发展和人民生活水平的提高，生活方式的现代化；中国的人口转变的确不能摆脱计划生育政策因素强有力的影响作用，但是仅有政策可能并不能看到目前人口转变的成果，背后的根基即最后的落脚点同样应是整个社会的现代化。只有理解了这些关系，才能正确判断中国的人口转变是否已经完成。

3. 中国的人口转变是否已经完成

关于中国的人口转变是否已经完成，目前主要存在两种观点。

---

① 参见李建民：《中国的人口转变完成了吗》，《南方人口》，2000 年第 2 期。

② 参见尹勤、高祖新：《我国人口转变进程探讨》，《南京人口管理干部学院学报》，1998 年第 2 期；翟振武等：《稳定低生育水平：概念、理论与战略》，《人口研究》，2000 年第 3 期。

③ 参见李竟能等：《经济发展对人口转变的作用》（1984），载《人口与发展》，中国人民大学出版社，1987 年。

④ 参见吕荣侃：《中国人口转变的主要特征》，《中国人口报》（理论版），1994 年 7 月 18 日。

⑤ 参见王岸柳：《人口转变论的进一步思考》，《人口研究》，2002 年第 6 期。

⑥ 参见蒋正华：《社会经济因素对中国生育率的影响》，《人口研究》，1986 年第 3 期；顾宝昌：《论社会经济发展和计划生育在我国生育率下降的作用》，《中国人口科学》，1987 年第 2 期。

一种观点认为中国人口转变已经完成。① 通过与发达国家同类指标达到相同或相近时间的比较，"中国人口转变在 20 世纪 90 年代末已经结束"，"中国后人口转变时期的特征已经形成"，"现在已进入后人口转变时代的第一个发展阶段，即准均衡状态"，并且，"在整个 21 世纪中国人口都将处于准稳定状态之中"。

第二种观点认为中国的人口转变尚未最后完成。② 中国人口正处在"从不稳定的低生育水平逐步走向稳定的低生育水平"阶段。如果将广义的人口转变视为包括死亡率转变、生育率转变、迁移转变和人口结构转变，那么，在诸多转变中，"中国只有死亡率转变业已完成，生育率转变处于完成前的稳定阶段，而城市化和人口结构转变仅仅处于转变初期"，"中国步入后人口转变时期至少是在 21 世纪 20 年代之后。"

在中国人口转变是否已经完成的主要认识分歧中，对于生育率转变的判断成为关键性要素。而实际上，迄今为止，中国学界对于目前中国生育率的真实水平还不能给出一致的意见。达成的共识是，从 20 世纪 90 年代开始，中国的生育率水平已经降至较低。2000 年第五次人口普查原始数据分析结果表明，2000 年中国人口的总和生育率仅为 1.22，这一结果遭到了政策决策者和学者的一致质疑，虽然调整后的生育水平一直以 1.8 作为标准，但是 20 世纪 90 年代中国的生育水平到底是多少成为一个未解之谜。不解决这一问题，对于中国人口转变是否已经完成的判断就会失于准确。笔者倾向于认为中国的人口转变虽已接近尾声，但尚未完成，因为诸多与人口转变及其转变机制相关的问题正摆在眼前。

综上所述，对于中国人口形势的判断决定了评价中国人口政策的基调以及未来政策调整的可能空间与方向。

从 1949 年以来中国人口规模、人口增长、人口分布以及人口转变历程的描述与回顾，可以看到庞大的人口规模、惯性增长带来的巨大人口增量、不均衡的人口地区与城乡分布描绘了中国人口的基本形势。与历史相比较，中国人口正在向着有利于社会和谐发展的方向前进；与世界其他国家相比较，中国的

---

① 参见李建民：《中国的人口转变完成了吗》，《南方人口》，2000 年第 2 期；于学军：《中国进入"后人口转变"时期》，《中国人口科学》，2000 年第 2 期。

② 参见翟振武等：《稳定低生育水平：概念、理论与战略》，《人口研究》，2000 年第 3 期；陈剑：《现代化，人口转变与后人口转变》，《市场与人口分析》，2002 年第 6 期；路遇：《新中国人口 50 年》，中国人口出版社，2004 年。

人口状况还存在不尽如人意之处，需要作进一步的努力加以改善。

　　人口问题是社会主义初级阶段长期面临的重要问题，涉及社会、政治、经济、资源、环境等各方面，因此中国政府对于人口与发展一直给予高度的重视。在中国人口转变的过程中，中国政府所主导的计划生育政策发挥了积极而重要的作用，但过快的人口转变和独特的政策作用机制也带来了一系列负面的问题，对政策提出了挑战。

第五章

1960 年以来韩国的人口转变

韩国人口直到 19 世纪末还处于基本静止状态。从 20 世纪初开始，韩国经历了一系列的人口变化。1945 – 1955 年的十年间，伴随着政治、社会和经济的混乱失控，韩国的人口形势也经历了一个动荡时期。[1] 1945 年韩国从日本的殖民统治中获得解放，但朝鲜民族也自此分裂为韩国和朝鲜两个国家。国家的解放和分裂导致了人口大范围地再分布。在朝韩战争时期，有大量的战争伤亡，尤其是青年男性大批死亡，同时也有一大批从朝鲜到韩国的难民。

韩国的人口形势在战后很多方面都不同于战前。韩国经历了一个"婴儿潮"时期，这股浪潮在 1959 年达到顶峰，但是从 20 世纪 60 年代初开始，由于生育率持续下降，韩国经历了人口转变的主要历程，人口从快速增长时期转变为平稳增长时期。准确地说，韩国是从 20 世纪 60 年代初期开始人口转变的。

本章主要讨论 20 世纪 60 年代后韩国的人口变化。具体而言，主要涉及韩国人口转变的主要特征，包括死亡率转变和生育率转变。

第一节　韩国人口转变的主要特征

一、韩国人口转变的社会经济背景

人口转变被定义为某一特定社会在从农业社会状态转变为工业社会和实现城市化过程中生育率和死亡率的变化。[2] 根据这个定义，现代化引发人口转变，也就是说，现代化导致生育率和死亡率降低。因此，以现代化而言，人口

---

[1]　参见 Kwon，T. H. et al. 1975. The Population of Korea. Seoul：Seoul National University Press.

[2]　参见 Coale，Ansley. 1973. "The Demographic Transition." International Population Conference. Vol. 1 Liege：IUSSP.

转变的一个最重要的特征就是，发达国家的人口模型可以用来预测发展中国家的人口趋势。

韩国快速的人口转变过程是由于快速的社会经济发展和在全国全面实行的计划生育项目共同作用的结果。死亡率在 1960 年之后继续下降，但下降幅度已经变慢。另一方面，紧随朝韩战争之后产生的"婴儿潮"，使 1955－1960 年的生育率水平在近代韩国人口历史达到了创纪录的高水平。① 生育率水平自 1959 年达到峰值后开始缓慢下降，一直到 1965 年。在此之前，有效的生育控制措施还没有被广泛应用。韩国政府在 1962 年开始实施第一个五年经济发展计划，同时将计划生育项目作为一项国家政策。第一个五年经济发展计划取得了成功，自此韩国政府连续采用了五年经济发展计划。

表 5-1 显示的是 1960 年以来韩国的人均国民生产总值和年增长率。韩国的人均国民生产总值在 1960 年仅为 79 美元，1965 年超过 100 美元，从此人均国民生产总值持续增长。1980 年超过 1500 美元，1990 年达到 5000 美元，1995 年持续增长到 10000 美元。但是，1997 年遭遇的金融危机使韩国的人均国民生产总值在 1998 年锐降至 6744 美元。直到 2002 年韩国才从金融危机中恢复过来，同年的人均国民生产总值达到了 10013 美元。2007 年韩国的人均国民生产总值已经达到了 20045 美元。

表 5-1　韩国的人均国民生产总值和年增长率：1960－2007 年

年　份	人均国民生产总值（美元）	年增长率（％）
1960	79	—
1965	105	6.6
1970	253	28.2
1975	594	27.0
1980	1597	33.8
1985	2242	8.1
1990	5883	32.5
1995	10037	14.1
1998	6744	－6.6

① 参见 Kim, Ik Ki. 1987. Socioeconomic Development and Fertility in Korea. Population and Development Studies Center. Seoul National University.

续表

年　份	人均国民生产总值（美元）	年增长率（%）
2002	10013	9.7
2007	20045	20.0

资料来源：Korean Statistical Information Service, 2009.

在整个 20 世纪 60 年代，韩国政府的经济政策目标是通过扶植劳动密集型加工企业来促进出口型产业的发展。在第一个和第二个五年经济发展计划施行时期（1962 – 1971 年），韩国经济以几乎不到 10% 的年增长率递增。但是，农业部门的发展落后于非农业部门。同期，农业以每年 3.7% 的速度增长，而采矿业和制造业的年增长速率为 17.9%。[①]

与之相应，农民的相对收入水平下降。1962 年农民的年家庭收入是城市家庭收入的 71%，但是这个数字在 1970 年降到了 61%。[②] 这可能是导致大批农村居民流入大城市，特别是流入韩国首都首尔的许多原因中的一个。直到 20 世纪 90 年代早期，快速的城市化进程一直集中在首尔。之后，首尔周围的卫星城市和首都地区的工业城市才开始更快速地发展起来。

二、韩国的城市化特点及其影响因素

在人口转变过程中，韩国也经历了快速的城市化过程。表 5-2 显示的是韩国在 1960 – 2005 年间城市的人口增长及其发展趋势。韩国在 1960 年总人口达到 2500 万，并且持续增长，在 1970 年达到 3100 万，1980 年 3700 万，1990 年 4300 万，2000 年 4600 万，2005 年达到 4700 万；城市数量在 1960 年仅为 27 个，1970 年增加到 32 个，1980 年 40 个，1990 年 73 个，2000 和 2005 年达到并保持在 79 个。

表 5-2　韩国的城市人口增长：1960 – 2005 年

年份	总人口（千）	城市数量	城市人口（千）	城市化率（%）	城市人口增长率（%）
1960	24 989	27	6 997	28.0	54.2
1966	29 160	32	9 780	33.5	57.4

[①] 参见 Ban, Sung Hwan. 1977. "The new community movement." In C. K. Kim (ed.). Industrial and Social Development Issues. Korea Development Institute.

[②] 参见 Luther, Hans U. 1979. "Saemaul Undong: The modernization of rural poverty in South Korea." Internationales Asienforum.

续表

年份	总人口（千）	城市数量	城市人口（千）	城市化率（%）	城市人口增长率（%）
1970	31 435	32	12 929	41.1	69.8
1975	34 679	35	16 770	48.4	52.0
1980	37 407	40	21 409	57.2	48.0
1985	40 420	50	26 418	65.4	42.0
1990	43 390	73	32 290	74.4	40.1
1995	44 554	73	34 992	78.5	16.1
2000	45 985	79	36 642	79.7	9.2
2005	47 279	79	38 515	80.8	5.1

资料来源：韩国国家统计局，每年的人口和家庭普查报告。

表5-3表示的是影响韩国1960－2000年城市人口增长的因素所占的比重。在城市化进程中，影响城市人口增加的主要因素是城市人口的自然增长、人口的乡—城净迁移、城市范围的扩大和新城市的建立。在1960－1966年间，城市人口增长了270万。与此同时，影响这270万人口增长的最重要的因素是人口的自然增长，在所有影响因素中占到了42.1%，其次是人口的净迁移（40.6%），城市范围的扩大（9.3%）和新城市的建立（8.0%）。城市人口的自然增长也是在除了1966－1970年外其他时期城市化进程中影响城市人口增加的最主要因素。

表5-3　韩国城市人口增长的影响因素：1960－2000年

时　　　期	城市人口增长（千）	城市人口增长的影响因素（%）			
		自然增长	净迁移	城市地区的扩大	农村转变为城市
1960－1966	2 709	42.1	40.6	9.3	8.0
1966－1970	3 223	26.8	73.2	0.0	0.0
1970－1975	3 842	47.2	45.1	2.5	5.2
1975－1980	4 638	45.7	39.7	4.1	10.5
1980－1985	5 506	44.4	36.8	1.3	17.4
1985－1990	5 866	36.3	27.0	6.2	30.4
1990－1995	2 727	72.8	7.0	1.3	19.0
1995－2000	1 719	62.2	12.9	0.0	24.9

资料来源：Choi, Jin Ho et al. 1993. Causes and Consequences of Imbalanced Regional Distribution of Population (in Korean). Statistics Bureau. pp.11；经济规划署/韩国国家统计局. 每年的人口和家庭普查。

和其他时期相比，1966－1970 年间影响韩国城市人口增长的因素中净迁移所占的比重异常地高，达到了 73.2%。1966－1970 年同时也是第二个五年经济发展计划实施的时期。人口的净迁移完全来自农村地区，由于人口的净迁移，农村地区人口在这一时期的流失高于 150 万。农村地区如此严重的人口外流，特别是劳动年龄人口的迁出，不仅仅导致了城市人口的增加，还造成了城市地区较高的抚养比。[①]

三、韩国的人口转变及其影响因素

正如前所述，韩国的人口转变是全国计划生育项目和社会经济发展共同作用的结果。表 5-4 具体阐述了韩国的人口转变和相关影响因素。在 1945－1960 年间（转变前阶段），高水平的生育率和中等水平的死亡率导致除了 1949－1955 年这一时期外其他年份人口数量的快速增长，这个阶段是近代韩国历史上最动荡的的时期：朝鲜民族从日本殖民统治中解放并且一分为二；1950 年朝韩战争爆发；1953 年战争结束。这一阶段也是韩国经历社会动荡，遭遇经济困难的时期。

表 5-4 韩国的人口转变以及相关因素

阶段	时期	人口增长	生育率	死亡率	政治和社会经济因素
转变前阶段	1945－1960	快速的人口增长，不包括 1949－1955 年	高	中等水平，但 1949－1955 间高死亡率	民族解放；国家分裂；朝韩战争；社会动乱；经济困境
转变阶段	1960－1985	增长率持续下降	快速持续地下降	持续下降	现代化；经济发展；城市化；计划生育项目
后转变阶段	1985 年至今	稳定阶段；负增长潜力	更替水平以下	稳定略有下降	持续的经济增长；教育的普及；生活方式的改变；医疗保险

韩国社会从 20 世纪 60 年代初期开始经历了人口转变的主要阶段。在 1960－1985 年间，生育率和死亡率持续下降，因此韩国人口的增长率持续下降。这种转变受几种社会经济因素的影响，如现代化、经济发展、城市化和国家的计划生育项目，所有这些因素共同作用于韩国的人口转变。

---

① 参见 Moon, S. G. 1978. "Urban－rural disparity in socioeconomic and demographic changes in Korea, 1960－1970." Bulletin of the Population and Development Studies Center.

从 1985 年起，韩国的生育率已经低于更替水平，死亡率维持稳定略有降低，人口增长率逐年下降并呈现出负增长的趋势。根据韩国国家统计局 2001 年的预测，韩国人口预计将会从 2000 年的 4700 万增加到 2020 年的 5070 万，然后人口总数开始递减。人口转变的这一阶段可能受到了持续的经济增长、教育的普及、生活方式的改变和全面实施的医疗保险等因素的影响。

第二节　韩国的死亡率转变

一、韩国的死亡率变化特征

韩国的人口转变首先表现为死亡率的转变。韩国在 1910 – 1919 年间进入死亡率转变的第一个阶段[1]，在此期间，高达 34‰的粗死亡率一直持续下降，直到朝韩战争时期（1950 – 1953 年）。但是同期生育率却没有表现出任何明显的变化迹象，粗出生率维持在 40‰左右。生育率和死亡率之间的差距随着时间推移持续拉大，导致人口的快速增长。

影响死亡率下降的因素包括：传染性疾病得以预防，环境状况以及公共卫生设施得到改善[2]，以及医学院和医疗机构的建立等。但是，和西方国家不同的是，这一时期受日本殖民政府影响的韩国的工业化和城市化对死亡率影响很小。[3]

朝韩战争（1950 – 1953 年）对韩国人口尤其是对死亡率产生重大影响。战争时期的伤亡估计达到了 160 万，在此期间粗死亡率急剧上升。[4] 直到 1955 年第一个五年经济发展计划期间韩国的粗死亡率还高达 33‰，韩国在 1955 年进入死亡率转变的第二个阶段。

朝韩战争后导致死亡率快速下降的主要原因是多种新型药物的引入。战后重建过程中卫生状况的改善对死亡率下降也有显著影响。事实上，死亡率的快速下降是在国家缺乏任何实质的社会经济发展状态下出现的。

---

① 参见 Lee，Hae Young. 1980. "Demographic Transition in Korea"．Bulletin of the Population and Development Studies Center 8：5 – 17.

② 参见 Lee，Hae Young. 1980. "Demographic Transition in Korea"．Bulletin of the Population and Development Studies Center 8：5 – 17.

③ 参见 Kim，Ik Ki. 1987. Socioeconomic Development and Fertility in Korea. Population and Development Studies Center. Seoul National University.

④ 参见 Lee，Hae Young. 1980. "Demographic Transition in Korea"．Bulletin of the Population and Development Studies Center 8：5 – 17.

1960年后，韩国的死亡率一直呈现下降的趋势，但是下降速度有所缓和，这一时期的死亡率下降更多地归因于社会经济的发展而不是像早期那样归因于医疗技术的引入。其他重要因素包括公办的、私立的医疗机构健康医疗服务范围的扩大，以及由于计划生育政策的实施和婚姻的推迟导致的生育率的下降。

韩国在1960－2007年死亡率的变化趋势如表5-5所示。1960年的粗死亡率为16‰，和5年前相比降低了17个千分点。之后，粗死亡率持续降低，1971年降到8.0‰，1985年降到6.0‰，2000年达到5.2‰，2007年进一步降至5.0‰。

和持续下降的粗死亡率相对应，出生时平均预期寿命随着时间显著提高。表5-5同时显示了1960年以来韩国人口的平均预期寿命。1960年男性预期寿命为51.1岁，女性为57.3岁。男性和女性的平均预期寿命均持续提升，1980年男性为62.3岁，1990年67.7岁，2000年72.8岁，2007年76.1岁；女性平均预期寿命以相同的速度从1960年的57.3岁提升到1980年的70.5岁，1990提升到75.9岁，2000年达到80.0岁，2007年为82.7岁。平均预期寿命的持续提升使老年人所占的比重提高，即人口老龄化。

表5-5　韩国粗死亡率和平均预期寿命的变化趋势：1960－2007年

年　　份	粗死亡率（‰）	平均预期寿命（岁）	
		男	女
1960[1]	16	51.1	57.3
1965	15[1]	52.7	57.7
1971	8.0	59.0	66.1
1975	7.7	60.2	67.9
1980	7.3	62.3	70.5
1985	6.0	64.3	72.8
1990	5.8	67.7	75.9
1995	5.4	69.6	77.4
2000	5.2	72.8	80.0
2005	5.0	75.1	81.9
2007	5.0	76.1	82.7

资料来源：（1）Kim, Ik Ki. 1992. "A Comparative Study of Demographic Transition between Korea and Japan." (in Korean) Dongguk Journal of Sociology. Vol. 1：43 – 78. p. 52；（2）韩国国家统计局：韩国社会指标2002；Korean Statistical Information Service，2009.

韩国 1970 – 2007 年分性别年龄组的死亡率如表 5-6 所示。1970 年以来，韩国各个年龄男性和女性的死亡率下降均很快。20 岁组人口的死亡率比 30 岁或者以上组人口的死亡率下降得更快；女性的死亡率比男性的死亡率下降更快。随着年龄的增加，男性和女性死亡率的差距逐渐缩小，尽管女性的分年龄死亡率下降得更快，但女性粗死亡率下降的幅度比男性要小，这是低死亡率水平下女性人口快速老龄化的结果。另外，死亡模式也有性别上的差异：中年人中男性的死亡率比女性的死亡率高得多。[①] 但是，死亡率的性别差异会逐渐变小，男性和女性死亡模式接近一致。

表 5-6　韩国分性别分年龄人口的死亡率：1970 – 2007 年　　单位：‰

	男　　性				女　　性			
	1970	1990	2000	2007	1970	1990	2000	2007
合　计	9.2	6.6	5.8	5.5	6.8	5.0	4.7	4.5
0 – 4	4.7	3.7	1.3	0.3	4.5	3.2	1.2	0.2
5 – 9	2.6	0.7	0.3	0.2	2.3	0.5	0.2	0.1
10 – 14	2.1	0.6	0.2	0.2	1.7	0.4	0.2	0.1
15 – 19	3.5	1.2	0.6	0.4	2.5	0.7	0.3	0.2
20 – 24	4.2	1.5	0.9	0.5	3.5	0.7	0.4	0.4
25 – 29	3.8	1.9	1.1	0.7	3.7	0.8	0.5	0.5
30 – 34	4.0	2.5	1.4	0.9	3.3	1.0	0.7	0.6
35 – 39	5.5	3.7	2.2	1.3	4.1	1.4	0.9	0.7
40 – 44	9.1	5.4	3.6	2.4	5.3	2.0	1.3	1.0
45 – 49	14.9	9.0	5.5	3.8	7.0	3.4	1.8	1.4
50 – 54	22.4	12.3	7.9	5.6	10.0	4.7	2.7	1.9
55 – 59	33.1	17.1	12.7	8.5	14.2	6.9	4.5	2.9
60 – 64	47.5	26.7	18.2	12.5	20.4	11.1	7.0	4.7
65 – 69	72.9	40.8	26.3	21.0	31.9	18.5	12.0	8.3
70 – 74	95.5	64.4	43.7	34.5	49.1	33.0	23.8	16.1
75 – 79	225.2[1]	97.0	74.6	59.9	179.2[1]	55.9	44.0	32.5

① 参见 Kim，Tae Hun. 2003. "Mortality" in The Population of Korea. KNSO.

续表

	男 性				女 性			
	1970	1990	2000	2007	1970	1990	2000	2007
80 +	—	187.0	152.1	127.3	—	137.1	121.2	94.9
IMR[2]	40.8	14.3	6.1	4.0	39.9	13.0	5.9	3.6

注释：[1]75 岁及以上；[2]1970，1990 和 2000 的数据分别是从 1971，1989 和 1999 的数据中推算出来的。

资料来源：Kim, Tae Hun. 2003. "Mortality" in The Population of Korea. Korean Statistical Information Service，2009.

二、韩国人口的主要死因

人口死亡原因取决于一个国家的社会经济发展状况。韩国人口的死因状况也因不同时期社会经济的发展变化而不同。表 5-7 列出的是韩国 1966 – 2005 年按顺序排列的十大主要死亡原因。从表中我们可以看出，1966 年的主导死亡原因是肺炎和肺结核。在这所有的 10 种主要死因中，有 6 种死因属于呼吸和消化系统疾病和传染病。而到了 1980 年和 1981 年期间，最主要的五种死因则分别属于循环系统疾病、肿瘤和意外事故这三类原因。

从 1990 年开始，四种最重要的死因集中于恶性肿瘤、脑血管疾病、心脏病和交通事故。死因模式的这些变化表明，从 1966 年以来死亡率的急剧下降主要是因为由呼吸系统和传染性疾病如肺炎和肺结核引发的死亡减少。

表 5-7　韩国的 10 种主要死因：1966 – 2005 年

排行	1966[1]	1980 – 1981[2]	1990[3]	1995	2000[3]	2005
1	肺炎	恶性肿瘤	恶性肿瘤	恶性肿瘤	恶性肿瘤	恶性肿瘤
2	肺结核	高血压	脑血管病	脑血管病	脑血管病	脑血管病
3	中央神经系统的血管损伤	脑血管病	心脏病	交通意外	心脏病	心脏病
4	恶性肿瘤	意外事故	交通意外	心脏病	交通意外	自杀
5	胃炎、直肠炎、大肠炎	心脏病	高血压	肝病	慢性肝病和慢性病	糖尿病
6	意外事故	肺结核	慢性肝病和慢性病	高血压	糖尿病	肝病

续表

排行	1966[1]	1980 – 1981[2]	1990[3]	1995	2000[3]	2005
7	流感	慢性肝病和慢性病	糖尿病	糖尿病	慢性支气管病	交通意外
8	心脏病	支气管炎、肺气肿和哮喘	呼吸系统疾病、肺结核	慢性呼吸系统疾病	自杀	慢性呼吸系统疾病
9	麻疹	肺炎	慢性支气管炎	自杀	高血压	高血压
10	支气管炎	自杀	自杀	肺结核	肺炎	肺炎

注释：1. 根据第七版国际死因分类 50 种主要的死亡原因；2. 根据第九版国际死因分类 55 种主要的死亡原因；3. 根据 1995 年韩国标准死因分类的 56 种主要死亡原因（韩国国家统计局，韩国社会指标，2001：270 – 272）。

资料来源：Kim, Tae Hun. 2003. "Mortality" in The Population of Korea. KNSO. KNSO: The Causes of Death Statistics in 2005.

第三节　韩国的生育率转变

一、韩国生育率的变化趋势

韩国在 1960 – 2008 年的生育率变化趋势如表 5-8 所示。1960 年的粗出生率高达 45‰，此后，生育率持续降低。但 1960 – 1965 年间，粗出生率只下降了 3 个千分点，1965 – 1970 年间则迅速下降，从 42‰ 下降到 31.2‰，五年期间下降了 11 个千分点。从那以后，生育水平开始稳定下降。粗出生率在 1980 年达到 22.7‰，1990 年降到 15.4‰，2000 年达到 13.4‰，2008 年则是 9.4‰。同样地，总和生育率也随时间在急剧下降。1960 年总和生育率高达 6.0，但是 1980 年降到了 2.83。从 1985 年开始，韩国人口的生育水平已经低于更替水平了，并且呈现持续下降的趋势。1985 年总和生育率降到 1.67，1990 年为 1.57，2000 年降到 1.47，2005 年只有 1.08，2008 年略微回升至 1.19。

表 5-8　韩国人口生育率变化趋势：1960 – 2008 年

年　　份	粗出生率（‰）	总和生育率
1960	45.0	6.0
1965	42.0	4.9

续表

年　份	粗出生率	总和生育率
1970	31.2	4.53
1975	24.8	3.47
1980	22.7	2.83
1985	16.2	1.67
1990	15.4	1.57
1995	16.0	1.65
2000	13.4	1.47
2005	8.9	1.08
2008	9.4	1.19

资料来源：Kim, Ik Ki. 1992. "A Comparative Study of Demographic Transition between Korea and Japan." (in Korean) Dongguk Journal of Sociology. Vol. 1：43 – 78. P. 57；韩国国家统计局，韩国社会指标，2002；Korean Statistical Information Service，2009.

　　表5-9更具体地显示了韩国1960 – 2005年分年龄的生育率变化模式。从表中我们可以看出生育率变化的一些重要特征。尽管生育现象伴随着妇女整个育龄期，但是在1955到1980年间大多数出生主要集中于20 – 39岁组的育龄妇女；在1960 – 2000年期间，所有年龄组的分年龄生育率均表现为持续下降；1980年后，15 – 19岁组和40 – 44岁组妇女的生育率急剧下降；1980年之后45 – 49岁组妇女的生育现象不复存在。综合上述发现可以看出：总和生育率的迅速下降和妇女育龄期的缩短有关。

表5-9　韩国的总和生育率和分年龄生育率：1960 – 2005年　　单位:‰

年　份	TFR	分年龄生育率						
		15 – 19	20 – 24	25 – 29	30 – 34	35 – 39	40 – 44	45 – 49
1955 – 1960	6.30	38	308	335	270	194	96	18
1960 – 1965	5.99	20	255	351	274	189	92	17
1965 – 1970	4.64	12	180	309	223	134	59	10
1970 – 1975	3.96	10	146	301	220	88	19	7
1975 – 1980	3.00	13	152	253	122	38	17	5
1980 – 1985	2.38	11	160	216	72	15	2	0

年　份	TFR	分年龄生育率						
		15 – 19	20 – 24	25 – 29	30 – 34	35 – 39	40 – 44	45 – 49
1985 – 1990	1.62	4	103	168	39	6	3	0
1990 – 1995	1.64	4	74	177	58	12	2	0
1995 – 2000	1.55	3	56	159	72	15	5	0
2000 – 2005	1.08	2	18	92	82	19	2	0

注：1970 – 2000 年的每五年的总和生育率和分年龄生育率是从韩国国家统计局每 5 年的平均变动中估算出来的。

资料来源：Jun，K. H. 2003. "Fertility." in The Population of Korea. Korea：National Statistical Office. Korean Statistical Information Service，2009.

二、韩国生育率转变的影响因素

韩国生育率转变时期的生育率下降可能是由以下原因造成的：如果假设生育率只是婚内生育率，那么生育率整体水平同时受人口中已婚妇女所占比例和婚内生育率的控制程度两方面的影响。婚内控制生育的方式有避孕和人工流产两种方法。在韩国，自从 1962 年推行计划生育国策以来，全国计划生育项目对生育水平的下降产生了重大影响。

全国范围内计划生育项目的实施使总和生育率从 1960 – 1965 年的每个妇女平均生育 6.0 个孩子降到 1965 – 1970 年的平均生育 4.6 个孩子。1966 年，首尔和其他大城市的生育率下降得非常快，主要原因是韩国夫妇不想在"白马年"生育女孩儿。[①] 人工流产方法在城市地区被普遍采用，而避孕方法在 20 世纪 60 年代早期才开始通过市场渠道提供。

农村生育率下降的速度比城市更快，原因在于从 20 世纪 60 年代晚期开始，韩国政府在农村地区的计划生育项目上比城市地区投入了更多的资源。在 20 世纪 70 年代早期，生育率下降的速度减慢到平均每个妇女生育大约 4.0 个孩子，但此后由于人口惯性的作用，20 世纪 70 年代末总和生育率迅速降到 3.0，同时完成了第一次生育率转变。[②]

第一次生育率转变的后期阶段开始于 20 世纪 70 年代早期，此时理想家庭

---

① 参见 Kwon，Tai – Hwan. 1977. Demography of Korea：Population Change and Its Components 1925 – 66. Seoul：Population and Development Studies Center. Seoul：Seoul National University Press.

② 参见 Jun，K. H. 2003. "Fertility." in The Population of Korea. Korea：National Statistical Office.

规模、生育控制、孩子价值等观念在韩国夫妇中已深入人心。①生育率转变的晚期阶段和早期阶段在意义上完全不同。1975 年之前，传统家庭的观念约束和限制了韩国夫妇的生育行为，那时候，大部分夫妇不相信能通过避孕和人工流产的方法满足他们对理想家庭规模的需求。尽管如此，在面临赤贫、失业以及由于婴儿死亡率下降、存活子女数上升而导致的家庭少儿抚养负担加重等问题时，他们也被动地参与到政府倡导的计划生育项目中去。②与此同时，1965 年以后结婚的年轻人的婚育行为在生育率转变中发挥了重要作用，从 1975 年起他们在结束生育行为之后开始主动加入到节制生育的行列中去。

表 5-10 显示了 1960－2000 年期间韩国总和生育率变化的影响要素构成。可以看到，截止 1990 年，相比较婚姻状况的影响，婚内生育率的下降对总和生育率下降的影响更大。在此期间，特别是在 1965－1990 年期间，避孕对婚内生育率的下降起着非常重要的作用。人工流产对婚内生育率降低的影响只持续到 1975 年。从 1990 年起晚婚取代由于计划生育而导致的婚内生育率的下降开始对降低总和生育率发挥更重要的作用。

表 5-10　韩国总和生育率变化的百分比组成：1960－2000 年

年 份	1960－1965	1965－1970	1970－1975	1975－1980	1980－1985	1985－1990	1990－1995	1995－2000
TFR 变化（%）	－16.8	－17.6	－13.4	－24.6	－25.7	－18.3	1.2	－5.4
（a）婚姻比例组成	－6.3	－3.7	－3.5	－5.6	－6.4	－6.5	－5.8	－9.9
已 婚	－7.6	－3.4	－3.7	－4.9	－6.7	－7.9	－5.6	－9.6
离婚和丧偶	1.3	0.5	0.2	0.7	0.3	1.4	－0.2	－0.3
（b）分年龄婚内生育率	－10.5	－14.1	－9.9	－19.1	－19.3	－11.8	7.0	4.5
避 孕	－5.4	－9.5	－5.9	－23.0	－23.9	－13.4	－5.3	－7.4
人工流产	－5.1	－4.6	－4.0	3.9	4.6	1.6	12.3	11.9

资料来源：Jun, K. H. 2003. "Fertility." in The Population of Korea. Korea：National Statistical Office.

表 5-11 显示了 1970－2007 年间韩国人结婚年龄的走向。随着时间推移，

①　参见 Jun, K. H. 2003. "Fertility." in The Population of Korea. Korea：National Statistical Office.

②　参见 Jun, K. H. 2003. "Fertility." in The Population of Korea. Korea：National Statistical Office.

男性和女性的平均结婚年龄一直在提高。男性平均结婚年龄从 1970 年的 26.7 岁提高到 1990 年的 27.8 岁，2007 年为 31.1 岁；而女性从 1970 年的 22.6 岁提高到 1990 年的 24.8 岁，2007 年为 28.1 岁。

表 5-11　韩国结婚年龄走向：1970－2007 年

年　　份	结婚年龄（男性）	结婚年龄（女性）
1970	26.7	22.6
1975	26.8	22.8
1980	26.4	23.2
1985	27.0	24.1
1990	27.8	24.8
1995	28.4	25.5
2000	29.3	26.5
2005	30.9	27.7
2007	31.1	28.1

资料来源：韩国国家统计局：每年的韩国统计年鉴。

　　影响韩国总和生育率下降的因素除了晚婚之外，还有单身人口比例的增加。表 5-12 阐述了 1970－2005 年间韩国分性别人口的处于不在婚状态的比例及其变化情况。男性和女性不在婚的比例都随着时间推移而持续提高，特别是那些大龄的单身一族。25－29 岁组的女性中不在婚的比例从 1970 年的 10% 提高到 1990 年的 22%，到 2005 年上升为 59%；30－34 岁组的女性中不在婚的比例在 1970 年只有 1%，但是 1990 年提升到 5%，2005 年为 19%。30－34 岁组的男性中不在婚的比例从 1980 年的 6%，上升到 1990 年的 14%，以后继续上升到 2005 年的 41%；35－39 岁组的男性中不在婚的比例 1970 年只有 1%，但是 1990 年提升到 4%，2005 年为 18%。

表 5-12　韩国分性别人口不在婚比例的变化情况：1970－2005 年 单位：%

性　　别	年龄组	1970	1980	1990	2000	2005
女　性	20－24	57	66	81	89	94
	25－29	10	14	22	40	59
	30－34	1	3	5	11	19

续表

性　别	年龄组	1970	1980	1990	2000	2005
男　性	20－24	93	93	96	98	98
	25－29	43	45	57	71	82
	30－34	6	7	14	28	41
	35－39	1	2	4	11	18

资料来源：韩国国家统计局：每年的韩国统计年鉴。

综上所述，20 世纪 60 年代以来韩国的人口转变遵循了死亡率先于生育率下降的一般模式，在生育率和死亡率的转变中人口年龄结构发生了迅速而显著的变化。这一切都是伴随着经济的迅速发展和城市化进行的。

韩国目前正面临着低生育率和迅速的人口老龄化。20 世纪 60 年代早期，韩国政府开始关注人口的快速增长问题并施行了全国性的计划生育项目。韩国的计划生育项目被认为是在世界上降低高生育率方面最成功的案例之一。但是，40 年不到，韩国政府却在担忧过低生育率水平。韩国生育率在 1984 年开始低于更替水平，之后总和生育率一直保持在更替水平以下。2005 年，韩国的总和生育率只有 1.08。

迅速的生育率下降过程由此产生了严重的人口老龄化。迅速下降的生育率和人口老龄化严重地影响了社会并且在某种程度上阻碍韩国今后的发展。联合国和韩国国家统计局预测韩国的劳动年龄人口将会在 1995－2050 年期间快速减少。① 接收移民可能是韩国在面临低生育率水平下解决劳动力短缺问题可能采取的唯一途径。

---

① 参见 KNSO（Korea National Statistical Office）. 2001. Population Projections for Korea, 2000－2050；United Nations（2000）. Below Replacement Fertility. Population Bulletin of the United Nations.

第六章

中韩人口政策：人口转变的加速器

　　尽管中韩两国的人口基数相差悬殊，人口形势背后的社会经济状况也殊不相同，但一个共同的事实是，中韩两国都成功地经历了人口再生产类型的转变，人口都转变为低出生、低死亡、低增长的现代型人口。在人口转变的过程中，由国家所倡导和实施的计划生育政策均起到了积极而重要的作用。在中韩两国人口政策实施的早期阶段，主要目标都是针对人口数量问题。因此，生育政策及其辅助政策的执行对于两国人口数量的迅速转变都起到了巨大的推动作用，尤其在中国，这一点表现得更为明显。

第一节　中国的政策实施手段更为强有力

　　任何政策的具体落实都需要有一定的行政手段和社会环境来保障。在中国，人口政策的核心——生育政策的实行更是离不开家中央和各级政府所采取的一系列法规、措施等辅助生育政策的强有力保障。中国从 20 世纪 70 年代初全面实行计划生育政策以来，由最初的"提倡只生一个好"的"晚、稀、少"的生育政策，随着 1980 年《公开信》的发表而逐渐过渡到了"一孩"的独生子女政策，生育政策的紧缩必然导致执行手段和行政措施的强硬，结果造成农村基层党群关系矛盾突出，甚至影响到了社会的稳定和团结。也正是因为"欲速则不达"，导致了 20 世纪 80 年代中期生育率的反弹。从此以后，中国的辅助生育政策开始由传统的惩罚管理机制转向利益导向服务机制。进入 21 世纪，国家实行奖励扶助制度的新政策，充分说明人口政策已越来越多地考虑广大群众的生育意愿，体现出人性化的特点，人口政策的制定更加兼顾到人的全面发展的需要。

　　韩国自 20 世纪 60 年代初国家实行控制生育的政策以来，政策的执行则一直比较温和、渐进。主要通过在全社会广泛宣传避孕、节育的方法和措施，同时提供免费避孕药具和计划生育生殖健康服务，还对低生育率家庭给予一定的经济奖励、免税措施等，经过政府大量的宣传和服务工作，韩国的人口控制也在短时间内取得了巨大成效。而到了20世纪90年代中期以后，随着韩国新人口政策的出台，韩国政府为了抑制出生性别比偏高，缓解严峻的老龄化等问题，在性别平等、保护女性各项权益、鼓励家庭生育等方面制定了大量的法规、措施，并取得了明显成效。

从中韩两国生育政策的实施过程可以看出，一方面，虽然中国的计划生育政策在实行之初因政府的过度干预和较为强硬的工作手段至今为国际社会某些国家所质疑、批评，但如果了解中国国情，就会明白，作为一个人口规模大而经济发展水平又相对落后的国家，要想在较短时间内控制人口数量迅速增长的势头，而现实的社会经济发展条件却又不能为人口发展创造良好、稳定的内部环境时，这就不得不主要依靠国家政府的政策力量，并通过强大的行政手段贯彻落实。所以早期中国强硬的辅助生育政策执行虽属无奈，但确实有其合理性。而韩国虽然也曾面临人口迅速增长的危机，但毕竟人口规模相对较小，社会经济发展水平又较高，人口发展是在政策和经济的双重推动力下前进的，人口政策也不必承受过多的"压力"和"责任"。另一方面，进入20世纪90年代，随着中国社会、经济的进一步发展，以奖励服务机制为主的生育辅助政策开始发挥越来越大的作用，这方面，可以借鉴韩国已取得的成功经验，让生育观念和行为真正从政府的引导转变为群众的自觉。

第二节　政策实施都促进了人口转变

以生育率下降为标志的人口转变在中国始于20世纪70年代初，经过短短30多年时间，生育率就从高位水平下降到更替水平以下。促使生育率下降的原因有多方面，政治制度、社会、经济、文化等，但在中国，人口政策的实施无疑对人口转变有着重要的意义，是人口在较短时间内实现低生育率，基本完成人口转变的必要条件，尤其是人口政策的核心——生育政策在20世纪七八十年代对中国人口数量和规模的控制都起到了非常显著的作用。据有关专家估计，从1972年初到1997年，由于开展计划生育，严格执行生育政策，25年间中国至少减少出生2.6亿－3.3亿人，使中国每增加1亿人所需要的时间延长了 2.5 - 3 年。①

韩国则早在 1962 年就开始实施控制人口的政策，同时伴随着社会经济结构的变化，人们的生育意愿和观念发生了深刻变化，这些都导致了生育率的迅速下降，总和生育率从 20 世纪 60 年代初的 6.0，下降到 1980 年的 2.83，1985 年为 1.67，1990 年为 1.57，2000 年达到 1.47，最终在 2005 年降至 1.08，成功地实现了人口转变。在人口得到有效控制的同时，又进一步促进了社会、经济的全面发展。计划生育政策、人工流产和初婚年龄的上升是导致韩国生育率迅速下降的主要原因。

总之，中韩两国的人口政策在其实施之初对于人口数量的控制都起到了重要作用，加速了人口转变。一方面，两国早期的人口政策目标都是主要针对人口数量的控制，并取得了巨大的成功，但另一方面，韩国在 1996 年实行新人口政策后，调整了政策目标方向，开始鼓励生育，却并没有对生育率的回升起到显著影响，而中国长期坚持的计划生育政策对于稳定现阶段低生育水平依然起着非常重要的作用。可以说，在人口转变的整个阶段，中国的计划生育政策自始至终对人口发展起着稳定的导向作用，而韩国由于人口政策的调整改变，加之社会、经济发展等其他因素的影响，生育政策对人口形势的控制作用将逐渐减弱。

第三节　中国人口政策对于人口转变起了更大的推动作用

人口政策和社会经济发展在不同阶段对于两国的人口转变都起到了重要作用，但由于两国的国情和政治制度等的差异，政策和经济因素对两国人口发展却各有侧重。

通常以生育率下降为主要标志的人口转变会受到内外因作用的影响。内因主要是社会经济的发展和人们婚育文化观念的转变，外因主要是政策法规及其行政措施的力量。在中国，由于生产力和经济发展水平的相对落后和人们传统思想观念的影响，所以在早期政策等外部因素对人口发展的影响力更大，在一定程度上弥补了经济社会发展、观念滞后等内因的不足。

韩国早期实行的控制人口数量政策同样取得了成功，但人口政策的制定和

---

① 参见《中国未来人口发展与生育政策研究》课题组：《中国未来人口发展与生育政策研究》，《人口研究》，2005。

执行是与社会经济发展水平紧密联系在一起的，正是因为较好的社会环境和经济基础才为人口政策的实施创造了有利条件。此后，随着社会经济的不断迅速发展，更深入地影响着人们的生育观念和行为，虽然韩国及时出台了新的人口政策，对于提高人口素质、缓解性别，年龄结构等问题起到了一定作用，但对于人口数量发展趋势的控制作用却日渐减弱。

从以上的比较可以看出，中国的计划生育政策之所以对人口控制产生巨大的作用是和社会主义政治制度分不开的。稳定的政治制度为政策的实施提供了有力的行政制度保障。人口政策一开始就作为强大的外部机制引导着人口形势的发展，而社会经济发展等客观条件则慢慢渗透到人们的婚育思想观念领域，作为人口发展的内部推动力起着潜移默化的影响，以后随着生育水平的不断下降，人口控制因素对于生育率呈现慢慢减弱的趋势，韩国人口转变所走过的道路充分说明了"发展就是最好的避孕药"，这一点在中国也正得到越来越有力的证明。韩国资本主义制度为经济发展奠定了良好的基础，同时经济的发展又对人们的生育观念和行为起到了重要的影响，人口政策作为社会经济发展计划的组成部分，进一步推动了人口转变。社会经济发展对人口发展始终起着举足轻重的作用。

第三篇

中韩人口政策与两国人口问题

第七章

中国的出生人口性别比问题

性别是人类的自然属性，性别结构是最基本的人口特征之一，性别比是进行人口性别结构分析时使用最为广泛的指标。反映新生婴儿性别结构的出生人口性别比，是其他人口性别结构的基础，具有特殊的意义。出生人口性别比的高低首先是一个自然现象，主要受生物学因素的影响，之后才会受到社会因素的影响。

随着中国人口政策的成功推行和生育水平的急剧下降，自从20世纪80年代起，出生人口性别比偏高问题开始浮出水面，并多年来持续大范围内攀升，已经引起了政府部门和学术界的高度重视。出生人口性别比偏高和中国的人口政策之间是否有着内在必然的联系？本章首先考察世界各国出生人口性别比的变动区间，并通过构建人口性别结构指数，利用全国人口普查数据来定量描述中国出生人口性别比在世界范围内的状况，以及中国各省、自治区、直辖市人口性别结构的均衡程度。之后讨论影响出生人口性别比偏高的因素、出生人口性别比偏高可能带来的后果以及应对这一问题的策略。

第一节　出生人口性别比的值域范围：来自世界各国的考察

一、出生人口性别比的值域范围

性别是人们与生俱来的先赋特征之一，在精子与卵子结合的瞬间，一个个体的生理性别就被决定了。性别比就是男性与女性的比，通常表示为每 100 名女性所对应的男性数量。人类有第一性别比和第二性别比，精卵结合时所形成的性别比是第一性别比，但是在妊娠过程中，由于流产等因素会造成胎儿死亡，因此在出生时所表现出来的男婴与女婴的性别比被称作第二性别比，也叫做出生人口性别比。

出生人口性别比非常重要，因为它是人类漫长一生中各个年龄人口性别比的基础。根据近百年来世界各国人口的经验数值，出生人口性别比的正常取值范围是在 103－107 之间，也就是说，每 100 名出生女婴应该对应 103－107 名出生男婴。为什么出生男婴的数量会略多于女婴呢？这是因为由于基因等目前仍不完全可知的各种因素的影响，各个年龄男性的死亡率都会略高于女性。在大自然神秘之手的操纵下，出生时男婴数量略多，之后每个年龄男性的损耗也略多，这样到达性成熟期，男性和女性的比例就达到了 1∶1 的完美比例。相比较正常取值范围，出生人口性别比如果超过 107 就被称作出生人口性别比偏高。

在统计数据较为完备和准确的国家，出生人口的性别比一般围绕 105 左右波动，多数范围在 103－107 之间，而且出生人口性别比的值域在国家与国家之间以及在同一国家不同年份之间的变动幅度很窄。①

二、对出生人口性别比值域范围的实证检验

对 2000－2005 年世界不同国家的出生人口性别比数值检验表明，上述结论依然有效（见图 7-1）。在能够获得数据的全世界 220 多个国家和地区中，90% 左右的国家和地区出生人口性别比范围都在 103－107 之间，出生人口性别比恰好为 105 的国家和地区占所有国家和地区总数的比例 2000 年为 48.0%，2002 年为 45.2%，2003 年为 47.1%，2005 年为 42.6%。世界平均的出生人口性别比 2000 年、2002 年和 2003 年均为 105，2005 年为

---

① 参见 United Nations. 1973. The Determinants and Consequences of Population Trends: New Summery of Findings on Interaction of Demographic, Economic and Social Factors. Volume1. p. 262.

106。仅有个别国家的出生人口性别比低于 100（如位于拉丁美洲的开曼群岛 2000 年和 2002 年的出生人口性别比均为 86、位于北大西洋西部的百慕大群岛 2002 年的出生人口性别比为 94），出生人口性别比高于 110 的国家也不多，仅有位于亚洲的中国、韩国和位于西太平洋的关岛等寥寥几个国家和地区。[1]

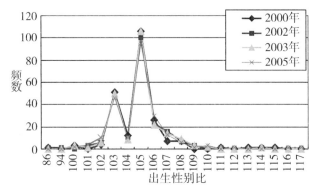

资料来源：U. S.，The World Factbook 2000，2002，2003，2005

图 7-1　2000 – 2005 年世界各国出生人口性别比频数分布

不同时期各个国家出生人口性别比的数值分布虽然相当有规律，但是其数值高低与人口基数有密切的关系。人口基数过小，出生人口数量有限，所计算得到的出生性别比数值受随机因素影响过大，并不能准确反映出生人口性别的均衡与否，因此出生人口性别比的计算往往用国家或省级单位为基础，以确保人口基数。

经验数据表明，世界各国出生人口性别比的波动范围一般在 103 – 107 之间，低于 100 的国家很少，其原因或者是由于随机因素或者是由于生物学因素，如前文所述的 2000 年和 2002 年出生性别比低于 100 的位于拉丁美洲的开曼群岛、2002 年出生性别比低于 100 的位于北大西洋西部的百慕大群岛，其 2005 年年中的估计总人口数仅分别为 44270 人和 65365 人。[2] 与世界上其他国家相比，中国的出生人口性别比近年来普遍高于 107，且持续偏离这一高限，出生人口性别比失衡非常明显，这种失衡现象在中国内部各区域间是不一致的，有些地区的人口性别结构失衡已经到了相当严重的地步。

---

① 参见 U. S.，The World Factbook. 2000，2002，2003，2005.

② 参见 U. S.，The World Factbook. 2005.

第二节　中国的出生人口性别比偏高态势

一、出生人口性别比持续普遍升高

由于出生人口是具有地域和时间特征的，因此一时一地的出生人口性别比偶然超过107的正常范围高限不算什么，甚至局部地区长时期的出生人口性别比偏高也不会有什么太大的问题。但是，当全国范围内大多数地区、不是一年两年而是十年二十年出生人口性别比持续偏高时，问题就不能够再等闲视之。令人不安的是，中国目前正面临这一局面。

中国出生人口性别比严重偏离103－107的正常范围区间，这一现象已经持续了多年。1982、1990、2000年三次人口普查和1987、1995、2005年三次人口抽样调查数据显示：从20世纪80年代开始中国的出生人口性别比就出现了持续攀升的现象。1980年出生人口性别比为107.4，1982年为108.47，1986年为110.9，1990年第四次全国人口普查时为111.92，1995年为115.6，2000年第五次人口普查时为116.86，2005年全国1%人口抽样调查数据显示，出生人口性别比攀升到118.59。2006年为119.25①；2007年为120.22②；2008年出生人口性别比为120.56③。

需要注意的是，由于数据来源和汇总方式的不一致，中国的出生人口性别比数据也呈现歧义。如2000年人口普查按照短表数据得到的出生人口性别比数值为116.86，这也是后来被广为采纳的数据；但按照长表城镇、乡村合计数据，出生人口性别比数值则为119.9④，在进行城乡以及全国出生人口性别比比较时，又必须采用这一数据，而两个数据存在不少的差距。同样，2005年1%人口抽样调查按分孩次出生人口性别比合计数值为120.49，按分性别出生人口合计数值则为118.59⑤。

---

① 参见国家统计局：《中华人民共和国2006年国民经济和社会发展统计公报》，2007年2月28日。

② 参见国家统计局：《中华人民共和国2007年国民经济和社会发展统计公报》，2008年2月28日。

③ 参见国家统计局：《中华人民共和国2008年国民经济和社会发展统计公报》，2009年2月26日。

④ 参见国家人口计生委发展规划司、中国人口与发展研究中心：《人口和计划生育常用数据手册2007》，中国人口出版社，2008年，第128、130页。

⑤ 参见国家人口计生委发展规划司、中国人口与发展研究中心：《人口和计划生育常用数据手册2007》，中国人口出版社，2008年，第132－133页。

二、出生人口性别比偏高区域越来越广

中国出生人口性别比不仅持续升高，而且波及范围越来越广。

1982 年第三次全国人口普查数据显示，1981 年中国出生人口性别比为 108.5，有略少于一半的省的出生人口性别比在 101－107 之间，另一半省、市、自治区的统计的出生人口性别比则在 108－112 之间。

1990 年第四次全国人口普查数据表明，全国 30 个省、市、自治区中，有近 1/3 的省、市、自治区统计的出生人口性别比在 101－107 之间，超过 2/3 的省统计的出生人口性别比在 108－117 之间①。不到 10 年时间，统计的出生人口性别比上升的幅度和广度已经十分显著。

到了 2000 年第五次人口普查时，根据普查长表数据，出生人口性别比偏高的地区不仅由沿海向中西部地区扩展，而且仅出生人口性别比超过 117 的严重偏高的省份就有 13 个，超过全国 31 个省、市、自治区总数的 1/3。个别省份的出生人口性别比甚至超过 135（如江西省数据为 138.0，广东省数据为 137.8、海南省数据为 135.0)②，显示了出生人口性别比持续偏高现象的愈演愈烈之势。

第三节 透过性别结构指数看中国的出生人口性别比

一、性别结构指数的构建

为了进一步把握中国出生人口性别比在世界各国中的地位，以及中国各省、市、自治区出生人口性别比的具体情况，笔者首先构建性别结构指数，并利用这一指标进行考察。

综合考虑近几年来世界各国出生性别比的波动范围和中国出生性别比的实际情况，可以将出生性别比的值域区间限定为 80－180 之间，将人口性别结构划分为以下区间：

出生人口性别比在 103－107 之间属于正常区间；

出生人口性别比在 100－103 或者 107－110 之间，人口性别结构基本

---

① 参见邬沧萍：《改革开放中出现的最新人口问题》（转变中的中国人口与发展系列专著之六），高等教育出版社，1996 年，第 201 页。

② 参见国家人口计生委发展规划司、中国人口与发展研究中心：《人口和计划生育常用数据手册 2007》，中国人口出版社，2008 年，第 130 页。

正常；

出生人口性别比在 90 – 100 或者 110 – 120 之间，人口性别结构轻度失衡；

出生人口性别比在 80 – 90 或者 120 – 130 之间，人口性别结构中度失衡；

出生人口性别比在 130 – 180 之间，人口性别结构严重失衡。

更直观地来理解上述定义，从历史和世界各国的经验数据来看，105 可以看作是出生性别比的标准值，正常波动范围一般在 103 – 107 之间，过度偏离这个范围都是不利于人口的长期发展的。鉴于此，我们认为出生性别比的数值在 103 – 107 范围内的属于正常，人口性别结构均衡；出生性别比数值在 100 – 103 或者 107 – 110 之间，人口性别结构基本正常。在这两种情形下，由于男性死亡率在各个年龄段上都高于女性的自然生理特征，到婚育年龄之时，男女比例将处在近乎相等的地位，不会出现性别失衡问题。当出生人口中男性与女性的数量差异超过 10%，性别失衡现象已初见端倪，人口性别结构表现为不正常；数量相差越大，人口性别结构失衡现象越严重。

根据经验数据，笔者将出生性别比的最大值取为 180，最小值取为 80，标准值取为 105，即：

$SRB^S = 105$

由于出生性别比的分布是右偏分布，则：

SI = ｜出生性别比观察值 – 标准值｜／（出生性别比最大值 – 标准值），即：

$SRB_{max} - SRB^S$

人口性别结构指数的取值范围和意义表述如下：

$0 < SI \leqslant 0.03$，人口性别结构正常；

$0.03 < SI \leqslant 0.07$，人口性别结构基本正常；

$0.07 < SI \leqslant 0.2$，人口性别结构轻度失衡；

$0.2 < SI \leqslant 0.33$，人口性别结构中度失衡；

$0.33 < SI \leqslant 1$，人口性别结构严重失衡。

二、利用全国人口普查数据检验中国的出生人口性别比问题

下面我们使用 2000 年第五次人口普查的全国以及分地区数据来检验以上所构建的人口性别结构指数（见表 7-1）。

表7-1　2000年中国各地区人口性别结构指数

地区别	出生性别比 SRB	性别结构指数 SI	地区别	出生性别比 SRB	性别结构指数 SI	地区别	出生性别比 SRB	性别结构指数 SI
合计	119.90	0.20	浙江	113.10	0.11	重庆	115.80	0.14
北京	114.60	0.13	安徽	130.80	0.34	四川	116.40	0.15
天津	113.00	0.11	福建	120.30	0.20	贵州	105.40	0.01
河北	118.50	0.18	江西	138.00	0.44	云南	110.60	0.07
山西	112.80	0.10	山东	113.50	0.11	西藏	97.40	0.10
内蒙古	108.50	0.05	河南	130.30	0.34	陕西	125.20	0.27
辽宁	112.20	0.10	湖北	128.00	0.31	甘肃	119.40	0.19
吉林	109.90	0.07	湖南	126.90	0.29	青海	103.50	0.02
黑龙江	107.50	0.03	广东	137.80	0.44	宁夏	108.00	0.04
上海	115.50	0.14	广西	128.80	0.32	新疆	106.70	0.02
江苏	120.20	0.20	海南	135.00	0.40			

资料来源：根据国家统计局《2000年第五次全国人口普查资料》中相关数据计算。

表7-2　2000年中国各地区人口性别结构均衡程度

指数范围	均衡程度	地　　区
0 ＜ SI ≤ 0.03	正　常	黑龙江、贵州、青海、新疆
0.03 ＜ SI ≤ 0.07	基本正常	内蒙古、吉林、云南、宁夏
0.07 ＜ SI ≤ 0.2	轻度失衡	北京、天津、河北、山西、辽宁、上海、江苏、浙江、福建、山东、重庆、四川、西藏、甘肃
0.2 ＜ SI ≤ 0.33	中度失衡	湖北、湖南、广西、陕西
0.33 ＜ SI ≤ 1	严重失衡	安徽、江西、河南、广东、海南

　　从数据上来看，目前中国人口的出生性别比已超出正常区间，2000年中国全国人口性别结构指数SI为0.2，性别结构表现为轻度失衡。从全国各地区的情况来看（见表7-1和表7-2），黑龙江、贵州、青海、新疆以及内蒙古、吉林、云南、宁夏8个省市自治区的人口性别结构正常和基本正常，北京等14个省市自治区的人口性别结构轻度失衡，湖北、湖南、广西、陕西4个省人口性别结构中度失衡，安徽、江西、河南、广东、海南5个省的人口性别结构甚

至已经严重失衡。这需要引起高度重视。如果任凭这一现象持续发展下去，除非能够通过人口流动等措施及时弥补，否则会导致区域人口性别结构的严重不均衡，从而引发各种社会问题。

表7-3是2000年世界部分国家的人口性别结构指数。就表中所涉及的这些国家而言，2000年性别结构不正常的国家只有与中国同处东亚地区的韩国，其出生性别比为113，人口性别结构指数为0.11，人口性别结构轻度失衡，这一点与中国非常相似。

表7-3　2000年世界部分国家人口性别结构指数

国家别	出生性别比	性别结构指数	国家别	出生性别比	性别结构指数
安哥拉	105	0.00	墨西哥	105	0.00
澳大利亚	106	0.01	蒙古	105	0.00
孟加拉国	106	0.01	巴基斯坦	105	0.00
巴西	105	0.00	菲律宾	105	0.00
加拿大	105	0.00	俄罗斯	105	0.00
古巴	106	0.01	新加坡	108	0.04
法国	105	0.00	索马里	103	0.03
德国	106	0.01	瑞典	105	0.00
印度	105	0.00	瑞士	103	0.03
印度尼西亚	105	0.00	泰国	105	0.00
意大利	106	0.01	乌干达	103	0.03
日本	105	0.00	英国	105	0.00
韩国	113	0.11	美国	105	0.00

资料来源：根据世界银行《2002年世界发展指标》和U.S.，The World Factbook 2000中相关数据计算。

第四节　中国出生人口性别比偏高的原因探讨

一、中国出生人口性别比偏高的原因

20世纪80年代中期以来中国出生人口性别比的持续上升伴随着社会转型、经济转轨、人口转变的背景，这使得探究出生人口性别比偏高原因的工作

变得愈加复杂，中国严格的计划生育政策的实施也恰在这一时期，因此社会、经济、文化、科技、政策等因素都有可能成为众矢之的。

出生人口性别比偏高是否是发展中国家人口转变过程中的必然表现？中国的计划生育政策是否直接导致了出生人口性别比的攀升？经济发展与出生人口性别比之间是否呈现相关关系？等等问题引起了国内外学者广泛的关注和重视。围绕中国出生婴儿性别比的状况、不同地区不同社会经济背景下出生人口性别比之间的差异、中国出生人口性别比现状与历史的对比、出生人口性别比偏高的原因及影响因素、出生人口性别比偏高可能产生的后果、为降低出生婴儿性别比应该采取的措施等方面学者进行了深入研究。

在经历了真实偏高还是统计偏高的争论之后，随着时间的推延和数据的反复证实，人们终于无奈地面对出生人口性别比真实偏高的严峻局面。中国学者将中国出生人口性别比偏高的原因及影响因素归结为：偏好男性的文化传统、较严格的生育数量限制、进行选择性流产的科技手段易于获得，在这三个因素结合条件下的产前性别鉴定和选择性人工流产，以及统计上的出生婴儿中女婴漏报多于男婴等。[1]

国外研究者同样认为儿子偏好是造成中国伴随生育率急剧下降的出生人口性别比大幅攀升的主要原因[2]，也是中国出生人口性别比偏高的根本原因。三个因素包括生育率下降、强烈的男孩偏好、性别选择技术的日益可获，最终导致了活产男婴数量远远超出活产女婴。[3] 人们之所以对儿子情有独钟，其背后是"儿子更有价值"的判断和事实。儒家伦理、父系亲属制度和社会保障制度等一系列经济和文化制度在思想和实践中都反复证明并加强了"儿子更有

① 参见曾毅、顾宝昌等：《我国近年来出生性别比升高原因及其后果分析》，《人口与经济》，1993 年第 1 期；顾宝昌、徐毅：《中国婴儿出生性别比综论》，《中国人口科学》，1994 年第 3 期；李树苗、费尔德曼：《中国婴幼儿死亡率的性别差异、水平、趋势与变化》，《中国人口科学》，1996 年第 1 期；顾宝昌、罗伊：《中国大陆、中国台湾省和韩国出生婴儿性别比失调的分析》，《中国人口科学》，1996 年第 5 期。

② 参见 Coale, A. J. 1991. Excess female mortality and the balance of the sexes in the population: An estimate of the number of 'missing females'. Population and Development Review 17（3）：517 – 523. Johansson, S. and Nygren, O. 1991. The missing girls of China: A new demographic account. Population and Development Review 17（1）：35 – 51. Li, N., Feldman, M. W., and Li, S. 2000a. Cultural transmission in a demographic study of sex ratio at birth in China's future. Theoretical Population Biology 58（2）：161 – 172.

③ 参见 Coale, A. J. 1991. Excess female mortality and the balance of the sexes in the population: An estimate of the number of 'missing females'. Population and Development Review 17（3）：517 – 523. Sen, A. 1990. More than 100 million women are missing. New York Review of Books 37（20）：61 – 66.

价值"的事实。无论是传承家族姓氏、为父母提供养老支持、祖先崇拜、维持社会地位、帮助父母从事农业或生产劳动①，还是"从夫居"的婚嫁习俗，都使得"传宗接代"、"养儿防老"、"光宗耀祖"等家族和家庭中的大事与儿子紧密联系在一起，与女儿则几乎没有关系。

需要注意的是，在中国的文化背景下，"儿子偏好"现象虽然一直存在，但并不必然固化为失衡的出生人口性别比，生育率的急剧下降尤其是在计划生育政策强制作用下的生育率的下降大大缩小了人们的生育空间，使人们通过生育数量来满足"儿子偏好"的行为不再可能，与此同时以 B 超为代表的性别选择技术的日益发达为具有强烈"儿子偏好"的父母提供了实施产前性别选择的可能性，最终造成了愈演愈烈的出生性别比偏高态势。

因此，出生性别比偏高的直接原因是非法进行非医学需要的胎儿性别鉴定和非法进行性别选择的终止妊娠。这一点已经取得共识。随着医学科技的发展，能够具有鉴别胎儿性别功能的超声诊断仪逐渐普及和广为使用。然而，这些先进仪器在满足医疗需要的同时，也给一些不法分子提供了方便，直接导致了中国出生性别比持续偏高这样一种不正常的人口现象。

自 20 世纪 70 年代以来在全国实施的较为严格的计划生育政策被认为是导致出生人口性别比失衡的一个重要的诱发原因，它对出生人口性别比的影响是通过促进生育率下降来实现的。计划生育政策限制了人们对子女数量的要求，使得部分人群转向通过生育男孩来满足只生一个孩子的前提下获得儿子的愿望，一定程度上导致了部分人群以"质量"（即男孩）换取数量的行为。尤其是"一孩半"的生育政策更是从政府的角度将女孩与男孩的差别在政策上明朗化。但需要强调的是，"一孩政策仅仅是加剧了而不是导致了出生人口性别比升高的趋势"②。"尽管一孩政策看起来使性别选择更有可能发生，然而它并不必然是中国性别失衡的唯一原因。在有些没有实行强制性计划生育政策的国家，出生人口性别比也会升高。这表明中国即使取消或修改一孩政策，出生人

---

① 参见 Poston, D. L., Gu, B., Liu, P., and McDaniel, S. 1997. Son preference and the sex ratio at birth in China: A provincial level analysis. Social Biology 44 (1–2): 55–76. Banister, J. 2004. Shortage of girls in China today. Journal of Population Research 21 (1): 19–45. Zeng, Y., Ping, T., Baochang, G., Yi, X., Bohua, L., and Yongping, L. 1993. Causes and implications of the increase in China's reported sex ratio at birth. Population and Development Review 19 (2): 283–302.

② 参见 Debarun Bhattacharjya, Anant Sudarshan, Shripad Tuljapurkar, Ross Shachter, Marcus Feldman. 2008. "How can economic schemes curtail the increasing sex ratio at birth in China?". Demographic Research: Volume 19, Article 54: 1831–1849.

口性别比也不会有显著的不同。"① 计划生育政策与出生性别比偏高并非直接的因果关系。②

中国出生人口性别比偏高的内在机制表现在图 7-2 中。

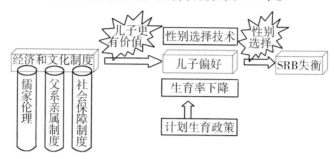

图 7-2　中国出生人口性别比失衡的内在机制

二、中国二孩出生性别比畸高的原因

在中国出生人口性别比整体偏高的背后,有一个现象发人深省,即出生性别比在 1980 年以后随孩次而上升,二孩及以上性别比明显偏高,不符合一般规律。因为在正常条件下,出生性别应该不会随出生胎次而发生巨大变动。③

有学者④分析,这一现象的主要原因来自于中国现行的城乡有别、且一孩男女有别的生育政策。中国农村带有普遍性的生育政策是:绝大多数省、自治区、直辖市都规定第一孩是男孩的,一般不再允许生育;而第一孩是女孩的,则允许继续生育第二孩。因此农村独女户是中国二孩及以上孩次生育的主体家庭。在农村偏好男孩的文化传统以及成本效益存在较大性别差异的生产力现实情况下,得到生育许可的独女家庭千方百计要生育一个男孩,是情理之中的

①　参见 Banister, J. (2004). Shortage of girls in China today. Journal of Population Research 21 (1): 19 – 45. Wang, Y. (2003). What should china do about its gender imbalance problem? emerge: A graduate journal of international affairs. [Electronic Journal] 4, May 2003. http://ssrn.com/abstract = 547982. Li, N., Feldman, M. W., and Tuljapurkar, S. (2000b). Sex ratio at birth and son preference. Mathematical Population Studies 8 (1): 91 – 107.

②　参见原新、石海龙:《中国出生性别比偏高与计划生育政策》,《人口研究》2005 年第 3 期,第 11 – 17 页。

③　参见 Johansson, Sten. 1984. A Swedish perspective on sex ratios and other intriguing aspects of China's demography. in Li Chengrui (ed.), A Census of One Billion People [M]. Beijing: State Statistical Bureau. pp. 410 – 434.

④　参见田雪原:《出生性别比升高原因何在》,《瞭望新闻周刊》,2004 年 7 月 26 日,第 30 期,第 58 页。

事。这也是造成农村、高孩次以及全国整体出生人口性别比偏高的根本原因。

2000 年人口普查数据似乎证实了这一说法，一孩、二孩、三孩及以上性别比城镇分别是 109.4、151 和 175.6，农村分别是 105.7、152.1 和 157。① 2005 年 1% 人口抽样调查数据显示了同样的台阶式上升趋势，一孩、二孩、三孩及以上性别比分别为 108.41，143.22 和 152.88。②

第五节　出生人口性别比偏高的可能后果

一、关于出生人口性别比偏高会危及国家安全的争议

随着中国人口、经济和社会的快速转型，以及与国际社会发展理念的逐渐接轨和融合，中国的性别失衡逐渐演变为一个事关全球稳定、和谐发展的重大安全问题，引起了国内外各界的高度重视。

2004 年，一本书引起了广泛的关注与争议。这本书的名字叫做《光棍：亚洲男性人口过剩的安全意义》，书的作者一个叫做瓦莱丽·赫德森，另一个叫做安德烈亚·博尔，分别在美国杨百翰大学和英国肯特大学从事政治学研究。书中谈到：在 2020 年中国将有 3000 万男人找不到妻子，这些男人主要积淀在社会经济最底层，最终会形成一个固定的光棍阶层。作者认为，男性人口过剩会给国内和国际社会安全造成威胁。③

这本书出版后，在英美学者当中引起了较大争议，有支持的观点，也有明确表示反对的观点，争论的关键在于：将男女性别比例与安全问题挂钩，有没有科学依据？在书中主要观点所指的两个国家之一的中国（另一个国家是印度），学者们对此也作出了回应。基本的态度有两条：一是中国的出生人口性别比偏高是事实，但是否会出现 3000 万光棍找不到老婆的局面还取决于很多因素；二是性别比例失调的后果是否会直接引发社会安全问题，造成社会的动荡，还没有专门的研究和科学的数据加以证实。

尽管上述将人口问题与国家安全相联系的论调缺乏证据，并且反映了西方

---

① 注：根据第五次人口普查长表数计算，其中城镇合计出生性别比为 116.4，农村合计出生性别比为 121.7。数据来源于国务院人口普查办公室：《2000 年第五次全国人口普查数据摘要》。

② 数据来源于国务院全国 1% 人口抽样调查领导小组办公室、国家统计局《2005 年全国 1% 人口抽样调查资料》。转引自国家人口计生委发展规划司、中国人口与发展研究中心：《人口和计划生育常用数据手册 2007》，中国人口出版社，2008 年。第 133 页。

③ 参见《国际先驱导报》，转引自中国网，www.china.com.cn/chinese/HIAW/624859.htm.

意识形态的某种政治偏见，但不能否认的是，出生人口性别比持续、大范围偏高，的确违背了性别结构平衡的自然法则，有可能引发一系列社会问题；而且出生人口性别比作为性别结构的基础，其持续偏高会对未来各个年龄段人口的性别结构造成影响，威胁社会的和谐稳定。

二、女婴生命权受到的威胁

出生人口性别比偏高其背后是女婴生命权和生存权遭到威胁的现实。"重男轻女"的性别偏好和以淘汰女性胎儿为主的选择性人工流产，使女婴的生命安全受到严重损害。不仅如此，由于侵害婴儿安全的往往是孩子的母亲、父亲或亲属，剥夺其生存权的手段也很隐蔽，难以被察觉。

早在 20 世纪 80 年代，当中国的出生性别比偏高现象初露端倪时，就有一些外国学者提出了"消失的女性"的质疑，如寇尔等利用模型生命表和中国1990 年的人口普查数据，估算出由于非正常的性别死亡差异，中国约有 2900 万女性消失。① 尽管中国的学者们最初认为出生人口性别比偏高只是统计上的女孩漏报，但越来越多的证据显示出生前性别鉴定和选择性人工流产是造成目前出生人口性别比偏高的主要原因，而被选择掉的往往是女性胎儿！因此，在适龄未婚男性苦于择偶难的背后，是大量女性生命权被剥夺的严酷现实。而"婚姻挤压"所造成的新娘供不应求局面不仅无助于女性社会地位的提高，反而会诱发性犯罪、贩卖人口等更多的社会问题。

三、"光棍"的数量与分布

出生人口性别比持续、大规模攀高会造成未来人口的婚姻挤压问题，这也是目前人们最为关注的出生人口性别比偏高的社会后果。出生人口性别比偏高的主要表现是男女比例失调，最终结果是形成男多女少的局面。婚龄人口中由于婚配数量的限制，独身男性有可能增加，部分男性的生理要求得不到合理满足，不仅会影响人民群众小康生活的质量，而且会给人的自身再生产带来严重问题。

第五次全国人口普查数据表明，2000 年中国 0 – 9 岁男性比女性人口多1277 万，约占同龄男性人口的 15%。据测算，出生人口性别比升高影响择偶的重要时段在 2040 年前后，届时男性比女性多出的人口将增加 2000 万左右；

---

① 参见 Ansley J. Coale and Judith Banister. 1994. Five Decades of Missing Females in China. Demography，Vol. 31，No. 3，pp. 459 –479.

壮年未婚高峰将以同样的规模出现在 21 世纪 50 年代。未来几十年，中国婚配比例将始终处在男多女少的状态，男性择偶拥挤的状况难以改变。

利用中国国家统计局 2004 年年度抽样调查数据，我们把处在 20 – 64 岁年龄段尚未婚配的人口称作未婚婚龄人口，来看看未婚婚龄人口的性别比情况如何。需要指出的是，将 20 – 64 岁人口看作婚龄人口，并不意味着 20 岁以下以及 65 岁以上的人就不会结婚，但就社会整体情况而言，20 岁以下人口多半还处于受教育时期；65 岁以上人口已步入人生暮年，因此这两部分人口的结婚需求与比例相对较小，暂且不予考虑。

2004 年中国全国未婚婚龄人口的性别比为 177.67，说明在 20 – 64 岁年龄区间，每 177 名未婚男性对应 100 名未婚女性，男性比例远远超出女性。随着年龄的增加，未婚人群中男性的比例也迅速增加，性别比从 20 – 24 岁组的 127.38，上升到 30 – 34 岁的 421.88，45 岁以后更是飙升到 1000 以上。反映出未婚人群尤其是大龄未婚人群以男性为主的鲜明特点（见表 7-4）。

表 7-4　2004 年中国全国及城乡分年龄未婚婚龄人口性别比　　　单位:%

年龄别	全　国	城　镇	乡　村	城乡比
20 – 24	127.38	111.40	142.75	1 : 1.3
25 – 29	212.39	165.35	290.53	1 : 1.8
30 – 34	421.88	253.99	744.27	1 : 2.9
35 – 39	637.88	281.05	1325.00	1 : 4.7
40 – 44	828.73	401.71	1609.38	1 : 4.0
45 – 49	1053.49	367.05	2526.83	1 : 6.9
50 – 54	1202.65	338.57	2611.63	1 : 7.7
55 – 59	1060.92	407.50	1619.15	1 : 4.0
60 – 64	1259.38	596.00	1687.18	1 : 2.8
合计	177.67	138.83	220.76	1 : 1.6

资料来源：国家统计局：2004 年人口变动情况抽样调查。

乡村未婚婚龄人口的性别比（220.76）远远高于城镇（138.83），在各个年龄组均是如此，年龄越大的未婚人群中，性别比的城乡差异越显著。尤其是在 50 – 54 岁年龄组，乡村未婚人口性别比为 2611.63，城镇未婚人口性别比为 338.57，城乡差异高达 7.7 倍！这意味着仅从性别平衡的角度来讲，尽管随着年龄增加，城乡未婚男性与同龄未婚女性匹配的可能性都在减小，但乡村的情况更为严重。

按照以上数据，仅以 20－64 岁未婚婚龄人口作为计算的基数，会发现在2004 年有将近 2500 万男性未婚婚龄人口相对女性过剩，而这些过剩人口又主要集中在中国的乡村地区。即使考虑到对"男大女小"传统择偶与婚配模式的修正、人口流动对婚配选择以及婚配模式的影响，由于出生性别比偏高所引发的"婚姻挤压"现象仍然相当严重，处于社会底层的大量"光棍"的出现并不是骇人听闻。

除此之外，出生性别比偏高还会带来一系列的社会问题，如卖淫嫖娼现象增加、多重性关系出现、性行为错乱、甚至发生拐卖人口等事件，形成对社会伦理道德体系的冲击，威胁传统婚姻家庭观念与形式，影响社会稳定，也会影响经济发展。

第六节　解决性别结构失衡问题的对策措施

一、针对直接原因打击"两非"

出生人口性别比持续普遍偏高，违背了性别结构平衡的自然法则。作为性别结构的基础，出生人口性别比持续普遍偏高会对未来各个年龄段人口的性别结构造成影响，其所带来的性别结构失衡将给中国人口长期发展、妇女地位和社会稳定带来严重后果，需要政府尽快加以解决。

2004 年 3 月 10 日，中共中央人口资源环境工作座谈会指出："要高度重视出生人口性别比升高的问题，开展必要的专项治理活动。"并提出要"加强责任制，把人口数量指标和性别比的指标统一起来考核，力争经过三至五年的努力，使出生人口性别比升高的势头得到遏制"。从 2006 年开始，中国国家统计局每年公布的《国民经济和社会发展统计公报》中开始将出生人口性别比的数据增加进来，反映了国家对这一问题的重视。针对出生人口性别比升高现象及其可能的影响因素，中国政府制定了相关政策法规，鼓励并支持了许多有关改善女孩生存研究和实践的重要项目，采取了各种经济和社会的手段，开展了一系列的专项行动，希望能够遏制出生人口性别比的继续升高，努力将其限制在较为合理的范围内。

出生人口性别比偏高的直接原因是非法进行非医学需要的胎儿性别鉴定和非法进行性别选择的终止妊娠。鉴于此，中国正在加大力度对有关领域进行整治，"打击两非"行动在全国轰轰烈烈开展。2003年5月1日起卫生部颁布的《产前诊断技术管理办法》开始施行，其中第一章第四条明确规定"医疗保健机构和医务人员不得实施任何非医疗目的的产前诊断技术"。全国很多省市也已颁布相关规定禁止非医学需要鉴定胎儿性别和选择性别终止妊娠。如出生人口性别比失衡重灾区之一的海南省已经制定了"综合治理出生人口性别比升高问题的方案"，要求相关部门制定和完善B超管理、终止妊娠手术管理、出生婴儿死亡报告等制度，对使用B超医务人员进行资格认定、审查和职业道德教育，对符合法定条件的生育（重点为二孩）实施全程管理和服务；要求各级卫生部门、计生部门严格审批和确定承担施行中期以上引产手术的医疗保健机构、计划生育技术服务机构。海南省计生局、卫生厅、药品监管局还联合出台了《关于禁止非医学需要的胎儿性别鉴定和选择性别的人工终止妊娠的规定》等。

二、针对根本原因提高女性地位

考虑到导致出生人口性别比偏高的根本原因是传统落后的生育观念，即重男轻女的性别偏好，对育龄群众加强宣传，如性别比偏高带来的社会危害、家庭危害，男女平等的基本国策等，同时采取各种有效措施促进男女平等，建立健全利益导向机制，从根本上扭转群众落后的生育观念，也是可能的解决途径。

为了彻底解决源于男性偏好的出生人口性别比偏高问题，提高女性的社会地位和价值，改善女孩的生存环境，从2003年开始，中国人口计生委开始实施"关爱女孩行动"，在全国24个省的24个县开展了试点。与此前开展的"婚育新风进万家活动"有异曲同工之效，"关爱女孩"行动的主旨也是为了从根本上改变"重男轻女"的传统观念，对育龄群众加强宣传，提倡"生男生女一样好"。国家人口计生委和财政部还从2004年开始实施"农村部分计划生育家庭奖励扶助制度"，目的是建立起利益导向机制，通过解决农村独生子女户和"二女户"父母的养老问题，从根本上扭转群众"养儿防老"的生育观念。

对于调整现行的生育政策是否能够遏制出生人口性别比升高势头的争论，有中国学者认为，生育行为干预可以通过生育政策从生育数量上做出人为规定，但对生育性别结构不能也无法做出规定。由于现代技术条件的普及和容易获得，因此在现有生育数量条件下靠阻塞技术渠道来应对出生性别比问题只能是治标之策，治本之策应该是降低男孩偏好，尤其是降低生育男孩数量意愿才

是问题的根本，在国家大的宏观政策背景下，在继续抓紧技术层面上防止出生性别选择的前提下，建议以新农村建设为契机，在构建社会基础保障条件下，加大对纯女户的导向力度，彻底消除"养儿防老"等男孩偏好的深层社会原因，才有可能取得比较好的干预效果。①

三、协调各项社会政策，有效治理出生人口性别比失衡问题

尽管国家已经采取了众多的政策措施来努力降低出生人口性别比，但是，中国出生人口性别比上升的趋势并没有得到有效遏制。2005 年全国 1% 人口抽样调查显示出生人口性别比继续升高，甚至连城市地区也出现了性别比快速升高的现象。

为什么众多社会政策措施的采取并未缓解出生性别比偏高问题？笔者认为，"打击两非"的确能够在一定程度上减少女胎和女婴的流失，但是出生人口性别比偏高问题的发生，涉及到经济、社会、文化、制度、政策等方方面面，其根本在于性别不平等的社会意识与社会现实。社会性别不平等、相关社会政策不协调是中国出生性别比居高不下的重要原因。

中国现行的制度、文化、经济和政策体系，对女孩生存状况有着许多方向相反的影响。中国农村带有普遍性的生育政策是：绝大多数省、自治区、直辖市都规定第一孩是男孩的，一般不再允许生育；而第一孩是女孩的，则允许继续生育第二孩。因此农村独女户是中国二孩及以上孩次生育的主体家庭。在农村偏好男孩的文化传统以及成本效益存在较大性别差异的生产力现实情况下，得到生育许可的独女家庭千方百计要生育一个男孩，是情理之中的事。尽管这一政策规定的初衷是为了照顾农村只有一个女孩家庭的实际困难，但是在事实上也造成了"一个女儿只等于半个儿"，使女性出生伊始就被定义为弱势人群。

在就业政策中，尽管中国劳动和社会保障部在 2000 年 12 月 8 日颁布的"关于劳动力市场管理规定"中明确规定"用人单位在招用职工时，除国家规定不适合从事的工种或者岗位外，不得以性别等为由拒绝录用或者提高录用标准"，但并未对相关的违法行为的赔偿和处罚做出明确的规定，性别歧视性行为没有可以诉讼的渠道和机构。因此，在现实中看到的是普遍存在的就业机会中的性别歧视现象，如选择或优先选择男性、女性二次就业困难等。

---

① 参见王广州：《中国出生人口性别比升高问题的再认识》，《今日中国论坛》2007 年第 1 期，第 59 - 62 页。

在农村，尽管有规定"农村妇女无论是否婚嫁都应与相同条件的男性村民享有同等的权利，任何组织和个人不得以任何形式剥夺其合法的土地承包权、宅基地使用权、集体经济组织收益分配权和其他有关经济权益"；"不管采取什么方法，都要确保农村妇女有一份承包地"；"妇女离婚或丧偶后仍在原居住地生活的，原居住地应保证其有一份承包地。离婚或丧偶后不在原居住地生活、其新居住地还没有为其解决承包土地的原居住地所在村应保留其土地承包权"，但事实上，妇女的土地权利受到来自社区和家庭的双重干预。在土地集体所有、农户家庭承包经营的制度框架下，家庭获得承包耕地必然受制于村庄集体，以户为单位承包土地的做法和女儿外嫁的婚姻习俗，使得女性尤其是离婚妇女实际上担负失去土地的最大风险。

对于退休年龄的规定也充分体现了矛盾性。女性预期寿命一般比男性长，但现行规定中女性退休年龄普遍比男性早五年左右，这是对女性的保护，还是对女性的歧视？

社会政策中对女性弱势地位的潜在规定，或形式上具有性别平等的内容，但实际上缺乏配套法规或难以执行，加上不同社会政策间的不协调问题，造成了社会政策的低效或失效问题，也造成了出生人口性别比升高现象并没有随着国家相应政策措施的出台而发生显著改变。

出生人口性别比偏高，是中国社会普遍存在男孩性别偏好的集中反映，是社会性别不平等、女性权益受到侵害的集中体现，是中国目前女性在经济保障、权益保障、生存机会、社会地位、能力发展等方面弱势地位的缩影。要从根本上扭转出生人口性别比持续普遍升高的现象，必须从协调社会政策、改善女性地位入手。

中国已经进入了一个全新的发展阶段。在国家经济保持持续、高速、稳定增长的同时，政府越来越意识到政治、经济、文化、社会全面协调发展的重要性。科学发展观已经成为政府决策的基本指导思想，发展的目的是为了实现人的全面发展，是为了实现经济与社会、城市与农村、东部与西部、人与自然、人与人之间的和谐发展，最终是要构建一个民主法治、公平正义、诚信友爱、充满活力、安定有序、人与自然和谐相处的和谐社会。要实现这一宏伟目标，需要经济政策和社会政策的共同推动。

社会政策在"全面发展"和"和谐发展"中发挥着至关重要的作用。中国政府作为社会公共利益的代表和各项社会政策的制定者，正在经历着由以信息纵向传递为主的管理型政府向透明、高效、问责的服务型政府的转变。中国社会经济从农业社会向工业社会、从计划经济向市场经济的转型为政府转型提供了宏观背景。由于社会经济转型过程同时也是社会利益格局重新调整的过程，特别是在人均 GDP 进入 1000－3000 美元的阶段，更是改革最艰巨、公共需求增长最快、发展风险最大的时期，各种社会矛盾凸显甚至呈现激化态势。因此，中国政府在利用经济政策推动经济发展的同时，也必须通过各项有效的社会政策熨平各种社会矛盾、推动社会和谐发展。

但是，一方面由于中国社会正处于急剧的转型时期，旧的系统打破后，新的系统建立尚需时日；另一方面由于中国发展存在着巨大的地域差异，尽管政策措施不少，但是很多社会政策及法规之间明显缺乏协调，社会政策及法规分割破碎，没有系统性。各部门的社会政策及法规不仅相互阻隔，有些甚至彼此冲突，严重影响了这些社会政策作用的有效发挥，大大增加了社会政策及法规的实施成本。

社会政策的不协调表现在很多方面，仅就出生人口性别比失衡现象而言，涉及到社会政策中的社会性别理念。政策制定者在所制定的社会政策内容中是否融入了社会性别意识？不同部门的相关社会政策中，是否采取了相同的社会性别视角？政策执行者在贯彻执行政策中，是否体现了社会性别平等？只有以上政策内容、政策之间和政策执行过程中都做到协调，才有可能保证社会各领域社会性别平等的真正实现，从根本上扭转"男尊女卑"、"男强女弱"、"重男轻女"的观念，从而扭转出生人口性别比失衡现象。

国家人口计生委作为中国国务院制定和实施人口发展政策的部委，最早意识到出生人口性别比治理问题中的社会政策不协调和社会性别意识缺乏问题，并一直致力于协调各项社会政策和推动社会性别平等。2005 年由国家人口计生委牵头，联合教育部、科技部、公安部、民政部、财政部、农业部、文化部、卫生部、广电总局、食品药品监管局、全国妇联等共 12 个部门制定了《关于开展关爱女孩行动，综合治理出生人口性别偏高问题行动计划》，对相关部门制定并出台相关的社会政策以促进社会性别平等方面，进行了一定程度的协调。在政府各部门合作方面，初步建立了定期联席会、协调会的制度，从综合治理的角度，监督、评估和推进"关爱女孩行动"。国家人口计生委确定的 24 个"关爱女孩行动"试点县中，多数县都以有利于女孩成长为尺度，对计划生育、卫生、社会保障、教育、社会救助、扶贫等社会政策进行了全面协调，删除了其中不利于女孩成长的内容，改正了各项政策间的冲突矛盾之处，补进了一些有利于促进社会性别平等的优惠政策条款，把政策措施拓展到教育、卫生、社会保障、养老、扶贫等诸多领域，这些实践为出生性别比偏高现象的彻底扭转打下了一定的基础。

　　然而，目前在全国性的层面上，部门间社会政策的协调力度还远远不够。由于在过去的 20 多年中，社会发展没有受到应有的重视，中国社会发展政策协调和协调机制的研究和干预项目很少。对现有的各种社会政策还缺乏以社会性别平等视角的认真的梳理，各种社会政策之间的冲突条款还没有进行深入的研究，产生政策间冲突的原因还不明了，而且政府各部门在社会政策制定和执行方面的协调机制还很不完善。因此，要标本兼治地扭转出生人口性别比持续普遍升高的现象，需要推动中国政府部门间的社会政策及法规协调，更有效地促进社会性别平等，消除性别歧视。

第八章

韩国的出生人口性别比失衡

　　至少在 1960 年以前，韩国还是一个具有高生育率的传统的农业国家。1960 年韩国的城市化率为 28%，意味着当时总人口的 72% 仍居住在农村地区；2000 年时韩国的城市化率已经持续增长到了 79.7%。1960 年韩国在农业部门就业的人口比例为 63.1%，这一比例随着时间不断下降，到 2000 年时已经降到了 10.6%。城市化和工业化伴随着人口转变给韩国带来了巨大的变化，但有些传统是难以改变的，并由此带来了人口问题。本章主要聚焦韩国的出生人口性别比偏高问题，探讨韩国"男孩偏好"与出生人口性别比偏高问题之间的关系，并简单介绍韩国应对出生人口性别比偏高问题的对策。

第一节　韩国的出生人口性别比偏高问题

一、韩国的"男孩偏好"与出生人口性别比偏高

　　尽管 1960 年以来韩国社会发生了巨大的变化，强烈的男孩偏好的传统却并没有改变多少。根据韩国全国生育率和家庭健康调查的数据，韩国妇女的理想子女数从 20 世纪 60 年代到 90 年代期间有所降低，但仍有 62.6% 的农村妇女和 34.6% 的城市妇女坚持至少要有一个儿子。[1] 这表明人们虽然逐渐倾向于较小的家庭规模，但仍然维持着传统的男孩偏好。[2]

　　为什么韩国人会有如此强烈的男孩偏好的传统？主要是因为传统的韩国农

---

　　[1] 参见 Hong, Moon Sik. 1994. "Boy preference and imbalance in sex ratio in Korea". Paper presented at the UNFPA/KIHASA International Symposium on Issues Related to Sex Preference for Children in the Rapidly Changing Demographic Dynamics in Asia, 21–24 Nov. Seoul, Korea.

　　[2] 参见 Cho, Nam–Hoon and Il–Hyun Kim. 1994. "Impact of induced abortion on sex ratio at birth in Korea". Paper presented at the UNFPA/KIHASA International Symposium on Issues Related to Sex Preference for Children in the Rapidly Changing Demographic Dynamics in Asia, 21–24 Nov. Seoul. Korea.

业社会需要大量的劳动力，尤其是男性劳动力。此外，韩国社会受到了儒家文化的巨大影响。儒家传统强调祖先崇拜，而祖先崇拜必须是由男性而不是女性来进行的。还有一些其他原因导致了韩国强烈的男孩偏好。比如说，没有儿子的妇女会遇到很多日常问题并会觉得比有儿子的妇女低了一等。[1] 对于妇女尤其是农村妇女而言，她们在家庭中的地位和身份很大程度上取决于她们生孩子尤其是生育男孩的能力。很多妇女感觉她们被社会歧视仅仅是因为她们没有儿子，这是到目前为止性别不平等对人们意识的最严重的影响。这种强烈的男孩偏好最终造成了韩国出生人口性别比的不平衡。

韩国出生人口性别比的不平衡是由生物因素和社会因素共同造成的。[2] 首先，当卫生技术的发展降低了男性的胎儿死亡率时，生物因素的影响就显现出来了。通常男性胎儿的死亡率要比女性高12%。其次，社会因素的影响指的是通过基于性别选择性流产进行的家庭规模限制，这是在具有强烈男孩偏好的前提下实现小家庭规模的途径。[3] 这同样也与医学技术的发展有关。

韩国的出生人口性别比自从1985年第二次生育率转变开始就持续上升到了每100个女婴对应109到116个男婴。在确认原因和结果之前，人口学家和政策制定者们已经在谴责强烈的性别偏好对出生人口性别比失衡的影响。他们指出，出生人口性别比失衡的一个后果就是婚姻市场的失衡，即婚龄男女寻找伴侣会有困难。因此，政府急于通过反对性别偏好和制定政策减少基于性别选择的人工流产的发生，以解决出生人口性别比失衡问题，就不足为怪了。[4]

一般而言，当生育率下降时出生人口性别比会随之升高。[5] 当生育率处于较高水平时，人们可能通过生育较多的孩子数量来确保他们的孩子中某些必是男孩来满足其性别偏好。然而，当生育率迅速下降时，由于严格的人口政策或

---

① 参见 Gu, Baochang and Krishna Roy, 1995. "Sex ratio at birth in China, with reference to other areas in East Asia: What we know." Asia - Pacific Population Journal, Vol. 10. No. 3.

② 参见 Kim, Doo - Sub. 1997. "Imbalance in sex ratio at birth and the regional differences". In T. H. Kwon (ed.). Toward an Interpretation of the Korean Fertility Transition. Seoul: Il Shin Sa; Park, Chai Bin and Nam - Hoon Cho. 1995. "Consequences of son preference in a low - fertility society: Imbalance of the sex ratio at birth in Korea." Population and Development Review 21 (1): 59 - 84.

③ 参见 Jun, Kwang - Hee. 2003. "Fertility". In D. S. Kim and C. S. Kim (eds.). The Population of Korea. Korean National Statistical Office: 115 - 152.

④ 参见 Jun, Kwang - Hee. 2003. "Fertility". In D. S. Kim and C. S. Kim (eds.). The Population of Korea. Korean National Statistical Office: 115 - 152.

⑤ 参见 Gu, Baochang and Krishna Roy, 1995. "Sex ratio at birth in China, with reference to other areas in East Asia: What we know." Asia - Pacific Population Journal, Vol. 10. No. 3

社会经济条件的限制，人们不再可能拥有想要的孩子数量。在一个有强烈男孩偏好的社会文化环境，同时生育率又在快速下降时，夫妇更有可能意识到他们对于孩子的性别偏好。① 扭曲的出生人口性别比适应了父母对于孩子的性别偏好和小家庭的标准，是一个新的人口学现象。②

二、韩国分孩次的出生人口性别比

韩国三孩及以上胎次的出生人口性别比失衡现象较之一孩或二孩更为严重，这也是众多研究关注的焦点。③ 表 8-1 是韩国 1985 年以来分孩次的出生人口性别比情况。出生人口性别比的总体水平在 20 世纪 80 年代中期偏离正常水平出现上升趋势，1988 年以来停留在 113 以上的高水平，但一孩的出生人口性别比一直保持在正常范围内，二孩的出生人口性别比则在 1986 年之前都处于正常范围。

表 8-1 韩国分孩次出生人口性别比：1985 – 2005 年

年 份	出生性别比	第 1 孩	第 2 孩	第 3 孩	4 孩及以上
1985	109.5	106.0	107.8	129.0	146.8
1986	111.7	107.3	111.2	129.0	149.8
1987	108.8	104.1	109.1	138.5	148.0
1988	113.3	107.2	113.2	134.7	182.0
1989	111.7	104.1	112.5	164.5	198.0
1990	116.5	108.5	117.0	188.9	209.3
1991	112.4	105.7	112.5	179.8	194.6
1992	113.6	106.2	112.5	192.0	213.1
1993	115.3	108.5	117.0	189.2	235.8

---

① 参见 Gu, Baochang and Krishna Roy, 1995. "Sex ratio at birth in China, with reference to other areas in East Asia: What we know." Asia – Pacific Population Journal, Vol. 10. No. 3

② 参见 Hong, Moon Sik. 1994. "Boy preference and imbalance in sex ratio in Korea". Paper presented at the UNFPA/KIHASA International Symposium on Issues Related to Sex Preference for Children in the Rapidly Changing Demographic Dynamics in Asia, 21 – 24 Nov. Seoul, Korea. Park, Chai Bin and Nam – Hoon Cho. 1995. "Consequences of son preference in a low – fertility society: Imbalance of the sex ratio at birth in Korea." Population and Development Review 21（1）：59 – 84.

③ 参见 Kim, Doo – Sub. 1997. "Imbalance in sex ratio at birth and the regional differences". In T. H. Kwon (ed.). Toward an Interpretation of the Korean Fertility Transition. Seoul：Il Shin Sa.

续表

年 份	出生性别比	第1孩	第2孩	第3孩	4孩及以上
1994	115.2	106.5	114.7	202.6	224.9
1995	113.2	105.8	111.7	177.2	203.9
1996	111.6	105.3	109.8	164.0	184.6
1997	108.2	105.1	106.3	133.5	153.7
1998	110.1	105.9	108.0	144.7	153.6
1999	109.6	105.6	107.6	141.8	154.5
2000	110.2	106.2	107.4	141.7	167.5
2001	109.0	105.4	106.4	140.3	152.4
2002	110.0	106.5	107.3	140.0	152.5
2003	108.7	104.9	107.0	135.2	149.2
2004	108.2	105.2	106.2	132.0	139.1
2005	107.7	104.8	106.4	127.7	132.6

资料来源：KNSO. 历年的生命统计报告。

然而，表8-1表明三孩或更高孩次的出生人口性别比要远高于一孩或二孩的出生人口性别比。尤其是在1989－1995年期间，三孩或更高孩次的出生性别比特别高，远远超出正常范围，甚至超过200。1994年第三孩的出生性别比和1992－1995年间第四孩的出生性别比都超过了200。这表明近年来在韩国出生人口性别比和孩次之间存在着正相关关系。[①]

从表8-1可以看出，出生人口性别比在1990年达到峰值116.5后开始趋于正常。这要归功于政府对医疗法律的严格推行：为了避免加重现有性别失衡状况，努力阻止选择性人工流产，政府在1996年10月对已有的医疗法进行了修订。[②] 根据修订后的法律，实施性别选择性流产的医生其医疗执照将被召回，最高罚款一千万韩元（合约8400美元）以及最高三年的监禁。此外，专业医务人员也在开展自律运动，抵制诸如实施胎儿性别鉴定等不适当的医疗服

① 参见 Park, Chai Bin and Nam－Hoon Cho. 1995. "Consequences of son preference in a low－fertility society: Imbalance of the sex ratio at birth in Korea." Population and Development Review 21 (1): 59－84.

② 参见 Cho, Nam－Hoon, Yong－Chan Byun, and Keong－Suk Park, 2003. "Age－structure and ageing". in D. S. Kim and C. S. Kim (eds.). The Population of Korea. Korean National Statistical Office.

务。非政府组织也针对性别失衡的消极影响展开活动并为改善妇女的社会地位做出努力。

韩国高孩次的出生人口性别比失衡现象的确非常严重。然而，由于在总的出生人口中三孩或更高孩次的出生人口降到了 10% 以下并且从 20 世纪 80 年代起一直保持这一水平，因此三孩或更高孩次出生人口性别比的失衡对于总体出生人口性别比的影响却很小甚至是可以忽略的。① 根据调查，不同时期、地区或国家的出生人口性别比有显著的差异，但是出生人口性别比的失衡之所以没有加重社会问题，部分原因在于性别间死亡率差异逐渐缩小。②

一些近期的统计数据表明，1997 年以来出生人口性别比失衡有改善的迹象。如 2000 年的婚姻市场的失衡现象已经没有已有研究结果显示的那么严重。③ 事实上，最严重的问题并不是源于失衡的出生人口性别比，而是那些想要在娱乐行业工作的婚龄女性如酒吧女郎和性工作者保持单身的倾向。④

如表 8-1 所示，似乎性别偏好的程度已经明显削弱。随着信息项目的实施和法律法规的通过，出生人口性别比的失衡现象开始逐步改善。然而，很多调查表明具有强烈性别偏好的妇女的比例并没有明显的改变，她们说她们会一直生孩子直到至少有一个男孩为止。⑤ 这些回应显然与近年来性别偏好的减弱相悖，这很可能导致通过性别选择进行人工流产。

三、韩国出生人口性别比的地区差异

一般认为韩国的出生人口性别比与不同地区间的特征有关。Park 和 Cho⑥ 比较了韩国不同地理区域 5 岁以下儿童的性别比，指出"大城市人口性别比的上升早于乡镇和农村地区……城市出生人口性别比持续达到 110 或更高水平的年份是 1985 年，在乡镇地区则是 1986 年，在农村地区则是 1988 年"，而在

① 参见 Jun，Kwang – Hee. 2003. "Fertility". In D. S. Kim and C. S. Kim（eds.）. The Population of Korea. Korean National Statistical Office：115 – 152.

② 参见 Jun，Kwang – Hee. 2003. "Fertility". In D. S. Kim and C. S. Kim（eds.）. The Population of Korea. Korean National Statistical Office：115 – 152.

③ 参见 Kim，Doo – Sub. 1997. "Imbalance in sex ratio at birth and the regional differences". In T. H. Kwon（ed.）. Toward an Interpretation of the Korean Fertility Transition. Seoul：Il Shin Sa.

④ 参见 Jun，Kwang – Hee. 2003. "Fertility". In D. S. Kim and C. S. Kim（eds.）. The Population of Korea. Korean National Statistical Office：115 – 152.

⑤ 参见 Jun，Kwang – Hee. 2003. "Fertility". In D. S. Kim and C. S. Kim（eds.）. The Population of Korea. Korean National Statistical Office：115 – 152.

⑥ 参见 Park，Chai Bin and Nam – Hoon Cho. 1995. "Consequences of son preference in a low – fertility society：Imbalance of the sex ratio at birth in Korea." Population and Development Review 21（1）：59 – 84.

1980 年时整个韩国儿童的性别比"还处于正常的水平"①。农村地区出生人口性别比上升的滞后很大程度上是由于决定胎儿性别的医疗服务设施在农村地区还不像在城市地区那么便利。

表 8-2 是韩国主要省市的出生人口性别比,可以看到大邱市在韩国最大的六个城市中出生人口性别比最高(1994 年为 121.2；2003 年为 112.5)。在各省中,庆尚北道和庆尚南道的出生人口性别比高于其他各省,这两个地区1994 年的出生人口性别比均高于 120。大邱、庆尚北道和庆尚南道都位于韩国的东南部,这些地区传统上都很保守,具有强烈的地方意识。另一方面,光州的出生人口性别比在韩国六个最大的城市中最低(1994 年为 111.7)。全罗北道和全罗南道的出生人口性别比低于其他各省。光州、全罗北道和全罗南道都位于韩国的西南部。因此韩国东南部和西南部地区的出生人口性别比有很大的差异。从上面的情形,我们可以得到这样的结论,在韩国,具有强烈男孩偏好的文化环境比城市的规模对出生人口性别比的影响更大。

目前韩国强烈的男孩偏好的传统已经有所变化,性别比随着时间在持续下降。全国出生人口性别比从 1994 年的 115.2,下降至 2000 年的 110.2,2007 年进一步降至 106.1。

表 8-2　韩国不同地区的出生人口性别比：1994－2007 年

地区	1994	1995	1996	1997	1998	1999
全国	115.2	113.2	111.6	108.2	110.1	109.6
首尔	113.2	110.8	109.9	106.3	107.8	107.8
釜山	118.8	117.2	115.3	110.9	112.7	111.0
大邱	121.2	116.9	115.9	111.5	116.2	113.1
仁川	114.5	112.6	109.8	107.2	108.7	110.0
光州	111.7	107.5	109.4	106.6	107.7	108.5
大田	116.3	114.4	110.4	106.1	110.3	108.8
京畿	112.7	111.5	109.5	107.9	108.9	108.9
江原	114.4	112.3	109.0	106.4	109.4	108.9
忠清北	114.7	114.7	114.9	105.8	108.3	108.9

---

① 参见 Jun,Kwang－Hee. 2003. "Fertility". In D. S. Kim and C. S. Kim(eds.). The Population of Korea. Korean National Statistical Office：115－152.

续表

地区	1994	1995	1996	1997	1998	1999
忠清南	116.0	111.5	112.2	107.4	110.7	110.6
全罗北	109.6	112.3	106.3	107.7	108.2	107.3
全罗南	112.6	111.7	110.9	106.0	110.3	109.6
庆尚北	124.2	118.3	116.0	112.6	114.2	112.9
庆尚南	120.0	119.2	117.2	111.8	112.9	110.8
济州	114.6	112.0	109.7	108.9	113.2	110.8
地区	2000	2001	2002	2003	2005	2007
全国	110.2	109.0	110.0	108.7	107.7	106.1
首尔	108.9	107.6	108.7	106.5	106.6	106.1
釜山	112.8	110.5	108.1	109.7	107.3	106.1
大邱	113.4	111.1	115.0	112.5	110.7	105.8
仁川	108.7	109.5	107.2	106.3	106.4	106.2
光州	110.0	108.8	110.3	112.1	110.0	108.0
大田	107.2	108.5	112.9	107.8	107.4	104.2
京畿	109.4	107.9	108.8	107.6	106.7	105.2
江原	110.7	111.4	107.4	107.6	107.7	108.4
忠清北	112.5	109.9	109.3	109.0	107.8	106.5
忠清南	109.9	107.0	111.3	108.3	106.1	107.0
全罗北	108.1	106.7	110.6	106.3	111.5	106.9
全罗南	109.3	109.6	108.6	109.9	105.2	107.6
庆尚北	113.6	111.9	114.5	110.9	110.6	106.8
庆尚南	112.7	111.9	113.2	113.7	110.0	107.2
济州	105.6	111.2	118.4	110.6	113.1	105.7

资料来源：KNSO. Vital Statistics Report. 2008.

表 8-3 是 2007 年韩国分地区的胎次结构和分胎次的出生人口性别比情况。就全国而言，第一孩的比例为 53.2%，第二孩的比例为 36.8%，三孩及以上的比例为 9.3%。总体上主要都市地区三孩及以上比例远远小于其他省，除光州外其他都市地区的这一比例均小于 10%，而除京畿道和庆尚北道外的其他

省这一比例均高于 10%。全国的总出生人口性别比为 106.1，第一孩出生性别比为 104.4，第二孩出生性别比为 105.9，三孩及以上出生性别比为 115.7。第一孩和第二孩出生人口性别比没有明显的区域差异。许多地区第一孩的出生性别比都略微高于第二孩的出生性别比。而几乎所有的地区第三孩及以上出生性别比都远远高于第一孩和第二孩出生性别比。值得注意的是，蔚山市、大邱市、庆尚北道和庆尚南道的出生性别比高于 130，远远高于其他地区。这四个区域全部位于韩国的东南部，传统上被认为是十分保守的地方。

表 8-3　韩国分区域胎次构成和分胎次出生性别比：2007 年

地区	胎次构成			出生性别比			
	第 1 孩	第 2 孩	3 孩及以上	合计	第 1 孩	第 2 孩	3 孩及以上
全国	53.2	36.8	9.3	106.1	104.4	105.9	115.7
首尔（特别市）	58.3	34.6	6.5	106.1	105.1	106.7	110.8
釜山	56.1	35.9	7.3	106.1	103.6	106.8	123.3
大邱	53.3	38.2	7.9	105.8	100.5	107.1	138.1
仁川	53.2	37.6	8.3	106.2	105.8	104.9	114.0
光州	50.3	37.7	11.2	108.0	108.2	104.8	116.3
大田	52.1	37.6	9.7	104.2	103.4	104.3	107.7
蔚山	53.8	37.5	8.1	106.8	102.5	106.2	140.3
京畿	52.5	37.8	9.0	105.2	103.7	105.4	111.5
江原	49.9	37.6	11.7	108.4	109.1	105.9	111.1
忠清北	51.1	36.4	12.0	106.5	105.6	105.3	113.3
忠清南	50.5	37.2	11.6	107.0	105.1	106.0	118.7
全罗北	47.5	37.0	14.7	106.9	107.7	106.5	104.3
全罗南	45.8	37.2	16.4	107.6	105.5	109.3	106.3
庆尚北	52.5	37.4	9.4	106.8	102.1	107.3	137.2
庆尚南	51.7	37.7	10.1	107.2	104.1	105.6	130.5
济州	45.2	36.7	17.5	105.7	109.6	97.6	112.7

资料来源：KNSO. Vital Statistics Report. 2008.

四、韩国总人口的性别比及其变化趋势

韩国 1960 – 2007 年间总人口性别比的变动情况如表 8-4 所示。可以看到，

与出生人口性别比的变动趋势不同，韩国的总人口性别比没有呈现显著的变化，变化值域限定在100.7 – 102.4之间，没有明显的性别失衡问题。

表8-4　韩国总人口及其性别比变化趋势：1960 – 2007年

年　　份	总人口（人）	男性（人）	女性（人）	性别比
1960	25012374	12550691	12461683	100.7
1965	28704674	14452831	14251843	101.4
1970	32240827	16308607	15932220	102.4
1975	35280725	17765828	17514897	101.4
1980	38123775	19235736	18888039	101.8
1985	40805744	20575600	20230144	101.7
1990	42869283	21568181	21301102	101.3
1995	45092991	22705329	22387662	101.4
2000	47008111	23666769	23341342	101.4
2005	48294143	24333130	23961013	101.6
2007	48692062	24533044	24158118	101.6

Source：KNSO. Vital Statistics Report. Each year.

表8-5是2005年韩国分年龄组分城乡人口的性别比情况。发现城乡总人口的性别比都略低于100，并且随年龄组和地区而波动。性别比在10 – 14岁之前一直呈现上升趋势，之后随着年龄的增加而趋于减少。50岁之后人口的性别比跌至100以下，越到高龄性别比越低：65 – 69岁组为81.8，75 – 79岁组为54.5，85岁组以上仅为33.7。总体上，0 – 14岁少儿人口的性别比为110.0，15 – 64岁劳动年龄组的性别比为102.1，而65岁及以上老年人口组为66.0。

性别比在15 – 19岁之前没有显示出明显的城乡差异，但之后城乡性别比波动较大，20 – 24岁组人口性别比，城市为105.0，农村为157.4；20 – 24岁、25 – 29岁和30 – 34岁组农村人口的性别比尤其高，这也许能解释为什么在农村地区由于性别比失衡会产生严重的"婚姻挤压"问题。在农村地区，还出现了迎娶外国新娘的现象，导致了跨国婚姻比例的上升。农村地区20 – 49岁年龄组人口的性别比高于城市同龄人口的性别比，而城市地区50 – 74岁组人口的性别比则高于农村地区。75岁及以上农村人口的性别比也高于城市地区。

表 8-5　韩国分年龄组分城乡人口的性别比：2005 年

年龄组	合计	城市地区	农村地区
合计	99.5	99.8	96.5
0 – 4	108.1	108.0	108.7
5 – 9	109.2	109.3	109.2
10 – 14	112.2	112.4	111.7
15 – 19	110.3	110.2	111.2
20 – 24	109.7	105.0	157.4
25 – 29	102.5	100.3	136.1
30 – 34	101.2	99.7	124.2
35 – 39	100.9	98.7	118.3
40 – 44	102.0	99.9	114.0
45 – 49	101.2	100.1	104.4
50 – 54	99.8	100.1	96.5
55 – 59	97.9	99.0	93.0
60 – 64	90.5	94.5	79.2
65 – 69	81.8	84.9	75.6
70 – 74	69.6	70.4	68.2
75 – 79	54.5	53.1	57.7
80 – 84	46.2	43.8	50.9
85 岁及以上	33.7	32.4	36.3
0 – 14	110.0	110.1	110.0
15 – 64	102.1	101.0	109.5
65 岁及以上	66.0	67.1	64.3

Source：KNSO. Population and Housing Census. 2005.

第二节　韩国治理出生人口性别比偏高问题的措施

20 世纪 80 年代，韩国的出生人口性别比出现失衡，并且逐年攀升，到

1990 年达到 116.5 的最高峰。为解决出生人口性别比失衡的问题，韩国政府采取了一系列政策措施，除了立法禁止性别歧视之外，于 2001 年 1 月成立了性别平等部，又称女性部，其前身是 1998 年成立的韩国总统府妇女事务特别委员会。性别平等部的主要职能是制定和协调政府级的性别政策；进行性别分析和评估；消除性别歧视，根除对妇女的暴力；调查和纠正在就业、教育、资源分配、设施和服务中的性别歧视；发展与非政府组织和国际组织的合作关系。此外，中央政府部门中有与性别问题相关的 6 个政府部门都设立性别平等办公室，其它政府部门设有被指派的性别平等办公室。地方政府相应地设有性别平等局。

2003 年，韩国成立了直属于总理的妇女政策协调委员会，负责性别平等政策的制定和修订。总理担任主席，性别平等部的部长担任副主席，成员来自12 个相关部门。同时，建立了妇女政策官员制度，任命每个政府部门都有一名相当于计划管理司司长位置的妇女政策官，协调和加强政府各部门有关妇女政策的执行与合作。另外，韩国于 1983 年成立韩国妇女发展机构，作为管理妇女问题的唯一国家机构，附设在政府健康和福利部之下，负责对妇女（包括公务员）进行研究、教育和培训，促进妇女参与社会发展，享有社会福利。性别平等促进委员会的职能则是调查性别歧视问题，包括性骚扰；审理、商议、调解、强制执行性别歧视的案件；对有关反歧视的法律和政策提出修改建议。[①] 在多种措施的综合努力下，韩国的出生人口性别比升高的势头得到了有效遏制，近几年已经恢复到正常水平。

在对韩国分孩次和分区域出生人口性别比失衡现象进行回顾时我们发现，尽管生育率水平在持续下降，出生人口性别比的失衡并未随之发生显著改善。这一现象不仅在韩国，在其他很多亚洲国家都发生了。

近年来在很多东亚国家观察到的异常的出生人口性别比现象，被认为是四个因素交互作用的结果：（1）性别偏好的文化环境影响；（2）社会经济发展水平；（3）生育率下降的快速程度；（4）对人口项目的关注。[②]

对于出生人口性别比失衡的关注大多数集中在可能发生的"婚姻挤压"，这是社会学家预见到的一种当社会上同批人中男性人数超过女性人数时会发生

---

① 潘嘉：韩国治理出生性别比失衡的经验与启示，中国人口网 2007 - 10 - 10。

② 参见 Gu, Baochang and Krishna Roy, 1995. "Sex ratio at birth in China, with reference to other areas in East Asia: What we know." Asia – Pacific Population Journal, Vol. 10. No. 3.

的现象。这种情况在一个社会的人口年龄性别结构异常时是不可避免的，当很多男性到结婚年龄时将很难寻找到同样年龄的配偶，这将反过来影响社会的稳定。①

在韩国，性别选择性流产是"性别比升高的唯一原因"②。根据韩国1988年全国生育率和家庭健康调查，当年被调查妇女的孕妇中1.2%进行了胎儿性别鉴定。在275例鉴定中，169例为男性胎儿，87例为女性胎儿，还有9例无法鉴定性别。有超过90%的怀有男孩的孕妇最后都正常生产，而有超过30%的被鉴定出怀有女孩的妇女最终人工流产，并归为漏报。③

尽管Park和Cho④认为"性别选择性流产在只有女孩的家庭中似乎特别容易发生"，Cho和Kim⑤却注意到，流产率往往随着孩次和时间的增加而增加，并且在至少有一个男孩的家庭中特别的高，这"表明在男孩偏好不变的情况下，人们更倾向于较小的家庭规模"。他们指出："与男婴相比，对女婴的虐待是可能的；但是公然的性别选择性杀婴行为却是超乎想象的。"

①　参见Freedman，Ronald，M. C. Chang and T. H. Sun. 1994. "Taiwan's transition from high fertility to below replacement levels." Studies in Family Planning 25（6）：317 – 331.

②　参见Park，Chai Bin and Nam – Hoon Cho. 1995. "Consequences of son preference in a low – fertility society：Imbalance of the sex ratio at birth in Korea." Population and Development Review 21（1）：59 – 84.

③　参见Hong，Moon Sik. 1994. "Boy preference and imbalance in sex ratio in Korea". Paper presented at the UNFPA/KIHASA International Symposium on Issues Related to Sex Preference for Children in the Rapidly Changing Demographic Dynamics in Asia，21 – 24 Nov. Seoul，Korea.

④　参见Park，Chai Bin and Nam – Hoon Cho. 1995. "Consequences of son preference in a low – fertility society：Imbalance of the sex ratio at birth in Korea." Population and Development Review 21（1）：59 – 84.

⑤　参见Cho，Nam – Hoon and Il – Hyun Kim. 1994. "Impact of induced abortion on sex ratio at birth in Korea." Paper presented at the UNFPA/KIHASA International Symposium on Issues Related to Sex Preference for Children in the Rapidly Changing Demographic Dynamics in Asia，21 – 24 Nov. Seoul. Korea.

第九章

中国的人口老龄化发展与后果

人口老龄化指的是少年人口所占比例不断下降，老年人口所占比例不断上升的过程。如果一个人口中 60 岁及以上老年人口比例超过 10%，或者 65 岁及以上老年人口比例超过 7%，则被称作老年型人口。人口老龄化是社会发展的必然趋势。一方面，它象征着人类对抗死亡、争取长寿的胜利，另一方面，老年人口数量的不断累积和各种各样的老年人口问题又为社会的持续、稳定发展带来压力。

中国作为发展中国家，近几十年来经历了迅速的人口转变和社会经济变革。在中国人口转变的背景下，人口预期寿命逐渐延长，生育率不断下降，为中国人口老龄化进程的迅速发展奠定了基础。与此同时，庞大的人口基数和家庭、社会、经济的急剧变革使中国的人口老龄化独具特点，也使中国社会面临前所未有的老年人口问题的挑战。

本章系统阐述中国的人口老龄化形势与趋势，揭示人口老龄化的主要后果和可能采取的对策。分析人口老龄化形势所用数据主要是中国国家统计局提供的《中国 2000 年人口普查资料》和 2000 年人口普查 0.95‰抽样原始数据。

第一节　中国的人口老龄化形势

一、中国已在 2000 年进入老年型社会，高龄化现象日益显著

中国拥有世界上最大数量的老年人口和高龄人口。根据 2000 年第五次全国人口普查数据，2000 年中国 60 岁及以上老年人数量为 1.29 亿，占全国人口总数的 10.46%，老年人性别比为 95.18，女性老年人比男性老年人多 321万人（见图 9-1）。全国 65 岁及以上老年人数量为 8827 万，占全国总人口的 7.10%，女性与男性老年人的数量差为 486 万人，性别比为 89.57。无论以何种标准来衡量，中国都已在 2000 年进入了老年型社会，人口转变为老年型人

口。2004 年，世界上 54% 的老年人口生活在亚洲，中国 60 岁及以上老年人口数量为 1.34 亿，占世界老年人口总数的超过五分之一，占亚洲老年人口总数的接近 2/5。

中国老年人口的数量一直在迅速增加。从 2000 年的 1.29 亿①到 2005 年的 1.44 亿②，占总人口的比例也从 10.46% 迅速提升到 11.03%。据预测③，到 2010 年中国 60 岁及以上老年人口总数为 1.73 亿，到 2053 年时，中国 60 岁及以上老年人口数将会达到峰值，约为 4.3 亿，此后开始进入缓慢减少阶段，但到 2100 年时仍将有 3.5 亿以上的老年人口，这意味着本世纪中国将长期保持世界上最庞大的老年人口。2041 - 2064 年可以称为中国的"老年高峰"，每年的老年人口数都将在 4 亿人以上。

老年人口规模日益庞大的同时，高龄老人的数量也在不断增加。2000 年，中国共有高龄老年人 1199 万人，占全部 60 岁以上老年人总数的 9.2%。到 2023 年时，预计中国高龄老年人口将增长到 3000 万人，到 2053 年前后达到最高峰值，超过 1 亿人，高龄老年人占中国全部老年人的比例也将达到 2053 年的 23% 和 2100 年的 30%。

人口老龄化是不以人们意志为转移的客观规律，是人口出生和死亡变化的直接后果，其深层次原因是生产力的发展。一方面，死亡率下降，人们活得更长；另一方面，出生率下降，人们生得更少。因此，人口老龄化也分"底部老化"和"顶部老化"两种情况。"底部老化"是出生率持续下降，导致少年人口占总人口的比例不断降低造成的；"顶部老化"是老年人口死亡率大幅度下降，导致老年人口比例不断上升引起的，这两种情况都是人类社会进步的表现。

中国是在经济和社会还处于发展中状态、生产力还不发达的特定历史条件下，大力推进计划生育，驱动出生率大幅度下降，迎来的人口老龄化。因此，中国的人口老龄化主要是底部老化造成的，同时带有超经济发展的特征。对中国人口老龄化公认的观点④是：老年人口规模大，人口老龄化起步晚、速度快，老龄化地区间差别大，未富先老⑤、以家庭养老为主和在缺乏社会保障传

① 中国 2000 年第五次人口普查数据。

② 中国 2005 年 1% 人口抽样调查数据。

③ 杜鹏、翟振武、陈卫：《中国人口老龄化百年发展趋势》，《人口研究》，2005 年第 6 期。第 90 页。

④ 邬沧萍、杜鹏等著：《中国人口老龄化：变化与挑战》，中国人口出版社，2006 年。第 3 页。

⑤ 注：关于中国是否"未富先老"近两年在学者间发生了争议，参见《人口研究》2006 年第 6 期和 2007 年第 4 期"人口与发展论坛"。

统的条件下，迎来人口老龄化等等。以人口老龄化速度为例，国家总人口的年龄结构从成年型发展到老年型，美国用了 69 年，澳大利亚用了 72 年，瑞典用了 85 年，法国用了将近 120 年，而中国只用了 18 年。

中国国家统计局《2005 年全国 1% 人口抽样调查主要数据公报》公布了最新的中国老年人口数据。2005 年中国 60 岁及以上人口达到 1.44 亿，占总人口比例为 11.03%；65 岁及以上老年人口数量为 10045 万，占总人口的比例为 7.69%。与第五次全国人口普查相比，中国 60 岁及以上人口的比重上升了 0.76 个百分点，65 岁及以上人口比重上升了 0.73 个百分点。

2000 年中国 80 岁及以上高龄老年人有 1199 万，在总人口中比重为 0.96%，占 60 岁及以上老年人口比重为 9.23%。高龄老年人的性别比为 61.07，女性数量超出男性 290 万人。其中，85 岁及以上老年人口达 400 万，占 60 岁及以上老年人的比重为 3.08%，占 65 岁及以上老年人比重的 4.53%。

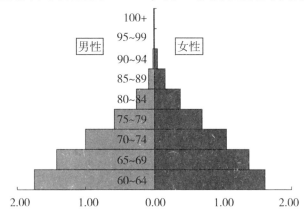

图 9-1　2000 年中国 60 岁及以上老年人性别年龄金字塔（单位：%）

注：横轴为分性别年龄老年人占全国总人口的比例。

资料来源：根据国家统计局《2000 年人口普查数据资料》表 3-1 计算绘制。

二、地区压力不均：山东老年人数量居冠；上海老龄化程度最高

2000 年普查数据显示（见表 9-1），中国 31 个省、市、自治区中，山东省老年人口数量最多，其 60 岁及以上人口达到 1044 万人，占全国 60 岁及以上老年人口总数的 8%；65 岁及以上老年人口数量为 731 万，同样占全国 65 岁及以上老年人口总数的 8%。四川省和河南省 60 岁及以上老年人口的数量依

次为 938 万和 929 万，居二、三位。河南省和江苏省分别有 65 岁及以上老年
人口 648 万和 646 万，位于山东之后。

80 岁及以上高龄老年人的绝对数量也是以山东省为冠，达到 107 万，占
全国 80 岁及以上老年人口总数的 9%。其次为江苏省（99 万）和河南省（95
万）。

中国各省市自治区中，人口老龄化程度最高的省份是上海，其 60 岁及以
上老年人口占总人口比例高达 14.98%；65 岁及以上老年人口占总人口比例也
达到了 11.46%。有 14 个省、市、自治区 60 岁及以上老年人口占总人口比例
超过了 10%，同时其 65 岁及以上老年人口在总人口中的比重超过了 7%，达
到了老年型人口的标准。除上海外，这些省份分别是：江苏、北京、浙江、天
津、重庆、辽宁、山东、四川、湖南、安徽、广西、河北和河南。

80 岁及以上老年人口在 60 岁及以上人口中的比重超过全国平均水平
9.23% 的省份有 10 个，分别是：上海（12.16%）、广东（11.56%）、广西
（11.24%）、海南（10.87%）、江苏（10.71%）、浙江（10.45%）、福建
（10.29%）、山东（10.21%）、河南（10.18%）和重庆（9.28%）。其中上
海的高龄人口比重居于首位。

可见，山东省拥有最多的老年人口；上海的人口老龄化形势和高龄化程度
都是最严重的。实际上，上海市早在 20 世纪 70 年代末 60 岁及以上老年人口
的比例就已超过了 10%，进入了老年型人口的行列，其人口老龄化进程远远
走在其他地区前列。

中国人口老龄化显著的地区差异，意味着在中国解决人口老龄化问题既不
能"一刀切"，更不可能一蹴而就，这无疑加剧了问题的复杂性和解决的难度。

表 9-1　2000 年中国分地区老年人口数量与比例

地区别	数量（万人）			比例（%）		
	60 +	65 +	80 +	60 +/总人口	65 +/总人口	80 +/60 +
合计	12998	8827	1199	10.46	7.10	9.23
北京	170	114	13	12.54	8.42	7.81
天津	119	83	10	12.05	8.41	8.77
河北	685	470	59	10.28	7.05	8.58
山西	307	206	22	9.46	6.33	7.26
内蒙古	207	128	12	8.87	5.51	5.68

续表

地区别	数量（万人）			比例（%）		
	60＋	65＋	80＋	60＋/总人口	65＋/总人口	80＋/60＋
辽宁	487	330	42	11.63	7.88	8.57
吉林	252	162	18	9.39	6.04	7.30
黑龙江	327	202	20	9.02	5.56	6.13
上海	246	188	30	**14.98**	**11.46**	**12.16**
江苏	922	646	99	12.62	8.84	10.71
浙江	567	410	59	12.34	8.92	10.45
安徽	650	448	57	11.02	7.59	8.82
福建	326	228	34	9.55	6.69	10.29
江西	378	253	33	9.36	6.27	8.82
山东	**1044**	**731**	**107**	11.60	8.12	10.21
河南	929	648	95	10.18	7.10	10.18
湖北	565	382	45	9.49	6.42	7.93
湖南	709	473	61	11.20	7.47	8.59
广东	748	526	86	8.78	6.17	11.56
广西	469	320	53	10.69	7.30	11.24
海南	74	51	8	9.85	6.74	10.87
重庆	362	245	34	11.87	8.01	9.28
四川	938	623	86	11.39	7.56	9.18
贵州	331	210	27	9.38	5.97	8.25
云南	388	258	32	9.17	6.09	8.17
西藏	19	12	1	7.45	4.75	7.00
陕西	340	218	26	9.61	6.15	7.69
甘肃	218	131	13	8.69	5.20	5.93
青海	37	22	2	7.63	4.56	5.32
宁夏	40	25	3	7.29	4.47	6.98
新疆	145	86	12	7.84	4.67	8.61

资料来源：根据国家统计局《2000年人口普查数据资料》表1-7计算。

三、人口老龄化形势乡村更为严重

在中国人口总体不断趋于老龄化的形势下，农村地区的人口老龄化程度及对老年人养老的影响成为关注的焦点。①

普查资料显示（见表9-2），2000年中国老年人口数量乡村是城镇的近2倍：60岁及以上老年人口城镇4441万，乡村8557万，乡村老年人占老年人口总数的65.82%；65岁及以上老年人口城镇2947万，乡村5881万。乡村人口的老龄化程度更高：60岁及以上老年人口占同地区人口比重城镇9.68%，乡村10.92%，乡村老龄化程度比城镇高1.24个百分点；65岁及以上老年人口比重城镇6.42%，乡村7.50%。乡村人口的高龄化程度也更为严重：80岁及以上高龄老年人占总人口比重城镇0.83%，乡村1.04%；占60岁及以上老年人口比重城镇8.58%，乡村9.56%。

表9-2　2000年全国及分城乡人口老龄化现状

地区	年龄	人口数（万）			占总人口比例（%）			性别比
		合计	男	女	合计	男	女	
全国	60 +	12998	6338	6660	10.46	9.90	11.06	95.18
	65 +	8827	4171	4657	7.10	6.51	7.73	89.57
	80 +	1199	455	744	0.96	0.71	1.24	61.07
城镇	60 +	4441	2161	2280	9.68	9.18	10.20	94.76
	65 +	2947	1409	1538	6.42	5.99	6.88	91.61
	80 +	381	145	236	0.83	0.62	1.06	61.51
乡村	60 +	8557	4178	4379	10.92	10.31	11.56	95.39
	65 +	5881	2762	3119	7.50	6.82	8.23	88.56
	80 +	818	310	508	1.04	0.76	1.34	60.87

资料来源：根据国家统计局《2000年人口普查数据资料》表3-1，表3-1a，表3-1b，表3-1c整理计算。

---

① 周绍斌：《试论我国农村人口老龄化与老年保障》，《湘潭师范学院学报》，1997年第5期；赵秋成、杨秀凌、崔晓峰：《我国农村人口老龄化及其养老社会保障模式的选择》，《东北财经大学学报》，2002年第4期；杜鹏：《聚焦'386199'现象，关注农村留守家庭》，《人口研究》，2004年第4期。

四、东北和西北地区城镇人口老龄化形势更为严重

虽然就中国总体而言，乡村地区的人口老龄化程度和高龄化程度都较城镇地区更为严重，但就不同区域而言，城乡人口的老龄化程度是不同的（见表9-3）。

如果以60岁及以上人口在总人口中的比例来判断人口老龄化程度，则城镇地区的人口老龄化程度比乡村地区严重的省、市、自治区有9个，分别是北京、天津、辽宁、吉林、黑龙江、甘肃、青海、宁夏和新疆。其中黑龙江省的城乡人口老龄化程度差异最大，相差1.91个百分点。

若以65岁标准来衡量，则城镇地区的人口老龄化程度比乡村地区严重的省、市、自治区减少为6个，分别是天津、辽宁、吉林、黑龙江、青海和宁夏。其中同样黑龙江省的城乡人口老龄化程度差异最大，相差1.00个百分点。

从人口高龄化程度的城乡比较来看，中国31个省、市、自治区中，只有重庆是个例外。重庆的60岁及以上老年人口中，80岁及以上高龄老人的比重城镇为10.00%，乡村为8.96%，城镇人口的高龄化程度更为严重。

表9-3　2000年中国分地区城乡人口老龄化现状　　　　单位：%

地区别	城　　镇			乡　　村		
	60＋/总人口	65＋/总人口	80＋/60＋	60＋/总人口	65＋/总人口	80＋/60＋
合计	9.68	6.42	8.58	10.92	7.50	9.56
北京	12.67	8.42	7.48	12.08	8.43	9.03
天津	12.37	8.58	8.25	11.23	7.98	10.24
河北	9.13	5.82	6.83	10.69	7.49	9.11
山西	8.48	5.33	5.97	9.99	6.87	7.86
内蒙	8.43	4.99	5.08	9.20	5.90	6.08
辽宁	11.97	7.95	7.04	11.23	7.80	10.56
吉林	9.80	6.18	6.50	8.99	5.91	8.16
黑龙江	9.94	6.05	5.50	8.03	5.04	6.95
上海	14.72	11.31	12.13	16.97	12.62	12.36
江苏	10.93	7.52	10.18	13.86	9.81	11.01
浙江	10.08	7.17	10.11	14.49	10.59	10.68
安徽	9.97	6.69	8.16	11.40	7.92	9.03

地区别	城镇			乡村		
	60 + /总人口	65 + /总人口	80 + /60 +	60 + /总人口	65 + /总人口	80 + /60 +
福建	8.61	5.90	10.01	10.23	7.25	10.47
江西	8.68	5.67	8.54	9.62	6.50	8.92
山东	9.85	6.61	9.44	12.68	9.06	10.57
河南	9.02	5.85	8.27	10.53	7.49	10.69
湖北	8.57	5.69	7.91	10.12	6.91	7.94
湖南	9.54	6.11	7.72	11.83	7.98	8.85
广东	7.25	4.95	10.92	10.69	7.70	12.11
广西	9.27	6.16	10.57	11.24	7.75	11.46
海南	8.41	5.43	9.81	10.85	7.64	11.43
重庆	11.24	7.74	10.00	12.18	8.15	8.96
四川	10.43	6.83	8.91	11.75	7.84	9.26
贵州	8.84	5.61	8.24	9.55	6.08	8.26
云南	8.60	5.56	8.13	9.34	6.25	8.18
西藏	5.15	3.10	6.43	8.00	5.15	7.09
陕西	9.38	5.81	6.75	9.72	6.31	8.12
甘肃	8.73	4.98	4.94	8.68	5.28	6.25
青海	8.46	4.60	4.06	7.23	4.54	6.03
宁夏	7.95	4.63	5.56	6.98	4.40	7.76
新疆	8.26	4.49	5.44	7.63	4.76	10.36

资料来源：根据国家统计局《2000 年人口普查数据资料》表 1-7a、表 1-7b、表 1-7c 计算。

五、流动人口对于人口老龄化程度的影响存在地区差异

流动人口是 20 世纪 80 年代以来中国人口问题的一个主要表现，流动人口对于各地区人口老龄化程度的影响存在差异。在"流动人口"不同归属情景下（以"常住人口"和"户籍人口"两种口径来区分），中国各地区及城乡人口老龄化与高龄化程度是不同的。[①]

———————

① 参见宋健：《流动人口不同归属情景下中国各地区人口老龄化形势》，《市场与人口分析》，2006 年第 1 期。

按照"流动人口"对于各地区人口老龄化形势的不同影响，可以将中国分为三类地区，一类是"流动人口"能够减轻"户籍人口"老龄化压力的地区，主要包括上海、北京、广东等大城市，这些城市也是流动人口的主要聚集场所；第二类是"流动人口"加剧"户籍人口"老龄化压力的地区，主要包括江西、四川、安徽、湖南等人口流出省份；第三类是"流动人口"对人口老龄化形势影响不明显的地区（见表9-4）。

表9-4　"流动人口"对于各地区及其城乡人口老龄化形势的影响

		缓　解	加　剧
全体人口	老龄化	上海、北京、广东、天津、新疆、浙江、青海、海南、福建、西藏、云南、辽宁、山西	江西、安徽、四川、湖南、广西、重庆、湖北、贵州、河南、山东、甘肃
	高龄化	甘肃、海南、北京、青海、安徽、西藏	宁夏、山东、黑龙江
城镇	老龄化	上海、北京、广东、天津、新疆、青海、云南、西藏、浙江、海南、福建、宁夏、辽宁	江西、四川、安徽、湖南、广西、重庆、贵州、河南、湖北、甘肃、河北、陕西、山东
	高龄化	甘肃、安徽、海南、广东、吉林、福建、天津、广西、北京	宁夏、湖南、内蒙古、陕西、黑龙江、贵州、河北
乡村	老龄化	上海、北京、广东、海南、浙江、新疆、天津、青海、福建、江苏、山西	广西、安徽、湖南、江西、四川、山东、重庆、贵州、湖北、河南、甘肃
	高龄化	海南、甘肃、北京、青海、内蒙顾、新疆、西藏、安徽、	上海、山东

注：判断的标准分别是"常住人口"老龄化比例（主要以60岁及以上人口比例为参照）或高龄化比例（主要以80岁及以上人口占60岁及以上人口比例为参照）与"户籍人口"比较相差0.1个百分点以上，负值为"缓解"，正值为"加剧"；差异不足0.1个百分点，为"影响不大"。地区名称按照差异从大到小顺次排列。

第二节　中国人口老龄化趋势预测

一、中国未来百年人口老龄化趋势

以2000年普查得到的总人口和分年龄的人口结构为基础，利用小学生分年龄性别在校人数的统计数据作了相应的调整，中国人民大学人口与发展研究中心对中国未来百年的人口老龄化趋势进行了预测。①

从2010—2050年中国老龄化发展趋势预测结果看，当假设总和生育率从2005年的1.7逐步上升到2010年的1.8，此后保持不变；假设预测期内中国男性人口的平均预期寿命到2050年时达到74.4岁，女性79.9岁；到2100年时分别达到80.0岁和85.6岁；不考虑人口迁移流动的情况下，未来中国老年人口的数量会持续增加，老年人口在人口总体中的比例也将逐渐升高（见图9-2）。

2010年中国60岁及以上老年人口总数预计达到1.73亿，占总人口的比例为12.7%；65岁及以上老年人口总数为1.15亿，占总人口的比重为8.5%；80岁及以上高龄人口数量超过2100万，占总人口的比重为1.5%，在60岁及以上老年人口的比重为12.1%。

到2050年中国60岁及以上老年人口将超过4亿，占人口总数的31.3%；65岁及以上老年人口数量将超过3亿，占人口的比例接近1/4；80岁及以上高龄人口数量超过9000万，在总人口中所占比例超过6%，在60岁及以上老年人口的比重将达到21%。

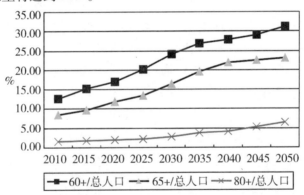

图9-2　预测的中国老龄化发展趋势：2010—2050年

数据来源：中国人民大学人口与发展研究中心根据2000年普查资料预测。

二、中国乡村人口的老龄化趋势

农村劳动力的异地转移客观上加剧了中国农村人口的老龄化程度②，关于

---

① 参见杜鹏、翟振武、陈卫：《中国人口老龄化百年发展趋势》，《人口研究》2005年第6期。
② 参见宋斌文：《农村劳动力转移对农村老龄化的影响及其对策建议》，《公共管理学报》，2004年第2期。

中国乡村人口的老龄化趋势，曾有学者假设 2000 年中国农村 60 岁及以上老年人为 1 亿，并假设老龄化速度为 3.32%，利用指数公式进行预测，结论是到 2010 年中国农村 60 岁及以上老年人将达到 1.39 亿，2020 年为 1.92 亿，2030 年为 2.66 亿；相应年份的农村老年人口比重分别为 17.5%、24.5% 和 33.8%。① 尽管这一预测的基础——2000 年中国农村老年人口的数量与 2000 年普查结果相比是高估了的，而对于老龄化速度和指数模型的假设也过于简单粗糙，但与全国人口老龄化趋势的预测相比较（60 岁及以上老年人口比例全国预测结果是：2010 年 12.7%、2020 年 17.0%、2030 年 24.1%）②，至少可以发现：按照此预测结果判断，未来中国农村人口的老龄化形势仍将比城镇地区严重得多。

实际上，中国乡村人口的老龄化趋势不仅与未来中国人口整体的老龄化速度和老龄化水平有关，与未来中国的城镇化速度、城镇化水平和流动人口的数量及其年龄性别结构也密切相关。

城镇化水平指的是城镇人口占总人口的比重，受城乡人口自然增长和人口的迁移行为影响，也与行政区划和对"城、乡"的定义有关。中国人口的城镇化水平自 1949 年以来总体呈现上升的趋势，从 1949 年的 10.6%，上升到 1957 年的 15.4%；1981 年超过 20%，1998 年增至 30%，2003 年突破 40%。国家统计局《2005 年全国 1% 人口抽样调查主要数据公报》显示，中国城镇人口 56157 万人，占总人口的 42.99%。与 2000 年第五次全国人口普查相比，城镇人口占总人口的比重上升了 6.77 个百分点。

从数据上来看，中国城镇化水平连续多年呈现高速增长，如从 1996 年至 2003 年中国已经连续 8 年每年的城镇化水平提高 1.43 - 1.44 个百分点，但是，这种快速增长有相当部分来源于统计口径的差异，并不能完全据此来预测未来中国的城镇化发展。如果消除统计口径的干扰，中国 1982 - 1990 年间城镇化水平年均增长 0.89 个百分点，1990 - 2000 年间城镇化水平均增长 0.79 个百分点，1982 - 2000 年间的平均速度为 0.835 个百分点。以此为基础预测，2010 年中国城镇人口比重为 46.5% 左右，2014 年可能超过 50%；2020 年城镇人口比重为 57% 左右，2023 年可能超过 60%。2025 年前中国城镇化的年均速

---

① 参见宋斌文：《农村劳动力转移对农村老龄化的影响及其对策建议》，《公共管理学报》，2004 年第 2 期。

② 参见杜鹏、翟振武、陈卫：《中国人口老龄化百年发展趋势》，《人口研究》2005 年第 6 期。

度在理论上会达到或略超过 1 个百分点，2025 年以后会逐渐放慢，低于 1 个百分点。①

城镇化水平的变化对于乡村人口的影响是显而易见的。随着城镇化水平不断提高，城镇人口比重不断增大，相应的乡村人口比重就会下降。乡村老年人口数量在中国老年人口中所占的比重也会相应减少。

但这并不意味着未来乡村人口的老龄化形势的严峻性有可能减缓，因为除非是成建制"农转非"，否则随着城镇化的发展而转变为城镇人口的迁移人口更有可能因其年龄选择性而使留在农村的人口年龄结构更趋于老化。加上同样以青年人为主体的流动人口的影响，预计未来中国乡村的老年人口数量在全国老年人口中的比重有可能下降，但乡村老年人口占乡村总人口的比重却会相应增加。在未来 50 年中国整体人口老龄化水平不断提高的总趋势下，中国乡村的人口老龄化趋势会更加严重。

三、全球视野下的中国人口老龄化趋势

对于世界上许多国家的大多数人来讲，"银发浪潮"并不是什么新鲜词。它所蕴含的是人口老龄化已成为一个全球性现象的事实，或者换句话说，世界在变老。

根据联合国 2004 年的报告②，2004 年，全球 60 岁及以上老年人口达到 6.06 亿，并且正在以比总人口快得多的速度递增。全世界 186 个国家和地区中，有 68 个已进入"老年型"人口。其中意大利人口老龄化程度居世界之最，老年人口比例达到 25%，其次是德国、希腊、日本，这些国家的老年人口比例均为 24%，瑞典的老年人口比例为 23%。预测到 2050 年，西班牙将成为世界上人口老龄化程度最高的国家，老年人口比例达到 44%，而斯洛文尼亚、意大利和日本的老年人口的比例届时也将增长到 42%。

不仅世界在变老，老年人口本身也在变老。这就是老龄化中的高龄化现象，指的是 60 岁及以上老年人口中 80 岁及以上高龄老人数量和比例不断增加的过程。1950 年，世界上有高龄老人 0.14 亿；2000 年，这一数量增加到 0.69 亿。50 年间，世界高龄老人的数量增加了 4 倍。预计到 2050 年，高龄老人的数量约为 3.8 亿，占届时老年人总数的将近 1/5。目前，人口高龄化程度最高

---

① 参见周一星：《健康城镇化与城市土地增长》，中国土地学会，2005 年 5 月 28 日。资料来源于：http://www.zgtdxh.org.cn.

② 联合国人口司经济社会事务部：《人口老龄化报告》（2004）。

的地区是北欧，在那里60岁及以上人口中80岁及以上人口比例达到20%。其次是西欧，比例为17%。人口高龄化最严重的国家是挪威，60岁及以上人口中高龄老人比例达到24%；这一比例超过20%的国家还包括瑞典（23%）、美国（21%）、英国（20%）和丹麦（20%）。

在全球人口普遍趋于老龄化的国际背景下，中国人口的老龄化形势格外严峻。表9-5显示，中国的老年人口比例和老年抚养比一直以来就高于其所处的亚洲地区整体水平，更远远高于发展中地区。

按照联合国的估计数据（见表9-5），2000年中国65岁及以上老年人口的比例与世界平均水平相当，2025年中国65岁及以上老年人口的比例达到13.2%，将超出世界10.4%的平均水平。虽然中国的人口老龄化程度不及世界发达地区，但中国65岁及以上老年人口的数量2000年是发达地区全部65岁及以上老年人口合计的51.18%，2025年是75.00%，2050年中国的65岁及以上老年人口数量将超过世界发达地区65岁及以上老年人口数量的总和。

表9-5 世界老年人口发展趋势

		1950	1975	2000	2025	2050
世界	60＋（亿）	2.05	3.49	6.06	11.87	19.64
	65＋（亿）	1.31	2.31	4.18	8.25	14.57
	60＋（%）	8.2	8.6	10.0	15.0	21.1
	65＋（%）	5.2	5.7	6.9	10.4	15.6
	老年抚养比	8.6	9.9	10.9	15.9	24.7
发达地区	60＋（亿）	0.95	1.62	2.31	3.44	3.95
	65＋（亿）	0.64	1.13	1.70	2.60	3.16
	60＋（%）	11.7	15.4	19.4	28.2	33.5
	65＋（%）	7.9	10.7	14.3	21.3	26.8
	老年抚养比	12.2	16.5	21.2	33.5	46.5
发展中地区	60＋（亿）	1.10	1.87	3.74	8.43	15.69
	65＋（亿）	0.67	1.19	2.48	5.65	11.41
	60＋（%）	6.4	6.2	7.7	12.6	19.3
	65＋（%）	3.9	3.9	5.1	8.4	14.0
	老年抚养比	6.7	7.1	8.2	12.8	21.8

续表

		1950	1975	2000	2025	2050
亚洲	60 + （亿）	0.95	1.59	3.22	7.03	12.27
	65 + （亿）	0.58	1.01	2.16	4.77	9.05
	60 + （%）	6.8	6.6	8.8	14.7	22.6
	65 + （%）	4.1	4.2	5.9	10.0	16.7
	老年抚养比	6.9	7.5	9.2	14.9	26.1
中国	60 + （亿）	0.42	0.64	1.29	2.88	4.37
	65 + （亿）	0.25	0.41	0.87	1.95	3.32
	60 + （%）	7.5	6.9	10.1	19.5	29.9
	65 + （%）	4.5	4.4	6.9	13.2	22.7
	老年抚养比	7.2	7.8	10.0	19.4	37.2

资料来源：United Nations（2002），World Population Ageing 1950 - 2050，Department of Economic and Social Affairs，Population Division. www. un. org.

第三节　中国的人口老龄化与老年人口问题

一、老年人口为什么会成为问题？

中国正在加速变老作为一个既成事实摆在人们面前。虽然，它代表的是社会的进步，然而，对此人们更多感受到的是压力。实际上，伴随着人口老龄化以及老年人口在数量和比例上的增加，在历史上可能没有任何一个时期像今天这样，社会对老年人投以如此关注的目光，同时报以如此深刻的忧虑。

老年人是特殊人群吗？这是个很难回答的问题。否定是因为老年人具有与其他任何年龄人口一样的生存和发展的权利；肯定则在于老年人具有因其年龄所带来的特殊需求。像其他生命体一样，人类也会随着年龄的推移，逐渐出现体力下降、器官功能衰退等体现生物学规律的衰老现象。因此，老年人对于经济支持、生活照料和精神慰藉往往具有更高的要求，对社会和家人有更多的依赖。

年轻人往往通过就业来解决经济问题，那么不再参与社会生产劳动的老年人，他们的经济收入从哪里来？答案是：社会或者子女。社会以退休金或养老保障的形式为老年人提供经济支持；得不到退休金或养老保障的老年人尤其是农村老年人，经济来源除积蓄和其他少量收入外，基本上主要由子女供给。

年轻人精力充沛，很少会因为身体健康的原因影响到生活、工作和娱乐。而对于渐入老境的人们而言，心有余而力不足的现象时有发生，"老境"往往意味着"困境"。国际上通用两个指标来衡量老年人的自理能力，一个是ADL，也叫做日常生活活动能力指标①，测量老年人在穿衣、吃饭、洗澡、室内活动和入厕等在家独立活动的能力；另一个是IADL，也叫做操作性生活活动能力指标，测量老年人做饭、管理财务、上下一层楼、走半里路或200－300米、购物等与生活密切相关事务的能力。这两项指标能够比较准确的反映老年人在逐渐衰老的过程中身体活动的能力和对他人的依赖程度。决定老年人自理能力的主要因素是机体的衰老和由于疾病机体发生的某些器质性的病变。随着年岁的递增，老年人会逐渐由健康进入IADL缺损状态，室外活动开始受限；当ADL缺损时，老年人的基本生活就需要他人来照料了，老年人由自理变为半自理或完全不能自理。

谁来照料老年人？取决于老年人的居住状态，也涉及到其养老地点。总体上，有两种养老模式，一是居家养老，另一是机构养老。居家养老的好处是老年人住在熟悉的社区和家庭环境中，与家人共度时光，问题是当老年人逐渐衰老并最终丧失自理能力时，家人在时间、精力或者能力上难以提供周到专业的照护服务。机构养老的好处是由专业医护人员来照顾老人的起居，在必要时能够提供及时周到的救助，也减轻了对家庭的依赖，问题是与亲人相对隔绝、且接受过多周围其他老人病痛死亡信息，这样的环境会在老年人的心理或精神上造成负面效应。

年轻人因为有丰富的社交网络和社会活动，因此有更多排解精神孤寂或压力的渠道。而老年人的社会交往随着退出工作岗位而逐渐减少，对来自社区和家庭的交流和沟通就更为期待。

人口老龄化是生育率下降和人口平均预期寿命延长的自然表现，也是人口年龄结构变化的主要体现。由于不同年龄人口的人口和社会经济特征具有差异，因而人口老龄化在提高了全体人口平均年龄的同时，也会对生育、死亡、迁移等人口事件造成影响。普遍的观点认为，人口老龄化将对社会、经济、文

---

① 注：1963 年由 Katz 提出。ADL 是 Activities of Daily Living 的缩写。

化、政治甚至文学艺术等领域产生负面的影响。①

中国的人口老龄化进程及其特点给中国的经济、社会、政治、文化等方面的发展带来了深刻影响。在中国，关于人口老龄化的后果，目前的研究主要集中在人口老龄化对宏观经济的影响以及对社会养老保障体制的影响方面。

二、人口老龄化对于宏观经济的影响

中国学者对于人口老龄化与经济发展之间关系的关注可以追溯到 20 世纪 80 年代。② 主流观点认为，人口老龄化将对劳动生产率、分配、储蓄、消费、投资和产业结构调整等产生一定的不利影响，对经济发展提出挑战。③

不少学者从定性和定量不同的角度对中国人口老龄化的经济后果进行了测算，如借鉴国际学术界对发达国家人口老龄化的宏观经济后果的研究思路，彭秀健④运用可计算的一般均衡模型（CGE）模拟了中国人口老龄化对于投资、储蓄以及总的人均经济增长的影响，同时探索了人口老龄化对汇率、目前帐户平衡和净对外负债等的影响，指出中国人口老龄化将通过劳动力的负增长以及由此导致的物质资本的低增长减缓中国经济增长的速度，使人均物质生活水平增长的速度下降。

但还有学者⑤提出相反的观点认为：在人口和劳动力大量潜在过剩的状况下，中国人口老龄化的进程必然是一个加速用资本密集型生产替代劳动密集型生产的过程，也就是加速人均 GDP 提高的过程，从而也就是更有利于老年人福利的过程，也就是老年人和全体社会成员共同分享机器红利的过程。

需要指出的是，人口老龄化的社会经济含义与人口老龄化造成的社会经济影响是两回事⑥，前者更多是从人口学视角提出可能性，而后者则需要考虑更

① 参见 United Nations. 1973. The Determinants and Consequences of Population Trends: New Summery of Findings on Interaction of Demographic, Economic and Social Factors. Volume1.

② 参见王维国、徐勇、李秋影：《我国人口年龄结构变动对经济发展影响的定量分析》，《市场与人口分析》，2004 年第 6 期。

③ 参见武元晋、徐勤：《中国人口老化对社会经济发展和家庭的影响》，载于《老龄问题国际讨论会文集》，北京：劳动人事出版社，1988，24–42 页；田雪原：《人口老龄化与经济发展》，载于《21 世纪上半叶中国老龄问题与对策研究》，华龄出版社，2000 年；王维国、徐勇、李秋影：《我国人口年龄结构变动对经济发展影响的定量分析》，《市场与人口分析》，2004 年第 6 期。

④ 参见彭秀健：《中国人口老龄化的宏观经济后果——应用一般均衡分析》，《人口研究》，2006 年第 4 期。

⑤ 参见李小平：《人口老龄化并非危机——兼论人口负增长前绝对不应放宽现行生育政策》，《科学决策》，2007 年第 2 期。

⑥ 参见姜向群、丁志宏：《对我国当前人口老龄化问题研究的概念和理论探析》，《人口学刊》，2004 年第 5 期。

多的因素，更需要实践的检验。

三、人口老龄化与养老保障体制

人口老龄化对于养老保障体制的影响是目前相关研究的重点。老年人口规模大、数量多是中国老年人口的一个主要特征①，迅速的人口老龄化，伴之以"未富先老"的社会经济背景和社会转型，凸显了老年人的养老问题，使其成为一个引起广泛关注的社会问题。

"养儿防老"是中国传统的养老方式，父母为子女殚精竭虑操心一辈子，子女则有责任负担起包括经济支持、生活照料和精神慰藉在内的父母的晚年生活。"百善孝为先"，传统的儒家文化也把对父母孝顺与否作为一个人人品好坏的重要评判指标，社会舆论甚至国家法律会对拒绝赡养父母的子女做出强烈的谴责与惩罚。在此背景下，家庭为老年人提供了养老的最终和最佳场所。

然而，作为养老基石的中国家庭近几十年来已经发生了重要的变化。一方面，家庭内的子女数在大幅度减少，由于国家生育政策的提倡，和人们生育观念、生活方式的改变，1－2个孩子的小家庭取代了多子女、多代人的大家庭居住模式；另一方面，现代化和城市化的发展，迫使年轻人早早离开父母到社会上求学、择业，并随着职业的变迁而流动。"父母在、不远游"的古训早已不适应当代人的生活。

老年人口的相对贫困、健康和医疗问题等加剧了老年人自我养老的风险，也对中国的相关制度体系提出了挑战。

中国老年人主要通过三种途径来满足其经济需求：个人劳动收入、子女或其他亲属供给，以及退休金收入。根据国家统计局1994年的调查，在中国老年人主要的经济来源中，居第一位的是由子女或其他亲属提供的经济帮助，占老年人总数的57.1%；其次是老年人自己的劳动收入，占25.0%，第三是离退休金，占15.6%，包括社会保险和救济在内的其他来源形式所占比例很小。② 2004年的全国人口变动调查结果表明，子女或其他亲属供给仍是中国老年人第一位的经济来源，只不过占老年人的比例较10年前有所下降，为45.0%，离退休金所占的比重上升，成为老年人第二位的经济来源，所占比例

① 参见邬沧萍、王琳、苗瑞凤：《中国特色的人口老龄化过程、前景和对策》，《人口研究》，2004年第1期；曾毅：《中国人口老龄化的'二高三大'特征及对策探讨》，《人口与经济》，2001年第5期；乔晓春、陈卫：《中国人口老龄化：世纪末的回顾与展望》，《人口研究》，1999年第6期。

② 参见杜鹏、武超：《中国老年人的主要经济来源分析》，《人口研究》，1998年第4期。

为31.5%。① 这一数据说明中国老年人在经济方面能够获取的主要社会支持是由家庭网络和亲属网络所提供的非正式社会支持；正式社会支持的作用主要通过退休金制度来表现，社会保险和社会救济等形式所起的作用很小。

离退休金制度是中国社会保障的重要内容，对于老年人而言，能否享受离退休金决定了其晚年生活是否能够得到来自国家的最基本保障。1982 年通过、2004 年修正的《中华人民共和国宪法》第四十四条规定："国家依照法律规定实行企业事业组织的职工和国家机关工作人员的退休制度。退休人员的生活受到国家和社会的保障。"这就在法律上规定了享受离退休金待遇的对象只限于企事业单位职工和国家机关工作人员。一定程度上说，只有这部分人员能够在老年时期，借助国家法律的保障，获得较稳定的社会经济支持来源。根据劳动和社会保障部与国家统计局联合发布的《2005 年度劳动和社会保障事业发展统计公报》，2005 年末中国共有离退休人员 5088 万人，尽管难以区分其具体年龄，但与数以亿计的老年人口相比，能够享受离退休金待遇的老年人比例无疑是少数。

虽然人们的寿命随着生活水平的提高和社会生活条件的改善在逐渐延长，但人们仍不能完全战胜"生老病死"的自然发展规律。随着年龄的增加，人的机体的生理机能最终会产生一系列的退行性变化，表现为个体的不断衰老，并由此引发各种老年性疾病。老年人罹患各种疾病的风险逐渐增大，健康和医疗问题成为困扰老年人的主要问题，也成为中国人口老龄化的重要挑战。

从几次大型的全国调查数据来看，中国老年人口中带病、带残、不能自理的比例相当高。中国社会科学院人口研究所 1987 年 60 岁以上老年人口调查表明，在 60 岁以上人口中，健康状况较差的占 26.9%；80 岁以上高龄老人的平均预期伤残期占余寿的 50% 以上。1992 年调查显示老年人在 60 岁以后的寿命中约有 60% - 80% 的时间是在带有各种慢性病的状态下度过的。② 2004 年全国人口变动调查结果表明③，60 岁及以上老年人口中，有 8.9% 生活不能自理，推算全国生活不能自理的老年人口数达 1100 万。与 1994 年抽样调查结果

① 参见国家统计局人口和就业统计司编：《2004 中国人口》，中国统计出版社，2005 年，第 123 - 142 页。

② 参见朱玲：《谁来为农民看病吃药提供社会保障》，《人大复印报刊资料》，《瞭望》2000 年第 16 期，第 41 - 43 页。

③ 参见国家统计局人口和就业统计司编：《2004 中国人口》，中国统计出版社，2005 年，第 123 - 142 页。

相比，中国老年人生活不能自理的比例增长了18%。由于老年人常患慢性病，患病率高、患病频繁，医疗费用的支出是老年人除生活费用支出外最大的项目。据测算，老年人消费的医疗卫生资源一般是其他人群的3-5倍。2004年，中国基本医疗保险基金支出达862亿元，占基金收入的75.5%，比上年增长31.6%，增长速度比基金收入增长快3.5个百分点。① 基本医疗保险基金支出之所以高速增长，人口迅速老龄化是重要原因之一。

根据医药费支出来源区分，中国老年人的医疗支持主要有三种途径，一是以国家公费医疗形式为代表的国家支持；二是以自费医疗形式为代表的家庭支持；三是以统筹、保险等形式为代表的综合支持。中国老年人医药费支出形式的城乡差异与城乡医疗卫生体制及老年人的职业背景有着密切的关系：城镇职工的医疗卫生体制虽然目前正处于改革阶段，将以强制性的基本医疗保险代替原来的福利性公费医疗制度，但对于已退休的老年职工来讲，绝大多数仍能享受到公费医疗制度的优越性；中国农村虽也实行了合作医疗制度，但随着人民公社体制的解体，合作医疗制度早已名存实亡。中国社会科学院人口研究所1987年全国老年人口抽样调查数据表明，农村60岁以上的老年人仅2.2%由政府全部或部分支付医疗费，3.1%由集体全部或部分支付医疗费，94.8%的农村老年人在获得医疗保健服务方面存在困难。1998年，合作医疗制度的人口覆盖率在高收入地区仅达22.2%，在中等和欠发达地区只有1-3%。实际上，目前中国的农村人口所能获得的医疗保障形式极其有限。

当老年人由于年迈或疾病影响个体的活动能力，生活难以自理或不能完全自理时，不仅对医疗服务产生更大的需求，而且对他人辅助的生活照料也产生必然的需求。而中国的为老服务业发展还严重滞后，难以满足庞大老年人群，特别是迅速增长的"空巢"、高龄和带病老年人的服务需求。以养老机构和床位数为例，目前，中国共有各类老年社会福利机构3.8万个，养老床位120.5万张，平均每千名老人占有床位仅有8.6张，与发达国家平均每千名老人占有养老床位数50-70张的水平相差甚远。其他生活照料、精神慰藉等许多为老服务也都存在发展缓慢的问题，不能满足老年人群日益增长的需求。②

传统的养老体制和方式正在发生动摇，而新的养老体制与模式还尚未建立

---

① 参见全国老龄工作委员会办公室：《中国人口老龄化发展趋势预测研究报告》，2006年2月24日。资料来源于：http://www.china.com.cn/zhuanti.

② 参见全国老龄工作委员会办公室：《中国人口老龄化发展趋势预测研究报告》，2006年2月24日。资料来源于：http://www.china.com.cn/zhuanti.

与完善，这就使得中国人口老龄化的发生以及老年人口的迅速增加更具有挑战性的意味，对正处于转型时期的中国社会经济和还未完善的国家社会保障体系带来了严峻挑战。在国家社会保障网覆盖到的范围内，养老保障的压力正在显著加大。2004 年，中国基本养老保险的支出总额达到 3502 亿元，比 2000 年增加了 65.5%，中央财政对基本养老保险的补贴支出攀升到 522 亿元。① 离休、退休、退职费用也呈现连年猛增的趋势。在国家社会保障网覆盖不到的角落，还有为数众多的老年人正在苦苦依赖着家庭最后的庇护。

与城市相比，中国农村的养老压力更大。农村绝大部分地区尚未建立社会养老保险制度，农村新型合作医疗制度目前还处在试点阶段，农民的养老、医疗都缺乏必要的社会保障。越来越多的农村年轻人到城市打工谋生，留守的农村老年人既缺乏正式的社会支持，也缺乏子女的照应。这种情况在西部和贫困地区尤为严峻。

第四节 应对人口老龄化的政策建议与对策

一、调整生育政策，减缓人口老龄化的政策建议

人口老龄化对社会经济的影响总体上是负面的，因而相关的政策建议主要着眼于减缓人口老龄化、削弱乃至消除人口老龄化所带来的各种不利影响。

有两类主要的政策建议：一是针对产生人口老龄化的原因，二是针对人口老龄化的后果。

低生育率是导致人口老龄化的决定性因素②，中国的生育政策对于降低生育率、促成家庭规模和结构发生变化具有不可忽视的作用。计划生育政策的实施被认为是造成中国人口老龄化的主要原因之一③或者是使中国人口老龄化加快的主要原因④。

---

① 参见全国老龄工作委员会办公室：《中国人口老龄化发展趋势预测研究报告》，2006 年 2 月 24 日。资料来源于：http://www.china.com.cn/zhuanti.

② 参见邬沧萍、王琳、苗瑞凤：《中国特色的人口老龄化过程、前景和对策》，《人口研究》，2004 年第 1 期。

③ 参见王维国、徐勇、李秋影：《我国人口年龄结构变动对经济发展影响的定量分析》，《市场与人口分析》，2004 年第 6 期。

④ 参见姜向群：《对计划生育和老龄问题关系的再认识》，《人口学刊》，2000 年第 1 期；李建新：《论生育政策与中国人口老龄化》，《人口研究》，2000 年第 2 期。

尽管也有观点①认为通过政府的适度干预，中国家庭养老的优良传统将能够继续维持并发扬光大，家庭养老体系将继续发挥作用并足以解决农村的养老保障问题。因此，国家无需改变现行生育政策，而且无需建立全面的社会养老体系。但主流的观点是为了优化中国的人口结构，必须考虑调整生育政策问题，关键只在于调整政策的时机是早还是晚。

王金营②通过对不同生育率水平和不同生育政策选择方案下的中国 21 世纪人口发展趋势的预测，指出人口老龄化已经成为中国未来生育政策选择的制约因素，建议考虑到人口老龄化问题的制约，中国的生育政策应在实现零人口增长点（2030 年）以前进行调整。

李建新③认为继续实施严格的现行生育政策会使未来人口老化、劳动力老化和劳动力人口的缩减更加加剧，认为经过 20 多年的计划生育和人口控制，中国的人口数量问题已不再像从前那样突出，相反，人口结构问题显凸出来。因此，现在已到了将计划生育政策调整列入议事日程的时候。建议把现行生育政策平稳过渡为"低生育率水平与调控人口年龄结构并举"的政策。

人口老龄化、老年人口问题与计划生育之间的关系是在提出相关政策建议之前必须明确的事情，很多相关建议之所以似是而非，主要原因也是将几个概念有所混淆的缘故，以上观点可以说代表了中国学术界的一些主要声音。

二、采取有效措施，削弱人口老龄化的不利影响

老年人口本身具有明显的弱势特殊性，这样一个群体的比重迅速提高或者人数迅速增加，在社会经济水平不适应或者社会制度不健全的情况下，导致社会问题是不可避免的④；在解决人口老龄化带来的诸多问题时，更要重视人口老龄化高峰前期各个阶段产生的问题。政策制定必须依靠科学的依据，注重人口老龄化与经济社会协调发展的关系，使其尽量有效、经济、敏感、持续。⑤因而，除了针对导致人口老龄化的原因设法减缓老龄化进程本身之外，着眼于造成老年人口问题的其他因素如社会经济水平或相关社会制度，采取有效的措施，也是削弱老龄化不利影响的一个重要方向。

---

①　参见郭震威、陈再华：《稳定生育政策，防止人口老龄化危机》，《人口研究》，2001 年第 6 期。

②　参见王金营：《21 世纪我国人口老化与生育政策选择》，《西北人口》，2000 年第 1 期。

③　参见李建新：《论生育政策与中国人口老龄化》，《人口研究》，2000 年第 2 期。

④　参见姜向群、丁志宏：《对我国当前人口老龄化问题研究的概念和理论探析》，《人口学刊》，2004 年第 5 期。

⑤　参见郑晓瑛、陈立新：《中国人口老化特点与政策思考》，《中国全科医学》，2006 年第 23 期。

"老有所养、老有所医、老有所教、老有所学、老有所为、老有所乐"是中国老龄事业的发展目标。根据 2006 年发布的《中国老龄事业的发展》白皮书，建立与经济社会发展和人口老龄化水平相适应的养老保障制度，是中国发展老龄事业的重要任务和优先领域。针对目前中国老年人社会支持存在的制度性差异，国家首先应将建立城乡一体的社会保障制度作为一个长远方向。尽管中国农村的条件千差万别，社会保障制度的建立也步履维艰，但国家还是应从政策上支持在农村建立养老社会保障制度。关键是针对养老金缴纳和养老金增值这两个重大问题进行有益的探索，寻找切实可行的思路与途径。

可以将建立城乡一体的社会保障措施与中国城市化进程结合起来，与农村人口的迁移和流动结合起来，通过在城市为流入城市的农村户籍人口建立相应的社会保障措施，不仅保障了农村进城务工经商人员的合法权益，使这部分人最先成为社会保障制度改革的受益者，而且将为城市外来人口提供社会保障与城市对外来人口的管理相结合，增加管理中的制约因素，便于实施有效管理，使只有具备合法工作和收入的农村人口才能在城市久居，在保障金的收缴方面也比较方便。

与此同时，着眼于目前农村老年人中的弱势群体，除了继续坚持已有的"五保"制度之外，还可以通过政策倾斜，增强其土地保障等措施，努力提高其自身的支持能力，或增强其在获取社区社会支持方面的经济交换能力。

通过以上政策措施，将中国目前的农村老年人口与未来的农村老年人口区分开来，一方面努力改善目前农村老年人口的经济和生活条件；另一方面，更重要的是，为未来农村老年人口即目前的农村中青年人口指明了方向，通过改善政策环境，改善其自养能力，为其将来的养老尽早作出准备。

针对目前老年人社会支持来源相对单一的现状，中国还应努力提高社会支持的综合性。

首先应加强个人的养老保障能力。尤其对于尚未步入老年的中青年人口，即庞大的"老年人口后备军"来讲，提倡健康的生活方式，提高个人抵御老年经济和疾病风险的能力是最重要的，这将直接减轻中国未来老年人口的社会支持负担，同时有利于改善未来老年人口的生活品质。社会要提倡他们目前就在身体素质和经济储备上为老年做好充分准备。虽然教育对养老保障的作用是间接实现的，但教育在就业选择和提高个人经济能力方面的作用必须被意识到，因此消灭青少年文盲就不仅仅是提高全民族文化素质的问题，对于提高未来老年人口的生活质量也起着不容忽视的作用。目前的老年人口其自我养老支持力虽然是由历史决定的，但在老年阶段也并非无所作为，同样可以通过身体的锻炼、社会活动的积极参与等努力提高自己的生活品质，减少对社会支持的需求和依赖。

家庭目前在提供社会支持的非正式支持方面起到了最主要的作用，家庭的作用仍将被提倡与发挥，因为来自家庭成员的支持是任何其他形式的支持所不能替代的。家庭支持力量的强大与持续性也正是中国社会保障的显著特色。但我们必须意识到家庭正在发生的变化，以及这种变化对老年人社会支持提供能力和强度上的影响。要在继续发挥家庭社会支持作用的同时，为家庭提供强有力的外部支持，如通过加强对子女的社会支持力度来增加子女对老年人的家庭支持。在这个意义上，就业问题的解决，失业保险的建立等与老年人并不直接相关的政策也会间接影响到老年人的社会支持。

在中国，目前社区在提供老年人社会支持方面的作用已经被认识到，但其作用还没有得到充分的发挥，今后在加强老年人社会支持综合性方面，提高社区对老年人的社会支持力度是一个主要的工作。目前城市地区的相应工作已经处于起步阶段，还有待发展。难点是如何在集体经济削弱了的农村发挥社区组织在提供社会支持方面的积极作用。

社会在提供社会支持方面有两个来源，一是正式支持的主要供给者——国家，国家的角色主要是提供良好的政策环境，不仅针对农村人口制定有助于城乡一体社会保障制度建立的规章措施，对城市老年人口中的弱势群体也要给予一定的政策倾斜，如对于主要依赖离退休金生活的要保证离退休金的按时足额发放，对于不能享受离退休金待遇的要使其至少得到最低生活保障网的支持。目前中国相关政策措施已经出台，关键是实施过程和效果。

社会提供的社会支持的另一个主要来源是其他团体和组织以及社会热心人士，发挥非政府组织、私营机构、个体机构和志愿者在提供社会支持方面作用的工作目前中国已经起步，但还未形成网络，也没有相应的制度或政策支持，在这一点上，还需要继续做工作。

通过以上政策措施和综合措施，不仅能够对目前老年人弱势群体状况的改善有所裨益，更重要的是，未雨绸缪，改善未来老年人的社会环境，减轻即将在未来几十年内陆续进入老年的庞大老年人口的社会负担，使整个中国社会的发展健康而持续。

"夕阳无限好，只是近黄昏"的慨叹和"莫道桑榆晚，微霞尚满天"的欣慰，一直交错成为世人对于老年人及其晚年生活说不尽、理不清的思绪。为什么老龄化如此引人关注？为什么老年人日益庞大的规模和急剧增加的现实如此令人忧虑？起源是养老。

养老的基础是经济和物质条件。尽管中国的经济增长速度已经令世人瞩目，但总体上中国还属于经济不发达的发展中国家，社会保障制度还不健全。1997年，中国政府统一了全国城镇企业职工基本养老保险制度，实行社会统筹与个人账户相结合。企业职工达到法定退休年龄①，且个人缴费满十五年的，退休后可以按月领取基本养老金。另外，中国还建立了各种补充养老保障制度。即便如此，也并不是每个老年人都能够享受到退休金待遇或能够领取到养老金，中国还有上亿人口没有被社会保障网所覆盖。近些年，养老保险金个人账户"空帐"的问题更是引起了人们的普遍担心。养老，钱从哪儿来？应该靠个人储蓄、靠子女还是靠国家呢？储蓄会不会贬值？子女是否愿意又是否能够承担养老责任？国家又将以怎样的方式保证人们年老后的衣食无忧呢？人们对于养老这样不断追问。

以家庭养老为传统的中国，随着生育率的持续下降和家庭规模的不断缩小，老年人可以依赖的子女资源越来越有限。即使是在以国家作为主要养老支持的经济实力相对雄厚的发达国家，面对汹涌而至的"银发浪潮"似乎也显示出了束手无策的窘迫。在法国，近几年老年人口的爆炸性增长，已经使其退休金入不敷出；在英国，养老金亏空目前高达300亿至600亿英镑；"少子高龄化"的日本，早在20世纪70年代，就因为养老保险问题而暴露出财政危机；韩国，目前需要支付的国民养老年金，也已经超过了国内生产总值的一半；即便是在最富裕的美国，十年后他们的养老基金也将面临着不够用的威胁。而中国，全球最大的老年人口规模和"未富先老"的现实使得养老的负担更显沉重。

老年人有更高的医疗需求。由于健康衰退的原因，老年人用于医疗保健康复的费用随年龄增大而呈增高趋势，高龄老年人是病残率最高的人群，又往往罹患各种慢性病，比低龄老年人需要更多的医疗保障和日常生活照料，这些不仅仅涉及到经济问题，还涉及到生活照护甚至是长期照料。在生活节奏加快、生活和工作压力加重的现代社会，年轻人很难腾出时间和精力照料自己的年迈父母。小时工、保姆市场在现在的中国还尚未形成完善规范的市场，很难在需要时找到合格可靠的家庭帮手。而养老院等机构在中国也属于严重不足的资

---

① 男性职工60周岁，女性干部55周岁，女性工人50周岁。

源，排队几年甚至十几年等候进入养老院的消息也绝不是新闻。如何满足老年人的生活照料和医疗需求？应该提倡居家养老还是机构养老？放眼世界，似乎并没有一个统一的模式可以遵循。

"经事还谙事，阅人如阅川"的老年人还同时享有"老有所乐"、"老有所为"和"老有所学"的权利，这也是《中华人民共和国老年人权益保障法》第三章中的规定，它高度概括了老年人的生活需求。不仅仅是被动的养老和被照料，老年人也希望能够继续参与社会，充实生活，同时贡献自己的聪明才智。

中国自20世纪50年代以来延续长达30余年的高出生期，蓄积了强劲的人口惯性。其后果是：人口规模还在膨胀，人口"红利期"还在持续，老年人口数量还将继续增加。中国的整个21世纪，都已注定将和"老龄化"三个字相伴，而由此带来的苦辣酸甜，我们必须承受。这也意味着中国必须尽早行动，"未雨绸缪"，在变得更老之前，准备好该做的一切。

本章主要利用2000年普查汇总资料和0.95‰抽样原始数据对中国人口的老龄化形势进行了分析，指出高龄化现象日益显著、地区差异明显、流动人口作用不容忽视等值得关注的特点，从全国、乡村和全球视野探讨了中国人口老龄化的未来发展趋势。预测显示，未来中国老年人口的数量会持续增加，老龄化程度将进一步加深。

发生在家庭变迁、社会转型时期的中国人口老龄化为社会经济发展带来了巨大的压力，主要表现在对宏观经济的影响和对养老保障体系的冲击，中国的经济尽管正经历着令世人瞩目的高速增长，但人口老龄化的不利影响为中国未来的经济发展提出了挑战；独具中国特色的城乡"二元"经济体制和社会保障体制使绝大多数中国老年人难以被证实社会养老支持体系所覆盖，而"养儿防老"的家庭养老模式正随着家庭的变迁经受巨大考验。

针对上述问题，本章从减缓老龄化进程和加强养老社会保障两个角度提出了可能的政策建议：减缓老龄化进程目前学术界的主要观点是针对生育政策的，而加强养老保障可从针对养老保障政策制度性差异和针对社会支持来源单一两个方面入手。

第十章

韩国的人口老龄化：社会问题及解决方法

20 世纪 60 年代起，韩国的人口增长逐渐变缓，韩国社会经历了巨大的人口转变，其中包括老年人口相对比例和绝对数量的迅速增长。飞速的社会经济发展（工业化和城市化）和计划生育项目的全面推行加速了韩国的人口转变过程。① 研究结构功能主义和现代化的社会学理论家认为，随着工业化、城市化和全面的经济发展，总体来说家庭结构会从扩展家庭向核心家庭转变。② 灵活的、易流动的核心家庭更适应工业化的要求，因为它的功能更加适应新型的生产模式。③ 而老年人的地位和福利是与其居住安排密切相关的，现代化意味着他们的居住安排从与孩子共同生活向独居或只与配偶生活转变。④

这一章研究了在韩国人口老龄化过程中存在的社会问题以及可能的解决方法。具体来说，研究由于人口特征和家庭结构的变化、人口老龄化过程以及老年人口的地位和居住安排的变化而引起的社会问题，并以解决人口老龄化的政策建议作为结尾。

---

① 参见 Kim, Ik Ki. 1987. Socioeconomic Development and Fertility in Korea. Population and Development Studies Center. Seoul National University.

② 参见 Cowgill and L. D. Homes. 1978. "Ageing and Modernization." in Carver, V. et al. (eds.) An Ageing Population. The Open University Press. Martin, Linda. 1989. "Living Arrangements of the Elderly in Fiji, Korea, Malaysia and the Philippines." Demography 26: 627 – 43.

③ 参见 Kim, Il – Young (Yoo) . 1993. "A Comparative Study of Living Arrangements among Elderly Asian Immigrants in the United States." Doctoral Dissertation. Brown University.

④ 参见 Cowgill, Donald. 1986. Aging Around the World. Belmont: Wadsworth; Cowgill and L. D. Homes. 1978. "Ageing and Modernization." in Carver, V. et al. (eds.) An Ageing Population. The Open University Press.

第一节　韩国的人口老龄化形势与预测

一、韩国的人口老龄化形势

韩国快速的人口转变过程带来了老年人口绝对数量和相对比例的增加。60岁及以上人口从 1960 年的 150 万增长到了 1990 年的 330 万。根据预测，这一数字将在 2020 年达到 990 万。[①] 这表明 60 岁及以上老年人口规模在过去的 30 年里翻了一番，并且这一数字将继续增加。

表 10-1 是 1960 年以来的韩国人口规模和年增长率。1960 年韩国人口为 2500 万，1985 年为 4000 万，2005 年增长到了 4700 万。尽管人口的绝对数量在持续增长，人口的年增长率却是一直下降的。1960-1966 年间人口的年增长率为 2.8%，1975-1985 年间为 1.6%，1990-1995 年间下降到了 0.5%。各个年龄组人口的年增长率呈现出不同趋势。1960-1966 年，0-14 岁组人口的年增长率最高，为 4.2%。然而从 1966 年起，0-14 岁组人口的年增长率持续下降并且低于其他各年龄组。从 1975 年起，这一年龄组的人口出现了负增长。早期 15-64 岁组的人口比例的增长率快于 65 岁及以上人口增长，这种情况一直持续到 1975 年。之后，15-64 岁组人口增长速度低于老年人口增长速度。老年人口的年增长率持续上升，同时，75 岁及以上老年人口的年增长率高于 65 岁及以上老年人口的年增长率。

表 10-1　韩国分年龄组人口规模和年增长率的变化趋势：1960-2005 年

单位：1 000 人，%

年　份	总人口	0-14	15-64	65 +	75 +
1960	24 989	10 153	13 886	935	233
1966	29 160	12 684	15 514	961	257
1970	31 435	13 241	17 154	1 039	289
1975	34 679	13 208	20 264	1 207	339
1980	37 407	12 656	23 305	1 446	401
1985	40 420	12 095	26 575	1 750	526

[①]　参见 Kim, Ik Ki. 1999. "Population aging in Korea：Social problems and solutions". Journal of Sociology and Social Welfare. March. Vol. 26 No. 1：107-123.

续表

年　份	总人口	0 - 14	15 - 64	65 +	75 +
1990	43 390	11 134	30 094	2 162	667
1995	44 554	10 236	31 678	2 641	834
2000	45 985	9 639	32 973	3 374	1 079
2005	47 041	8 986	33 690	4 365	1 432
年增长率					
1960 - 1966	2. 8	4. 2	2. 0	0. 5	1. 7
1966 - 1970	2. 0	1. 1	2. 6	2. 0	3. 1
1970 - 1975	2. 1	0. 0	3. 6	3. 2	3. 5
1975 - 1980	1. 6	- 0. 8	3. 0	4. 0	3. 7
1980 - 1985	1. 6	- 0. 9	2. 8	4. 2	6. 2
1985 - 1990	1. 5	- 1. 6	2. 6	4. 7	5. 4
1990 - 1995	0. 5	- 1. 6	1. 1	4. 4	5. 0
1995 - 2000	0. 6	- 1. 2	0. 8	5. 6	5. 9
2000 - 2005	0. 5	- 1. 4	0. 4	5. 9	6. 5

资料来源: Cho, Nam - Hoon, Yong - Chan Byun, and Keong - Suk Park, 2003. "Age - structure and ageing". in D. S. Kim and C. S. Kim (eds.). The Population of Korea. Korean National Statistical Office. KNSO, Korean Statistical yearbook. 2008.

　　1960 年以来韩国人口年龄结构的变化趋势如表 10-2 所示。0 - 14 岁组少儿人口比例持续下降, 与此同时, 65 岁及以上老年人口所占比例持续增长。在 1960 年, 0 - 14 岁人口占总人口的比例为 40.6%, 65 岁及以上人口的比例为 3.7%, 75 岁及以上人口的比例只有 0.9%, 15 - 64 岁人口占 55.6%。从 1966 年起, 0 - 14 岁组人口所占比例开始持续下降, 从 1966 年的 43.5% 下降到了 1985 年的 29.9%, 2005 年进一步降至 19.1%; 而其他年龄组人口所占的比例却在持续上升: 15 - 64 岁人口的比例从 1966 年的 53.2% 上升到了 1985 年的 65.7% 和 2005 年的 71.6%, 65 岁及以上人口所占比例从 1966 年的 3.3% 上升到了 2005 年的 9.3%, 75 岁及以上人口的这一比例从 0.9% 上升到了 2005 年的 3.0%。2000 年韩国 65 岁及以上人口比例超过了总人口的 7%,

表明韩国从此进入"老年型社会"。

表 10-2　韩国人口年龄结构的变化：1960－2005 年　　　单位：%

年　份	总计	0－14	15－64	65＋	75＋
1960	100.0	40.6	55.6	3.7	0.9
1966	100.0	43.5	53.2	3.3	0.9
1970	100.0	42.1	54.6	3.3	0.9
1975	100.0	38.1	58.4	3.5	1.0
1980	100.0	33.8	62.3	3.9	1.1
1985	100.0	29.9	65.7	4.3	1.3
1990	100.0	25.7	69.4	5.0	1.5
1995	100.0	23.0	71.1	5.9	1.9
2000	100.0	21.0	71.7	7.3	2.3
2005	100.0	19.1	71.6	9.3	3.0

资料来源：经济规划署／韩国国家统计局，每年的人口和家庭普查报告。

　　表 10-3 是 1960 年以来韩国抚养比、老少比以及潜在负担系数的变化趋势。抚养比包括少儿抚养比和老年扶养比。随着生育率的快速下降，少儿抚养比也大幅下降，尤其是从 1966 年以后，从 1966 年的 81.8 下降到了 1985 年的 45.5，2005 年达到 26.7。另一方面，老年扶养比从 1970 年开始缓慢攀升，2000 年之后则迅速上升，2005 年时已达到 13.0。

　　由于少儿抚养比的快速下降，总抚养比从 1966 年开始持续下降，从 88.0 下降到了 2000 年的 39.5，受老年扶养比攀升的影响 2005 年回升至 39.7。根据韩国国家统计局预测①，总抚养比在 2010 年前将会有小幅增长，但之后会进入快速增长时期。

　　从 1970 年起，老少比一直在上升，从 1970 年的 7.8 上升到了 1985 年的 14.5，2005 年达到 48.6。生育率的迅速下降和人口老龄化使老少比指标迅速上升，上升的速度在 2000 年之后还会加快。潜在负担系数是抚养比的另一方面。随着抚养比的增加，这一比例会相应的下降。

───────────

　　① 参见 KNSO（Korean National Statistical Office）. 2001. Future Population Projections：2000－2050.

表 10-3　韩国人口抚养比、老少比和潜在负担系数的变化趋势：1960 - 2005 年

年　份	抚养比			老少比	潜在负担系数
	少儿抚养比	老年扶养比	总抚养比		
1960	73.1	6.7	79.9	9.2	14.9
1966	81.8	6.2	88.0	7.6	16.1
1970	77.2	6.1	83.2	7.8	16.5
1975	65.2	6.0	71.1	9.1	16.8
1980	54.3	6.2	60.5	11.4	16.1
1985	45.5	6.6	52.1	14.5	15.2
1990	37.0	7.2	44.2	19.4	13.9
1995	32.3	8.3	40.6	25.8	12.0
2000	29.2	10.2	39.5	35.0	9.8
2005	26.7	13.0	39.7	48.6	7.7

注：1）儿童抚养比 =（0 - 14 岁人口/15 - 64 岁人口）×100；2）老年扶养比 =（65 + 人口/（15 - 64 岁人口）×100；3）总抚养比 = 儿童抚养比 + 老年抚养比；4）老少比 =（65 + 人口/0 - 14 岁人口）×100；5）潜在负担系数 =（15 - 64 岁人口/（65 + 人口）×100

资料来源：经济规划署/韩国国家统计局，每年的人口与家庭普查报告。

　　在短时期内经历的急剧的人口转变加速了韩国的人口老龄化。韩国已经经历了生育率和死亡率的快速下降，获得了进一步人口老龄化的巨大动力。对于这一现象，Grigsby[1] 认为即使生育率和死亡率保持 1985 年的水平，老年人口还是会显著增加。因此，生育率和死亡率的继续下降主要是为进一步的人口老龄化增加动力。

　　根据 Choe 和 Lee[2] 的观点，韩国人口老龄化的速度明显快于其他发达国家。从表 10-4 可以看出，65 岁及以上老年人口达到总人口的 7% 这一比例的年份在法国是 1864 年，在英国是 1929 年，美国是 1942 年，日本是 1970 年，而韩国是在 2000 年。而这一比例从 7% 上升到 14% 所需的时间，法国为 115 年，美国为 71 年，英国是 47 年，日本为 24 年，而韩国仅仅用了 19 年。估计

---

　　[1]　参见 Grigsby, Jill S. 1991. "Paths for Future Population Aging." The Gerontological Society of America 31（2）：195 - 203.

　　[2]　参见 Choe, Ehn Hyun and J. S. Lee. 1991. "Social Policies for the Elderly：Current Status and Prospects." in Population Aging in Asia. Asian Population Series. No. 108. Bangkok：ESCAP.

这一比例从 14% 上升到 20% 在韩国只需要再用 7 年时间，比日本快 12%，比美国快 15%。

表 10-4   部分国家的人口老龄化速度

国家	到达年份			所用时间（年）	
	7%	14%	20%	7% →14%	14% →20%
韩国	2000	2019	2026	19	7
日本	1970	1994	2006	24	12
英国	1929	1976	2021	47	45
美国	1942	2013	2028	71	15
法国	1864	1979	2020	115	41

来源：KNSO. 2001. Future Population Projections：2000 – 2050.

二、韩国人口老龄化的预测

根据预测，韩国的人口和人口增长率会保持增长到 2020 年，之后开始下降。2010 年人口年增长率将降至 0.38%，2020 年进一步下降为 0.04%。2023 年韩国人口将会迎来零增长，届时人口规模将达到 5070 万。[1] 韩国人口将从 2000 年的 4700 万增长到 2020 年的 5170 万，然后在 2024 年降至 4820 万，2050 年为 4430 万。0 – 14 岁儿童会持续减少，从 2000 年的 21.1% 降至 2020 年的 13.9%，2050 年为 10.5%。劳动年龄人口的绝对数量将在 2016 年达到峰值 3640 万后开始下降，因为进入劳动年龄人口的年轻人数将会减少。[2] 另一方面，65 岁及以上老年人口的数量将会持续上升，从 2000 年的 7.3% 上升到 2020 年的 10.7%，在 2050 年达到 34.4%。2050 年时，韩国将会有超过 1/3 的人口是 65 岁及以上的老年人。

表 10-5 是预测的 2000 年以来韩国抚养比的变化趋势。值得关注的是，尽管少儿抚养比不断下降，老年扶养比却明显上升。少儿抚养比从 2000 年的 29.2 降至 2020 年的 19.6，2050 年时降至 19.0；老年扶养比则从 2000 年的 10.2 上升到了 2020 年的 21.3，在 2050 年达到 62.5。

---

[1]   参见 Cho, Nam – Hoon, Yong – Chan Byun, and Keong – Suk Park, 2003. "Age – structure and ageing". in D. S. Kim and C. S. Kim（eds.）. The Population of Korea. Korean National Statistical Office.

[2]   参见 Cho, Nam – Hoon, Yong – Chan Byun, and Keong – Suk Park, 2003. "Age – structure and ageing". in D. S. Kim and C. S. Kim（eds.）. The Population of Korea. Korean National Statistical Office.

随着快速的人口老龄化，总抚养比也会增加。据预测，总抚养比会从2000年的39.5上升到2020年的40.9，在2050年时达到81.5。相应的，老少比，即老年人口与少年儿童人口的比将会急剧增加，将从2000年的35.0上升到2020年的109.0，在2050年达到328.4。从2020年起，老年人口数量将超过少儿人口数量。

表10-5　2000－2050韩国抚养比预测

年　份	少年儿童抚养比	老年扶养比	总抚养比	老少比	负担系数
2000	29.2	10.2	39.5	35.0	9.8
2010	23.9	14.8	38.8	62.0	6.7
2020	19.6	21.3	40.9	109.0	4.7
2030	19.1	35.7	54.9	186.6	2.8
2040	19.6	51.6	71.2	263.2	1.9
2050	19.0	62.5	81.5	328.4	1.6

资料来源：KNSO. 2001. Future Population Projections：2000－2050.

根据表10-5，潜在负担系数将会显著降低，将从2000年的9.8降至2020年的4.7，在2050年时达到1.6，这说明了扶养老年人的负担将会增加。根据联合国的估计，韩国的潜在负担系数在2050年时将和许多发达国家类似。然而，韩国国家统计局提供的人口预测指出，2050年韩国的潜在负担系数为1.60，达到世界最低水平。[①]

第二节　韩国的老年人口状况

一、韩国老年人口的性别比

在老龄化过程中老年人口状况不断发生着变化。表10-6是从1970年起韩国老年人性别比的变化趋势。在过去的几十年里以及推测的到2020年老年人口性别比的变化趋势表明老年人口性别比总是低于100，并且高龄老年人的性别比还要低的多。

韩国老年人口的性别比直到1990年都是较低的，之后持续升高。一个可

① 参见 Cho, Nam－Hoon, Yong－Chan Byun, and Keong－Suk Park, 2003. "Age－structure and ageing". in D. S. Kim and C. S. Kim (eds.). The Population of Korea. Korean National Statistical Office.

能的解释是这是朝韩战争（1950－1953 年）结果的性别回应：在 1970－1990 年期间存活的 65 岁及以上人口都是在 1925 年以前出生的，而 1925 年之前出生的男性有很大一部分在这场战争中面临死亡的威胁。战争中大量死亡的男性使很多的女性丧失配偶，导致了 1970－1990 年间 65 岁及以上老年人的性别比特别地低。

表 10-6　韩国老年人口性别比：1970－2020 年

年龄组	1970	1980	1990	2000	2010	2020
65－69	71.6	72.5	71.6	76.8	87.9	90.0
70－74	62.1	61.5	64.5	62.0	78.2	83.2
75－79	53.2	47.8	51.3	55.2	64.2	74.9
80＋	44.2	33.3	34.1	39.0	43.7	56.0

资料来源：Economic Planning Bureau，Population and Housing Census，each year. KNSO. Future Population Projections. 1996.

二、韩国老年人口的婚姻与居住状况

表 10-7 是 1970－2005 年目前在婚的老年人比例。不论是男性还是女性，这一比例都是随时间持续增加的，尽管增加的幅度比较小。1970 年，65－69 岁老年人口在婚的比例为 52.8%，1985 年这一比例上升至 60.3%，2005 年这一比例达到 70.9%。可以看到，随着年龄增加，老年人口在婚比例呈现下降趋势。2005 年老年人口在婚比例 75－79 岁组为 42.6%，85 岁及以上年龄组仅为 17.1%。值得注意的是，从表中可以看出，男性和女性老年人口的在婚比例有很大的差异：在所有的年份，女性老年人的目前在婚比例都远远低于男性。

表 10-7　韩国目前在婚老年人口的比例：1970－2005 年　　　单位：%

性别	年龄组	1970	1975	1980	1985	1990	1995	2000	2005
合计	合计	41.6	44.6	45.0	47.9	47.2	47.6	52.0	62.3
	65－69	52.8	55.9	57.0	60.3	59.3	60.5	67.0	70.9
	70－74	41.0	43.6	44.9	48.2	48.5	48.9	52.0	58.4
	75－79	29.7	32.4	32.6	36.9	36.6	37.7	40.0	42.6
	80－84	20.4	22.1	21.8	24.4	24.5	25.1	28.3	30.1
	85＋	13.3	14.8	12.7	15.7	13.1	13.4	15.3	17.1

续表

性别	年龄组	1970	1975	1980	1985	1990	1995	2000	2005
男性	合计	73.5	77.6	79.9	82.3	82.6	83.7	85.4	87.0
	65 – 69	82.9	85.7	87.3	89.2	89.0	90.1	91.0	89.9
	70 – 74	73.6	77.1	80.0	82.4	83.6	85.2	86.7	86.9
	75 – 79	61.6	66.8	69.6	74.0	75.3	77.7	80.5	80.9
	80 – 84	48.8	53.4	56.9	60.9	63.6	66.0	70.1	71.8
	85 +	35.6	39.8	41.2	46.7	47.5	50.5	53.2	55.0
女性	合计	21.7	24.3	24.3	27.5	26.0	26.5	31.3	44.4
	65 – 69	31.3	34.0	35.0	38.9	38.0	40.6	48.8	55.4
	70 – 74	20.7	23.1	23.4	27.2	25.8	26.2	30.8	38.5
	75 – 79	12.7	15.1	14.9	18.5	16.8	15.9	18.0	21.7
	80 – 84	7.3	9.4	9.0	11.3	9.2	8.5	9.5	10.9
	85 +	4.4	6.5	5.0	7.8	4.5	3.3	4.0	4.4

资料来源：KNSO. 每年的人口与家庭普查报告.

　　老年人口的城市化率和居住在城市和乡村的老年人口的比例如表 10-8 所示。尽管韩国经历了快速的城市化过程，但老年人口的城市化率低于总人口的城市化率。1966 年，总人口中有 33.5% 为城市居民。这一比例在接下来的 30 年间持续增加，在 2005 年时达到了 80.8%。然而对于 65 岁及以上的老年人口而言，居住在城市中的比例只是从 1966 年的 22.4% 上升到了 2005 年的 65.8%。进一步检验居住在农村和城市的老年人口比例可以发现，在过去的 30 年间，居住在农村地区的老年人口比例总是超过居住在城市地区的老年人口比例，而且这一差距随着时间在扩大。1966 年城乡人口中老年人口的比例分别为 2.2% 和 3.8%，1995 年则分别为 4.3% 和 11.7%，2005 年分别增至 7.2% 和 24.2%。

表 10-8　韩国老年人口的城市化率和分地区老年人口比例：1966 – 2005 年

单位:%

	1966	1970	1975	1980	1985	1990	1995	2000	2005
总人口	33.5	41.1	48.3	57.2	65.4	74.4	78.5	79.7	80.8
老年人口	22.4	25.6	31.7	38.0	45.3	53.6	57.4	59.4	65.8

	1966	1970	1975	1980	1985	1990	1995	2000	2005
城市	2.2	2.1	2.3	2.7	3.0	3.6	4.3	5.4	7.2
农村	3.8	4.2	4.6	5.6	6.8	9.0	11.7	14.5	24.2

资料来源：KNSO. Population and Housing Census. each year.

1980－2000 年韩国老年人口分性别、婚姻状态和居住地的居住安排情况如表 10-9 所示。在这段时期有两个主要的变化特征：一是独居或只与配偶生活的老年人口比例增加，二是与孩子共同生活的老年人口比例下降。1980 年独居的老年人比例只有 4.8%，1990 年时增加为 9.5%，2000 年时上升到了16.8%。只与配偶共同生活的老年人比例在 1980 年只有 10.1%，1990 年为17.5%，而 2000 年这一比例提高到 29.2%。另一方面，与子女共同生活的老年人口比例从 1980 年的 80.5% 降到了 1990 年的 68.2%，2000 年时降至49.1%。与已婚子女和未婚子女生活的老年人比例都在下降：与已婚子女生活的老年人比例从 1980 年的 61.7% 降到 1990 年的 51.5%，2000 年时这一比例降为 35.7%；与未婚子女共同生活的老年人口比例也从 1980 年的 18.8% 将降到了 1990 年的 16.7%，在 2000 年时降到 13.4%。

表 10-9　1980－2000 年分性别、婚姻状态、居住地的韩国老年人口的居住安排

单位：%

	合计	男性	女性	不在婚	在婚	城市	农村
1980							
不与孩子生活[1]	19.5	22.8	17.6	13.1	27.3	15.2	22.2
其中：一人户	4.8	1.5	6.8	8.1	0.9	3.3	5.8
夫妇二人户	10.1	18.0	5.4	—	22.0	6.5	12.3
与已婚孩子生活[2]	61.7	48.2	69.6	74.3	46.3	63.5	60.5
与未婚孩子生活[3]	18.8	29.0	12.8	12.6	26.3	21.3	17.3
合计	100.0	100.0	100.0	100.0	100.0	100.0	100.0
1985							
不与孩子生活[1]	25.2	29.7	22.5	17.6	33.5	19.5	29.9
其中：一人户	6.7	2.3	9.4	11.8	1.3	5.2	8.0
夫妇二人户	13.2	23.2	7.2	—	27.2	8.7	16.9

续表

	合计	男性	女性	不在婚	在婚	城市	农村
与已婚孩子生活[2]	57.4	44.6	65.2	70.3	43.6	60.5	54.9
与未婚孩子生活[3]	17.3	25.7	12.3	12.1	23.0	20.0	15.2
合计	100.0	100.0	100.0	100.0	100.0	100.0	100.0
1990							
不与孩子生活[1]	31.8	38.4	27.9	22.5	41.9	24.2	40.5
其中：一人户	9.5	3.5	13.1	17.3	1.1	7.0	12.4
夫妇二人户	17.5	30.9	9.6	–	36.5	12.3	23.6
与已婚孩子生活[2]	51.5	38.5	59.2	65.0	36.8	56.7	45.6
与未婚孩子生活[3]	16.7	23.1	12.9	12.5	21.3	19.1	13.9
合计	100.0	100.0	100.0	100.0	100.0	100.0	100.0
1995							
不与孩子生活[1]	43.1	50.6	38.6	31.6	55.6	33.6	55.5
其中：一人户	13.8	4.9	19.1	25.4	1.2	10.2	18.6
夫妇二人户	24.0	41.4	13.8	—	50.0	17.7	32.3
与已婚孩子生活[2]	43.6	30.4	51.4	58.9	27.0	50.4	34.7
与未婚孩子生活[3]	13.3	19.0	10.0	9.5	17.5	15.9	9.9
合计	100.0	100.0	100.0	100.0	100.0	100.0	100.0
2000							
不与孩子生活[1]	50.9	58.1	46.6	39.0	61.9	42.5	62.6
其中：一人户	16.8	5.9	23.5	33.7	1.4	13.8	21.0
夫妇二人户	29.2	47.5	18.0	—	55.8	23.5	37.1
与已婚孩子生活[2]	35.7	24.3	42.7	50.6	22.0	41.0	28.3
与未婚孩子生活[3]	13.4	17.6	10.8	10.4	16.1	16.5	9.1
合计	100.0	100.0	100.0	100.0	100.0	100.0	100.0

注：1. 独自一人、与配偶、与亲属或与非亲属生活的老年人。在韩国，只有一小部分老年人没有子女。

2. 至少与一个已婚孩子共同生活的老年人，无论有没有其他未婚子女。

3. 没有已婚子女，与未婚子女共同生活的老年人。

资料来源：KNSO（Raw data from a two percent sample from censuses of each year）；Kim, C. S. 2003. "Household and Family" in The Population of Korea. KNSO.

　　老年人的居住方式在男性和女性、已婚和未婚、城市和农村老年人中呈现出不同的特点。女性独居老年人的比例远远高于男性，而只与配偶共同生活的男性老年人的比例远远高于女性。1980 年女性老年人独居的比例为 6.8%，男性为 1.5%；2000 年时，女性老年人的这一比例升至 23.5%，男性也增加到5.9%。1980 年时只与配偶共同生活的男性老年人比例为 18.0%，女性老年人的比例为 5.4%；2000 年时男性老年人的这一比例上升到 47.5%，女性老年人的比例上升至 18.0%。和子女生活的女性老年人的比例高于男性老年人。然而，有趣的是，与已婚子女共同生活的女性老年人比例更高，而与未婚子女居住的男性老年人的比例更高。2000 年时，女性老年人有 42.7% 与已婚子女生活，而男性老年人的这一比例为 24.3%，但是与未婚子女共同生活的男性老年人比例为 17.6%，女性仅为 10.8%。

　　不同婚姻状态的老年人的居住安排也有所不同。在婚老年人比不在婚老年人更可能与子女分居；不在婚老年人比在婚老年人更易与已婚子女共同居住，而在婚老年人与未婚子女居住的比例却略高于不在婚老年人。2000 年，在婚老年人有 61.9% 与子女分居，而不在婚老年人的比例为 39.0%。50.6% 的不在婚老年人与已婚子女共同生活，而在婚老年人的这一比例仅为 22.0%。在婚老年人中 16.1% 与未婚子女共同生活，而不在婚老年人的这一比例为 10.4%。

　　韩国老年人口的居住安排还存在着城乡差别。与城市的老年人相比，更高比例的农村老年人与子女分居。更具体地说，与城市老年人相比，独居和只与配偶共同生活的老年人在农村都占更高的比例。另一方面，不论是与已婚子女生活还是与未婚子女生活，在城市老年人中的比例都高于农村老年人。1980年，农村老年人中有 5.8% 是独居，这一比例在城市是 3.3%。在农村有12.3% 的老年人是只与配偶共同生活的，而在城市这一比例为 6.5%。在城市和农村老年人中与子女共同生活的比例分别为 84.8% 和 77.8%。2000 年，独居的老年人在农村和城市的比例分别为 21.0% 和 13.8%。有 37.1% 的农村老年人只与配偶共同生活，在城市这一比例为 23.5%。与子女共同生活的老年人在城市和农村的比例分别是 57.5% 和 37.4%。上述数据表明，老年人的居住安排存在着很大的城乡差异，并且这种差异随着时间的流逝而增加，这是由于大量的农村子女向外迁移造成的。

　　居住安排对于老年人来说是一个十分重要的机制，因为它与老年人的生活支持密切相关。可以说，老年人的居住安排决定了老年支持的方式。与家庭成员共同生活对于老年人来说似乎是最好的一种供养方式，因为共同生活可以提供各种形式的支持如经济支持、情感支持、活动辅助等。当然，独居并不必然意味着缺少家庭成员的支持。然而，独居或只与配偶共同生活的老年人通常得到的支持是很有限的。

如上所述，在韩国，随着时间的流逝老年人的居住安排发生了很大的变化。尽管多代同堂已不再普遍，但是它仍然是韩国很多人倾向选择的居住方式。今天的中年人和老年人都认为在代际交换中老年父母比他们的孩子得到了更多的好处，大多数的中年人为他们的老年父母提供了经济支持。[①] 当然，代际交换的主要受益者并不总是老年父母，新婚夫妇通常都是在父母的房子中开始他们的婚姻生活。

第三节 韩国老年人的社会经济与健康状况

一、韩国老年人的社会经济状况

目前韩国老年人最显著的特征之一就是他们贫困的经济状况。在过去的十年间，老年人口中贫困率的增加要快于总人口。[②] 老年人口是公共救济项目的主要目标人群，这也从一个侧面反映了老年人贫困的严重程度。2000 年，65 岁及以上老年人中几乎四分之一是公共照料项目的受益者。[③]

老年人贫困的经济地位与其队列特征高度相关，他们生活在发展不完善的社会福利系统和经济重建过程中，主要收入来源是自己的劳动收入或子女的经济支持。主要收入来源的性别差异也很明显：女性老年人更多的是依靠子女的支持，而男性老年人更多的的是依靠他们自己的劳动收入。

根据一项老年人调查[④]，27.7% 的被调查者一个月的收入少于 400 美元，超过半数（54.8%）的老年人月收入少于 800 美元。农村老年人的经

---

① 参见 Cho, Nam – Hoon, Yong – Chan Byun, and Keong – Suk Park, 2003. "Age – structure and ageing". in D. S. Kim and C. S. Kim (eds.). The Population of Korea. Korean National Statistical Office.

② 参见 Seok, Jai – Eun and Tai – Wan Kim. 2000. Analysis of Income Status of the Elderly in Korea. (in Korean) Seoul：Korea Institute for Health and Social Affairs.

③ 参见 Cho, Nam – Hoon, Yong – Chan Byun, and Keong – Suk Park, 2003. "Age – structure and ageing". in D. S. Kim and C. S. Kim (eds.). The Population of Korea. Korean National Statistical Office.

④ 参见 Kim, Ik Ki. 1999. "Population aging in Korea：Social problems and solutions". Journal of Sociology and Social Welfare. March. Vol. 26 No. 1：107 – 123.

济状况比城市老年人差的多：有18.5%的城市老年人月收入少于400美元，而在农村这一比例为38.2%；月收入少于800美元的老年人比例在城市和乡村分别为41.9%和69.4%。1997年几乎20%的被调查者没有任何的经济支持。① 大多数的经济支持来源于家庭成员，占到了77.6%。正式的经济支持仅为2.6%，而来自朋友和亲属的经济支持只有0.8%。另一方面，主要的情感支持却来自于朋友和邻居（57.7%），其次是家庭成员（36.5%）。在身体照料方面，58.0%的被调查者没有得到任何的支持，39.2%来自家庭成员，2.7%来自朋友和邻居，而从正式途径得到的生活照料几乎为零（0.2%）。

研究证明，从子女处得到的支持越来越少。由于家庭支持变弱以及缺乏获得社会保障项目的途径，很多老年人被迫要继续工作到更高的年龄，这解释了为什么有很多老年人还在工作。与西方社会提前退休的趋势相反，韩国老年人的经济参与率非常高。根据Rhee等人②的调查，老年人继续工作的最重要的原因是"需要钱"（72.2%），其次是"只是想工作"（8.2%），"保持健康"（7.0%），"消磨时间"（4.8%）和"感觉还有工作能力"（4.0%）。在处于就业状态的老年人中，79.9%的人希望继续工作主要是因为他们需要钱。

直到最近韩国政府才开始关注老年人的就业问题。国际劳工组织（ILO）、经济合作和发展组织（OECD）以及欧盟（EU）等国际组织促进了对老年劳动力的关注。③ 这些组织试图引发诸如公共养老金和保健制度等主要公共政策的重新构建，以回应人口老龄化和全球不断增加的养老经济负担。老年人的劳动政策需要通过增加就业能力和减少工作中的年龄歧视来改进。④

考虑到65岁及以上老年人的高经济参与率是韩国人口老龄化的结果，老年劳动力所占的份额要超乎想象。韩国政府正在努力制定政策以鼓励老年人就业，宣称有技能的老年人应该继续工作，很多政策已经实施以增加老年人的就

---

① 参见 Kim, Ik Ki. 1997. The Aging Society and the Quality of Life of the Elderly in Korea."Korea National Statistical Office.

② 参见 Rhee, Ka Oak et al. 1994. Analysis of Life Conditions of the Elderly and Policy Questions. (in Korean). Seoul: Korean Institute of Health and Social Affairs.

③ 参见 Cho, Nam – Hoon, Yong – Chan Byun, and Keong – Suk Park, 2003. "Age – structure and ageing". in D. S. Kim and C. S. Kim (eds.). The Population of Korea. Korean National Statistical Office.

④ 参见 KLI. 2002. Labor Market Policies in an Aging Era. (in Korean) Seoul: Korea Labor Institute.

业机会。例如，1991年颁布的《老年人就业保护和激励法》为雇用55岁及以上劳动者的公司提供了各种工资辅助补贴。① 如今，老年就业银行、老年工作组、老年人力银行、为老年人推荐合适的工作和建立老年就业中介等为老年人提供就业的政策已经实施。

尽管政府努力促进老年人的就业机会，劳动力市场对于老年人却很不利。55岁以下人口和55岁及以上人口的职业差异仍然存在，并且以将较年长劳动力边缘化的形式在加重。② 大多数公司是强制退休，退休年龄规定为55－58岁；经济形势不景气时，甚至鼓励40岁提前退休。中老年人在退休之后很难再得到和以前一样收入水平的工作。提供给老年人的工作大多数是边缘性的工作，例如体力劳动或低工资的零工，因为很多小公司很难找到适合这些工作的其他劳动力。③

教育是影响老年人社会经济地位的另一个重要因素。在韩国，老年人口的教育水平在性别和年龄间有很大的差异。④ 据调查⑤，男性老年人中报告"未上过学"的比例仅有23.6%，而女性的这一比例高达55.7%。同样，教育程度为中学及以上的男性和女性老年人分别为25.0%和4.8%。此外，随着年龄的增加，男性和女性的受教育程度都持续下降。60－64岁老年人教育程度为中学及以上的占33.0%，而65－69岁老年人的这一比例为21.2%，70－74岁的为13.3%，75－79岁为8.8%，80岁及以上老年人的这一比例下降到了5.8%。

二、韩国老年人的健康状况

与人口老龄化相关的年龄结构的迅速变化对经济、政治和社会状况产生了深刻而广泛的影响。随着更多的人活得更长，退休金、养老金和其它的社会福利需要扩展到更长的时间。这就要求社会保障体系从根本上加以改变以保持其有效性。不断增加的寿命还带来了医疗支出的增加和对健康服务需求的增加，

① 参见 Jang, Ji－Yeon. 2001. Characteristics of Labor Market and Policy for Senior Workers (in Korean). Seoul：Korea Labor Institute.

② 参见 Park, Keong－Suk. 2003. Aging Society：Future Already Proceeded. Seoul：Eui Am.

③ 参见 Park, Keong－Suk. 2003. Aging Society：Future Already Proceeded. Seoul：Eui Am.

④ 参见 Kim, Ik Ki. 1997. "The Aging Society and the Quality of Life of the Elderly in Korea." Korea National Statistical Office.

⑤ 参见 Kim, Ik Ki. 1999. "Population aging in Korea：Social problems and solutions". Journal of Sociology and Social Welfare. March. Vol. 26 No. 1：107－123.

因为老年人更容易患慢性疾病。

很多韩国老年人有疾病和健康问题。根据 1998 年的一项韩国老年人调查①，差不多87%的 65 岁及以上老年人患有至少一种长期慢性病。很多患病的老年人可能很难正常活动。表 10-10 显示的是韩国老年被调查者的日常活动能力（ADL），通过行走、吃饭、移动碗、洗澡、穿衣和自己洗脸来检验。可以自己行走的虚弱的老年人的比例只有29.8%，43.5%的韩国老年人不能自己行走。能够自己进食的虚弱的老年人的比例是52.8%；能够自己移动碗的老年人为43.5%；能自己洗澡的老年人的比例远远低于其它活动，为14.6%，而不能自己洗澡的老年人的比例高达57.9%；能自己穿衣的老年人在韩国占31.7%；能自己洗脸的老年人只有38.4%。

表 10-10　1998 年韩国老年人的日常活动能力　　单位:%

日常行为	能力	比例	日常行为	能力	比例
自己走路	能	29.8	自己洗澡	能	14.6
	需要帮助	26.8		需要帮助	27.5
	不能	43.5		不能	57.9
自己吃饭	能	52.8	自己穿衣	能	31.7
	需要帮助	29.9		需要帮助	32.4
	不能	17.3		不能	35.9
自己移碗	能	43.5	自己洗脸	能	38.4
	需要帮助	25.4		需要帮助	28.9
	不能	31.2		不能	32.7

资料来源：Kim, I. K. and Maeda, D. 2001.

表 10-11 显示的是韩国身体虚弱的老年人的工具性日常活动能力（IADL），通过购物、做饭、洗衣、看病和自己管理财务来检验。能够购物、做饭和洗衣的老年人占6% - 8%；能自己去看病的老年人为35.2%；能自己管理财务的老年人比例为10.2%。

---

① 参见 Chung, Kyunghee et al. 1998. National Survey of Living Conditions and Welfare Needs of Older Persons. Seoul：Korean Institute of Health and Social Affairs.

表 10-11　1998 年韩国老年被调查者的工具性日常活动能力　　单位：%

能力	比例	能力	比例	能力	比例	能力	比例	能力	比例
自己购物		自己看病		自己做饭		自己洗衣		自己理财	
能	6.4	能	35.2	能	7.1	能	7.6	能	10.2
需帮助	7.1	需帮助	26.6	需帮助	10.3	需帮助	12.0	需帮助	9.5
不能	86.5	不能	38.2	不能	82.6	不能	80.4	不能	80.2

资料来源：Kim, I. K. and Maeda, D. 2001.

表 10-12 是韩国虚弱的老年人的日常生活情况。要整天躺在床上和需要别人帮助才能进行一些活动的老年人占 28.5%；在家中需要别人帮助并且大部分时间躺在床上的老年人占 36.1%。结合这两种情况，我们可以看出超过半数的韩国身体虚弱的老年人（64.6%）要在家卧床度过他们大部分甚至全部的时间。

表 10-12　1998 年韩国虚弱老年人的日常生活　　单位：%

日常生活情况	比　　例
全天躺着并且需要别人的帮助以进行一些活动	28.5
在家中生活需要帮助，大部分时间躺着但可以自己坐起来	36.1
在家可以进行日常活动但外出需要帮助	24.1
身体有病或残疾，但可以自己正常活动和外出	11.3
没有疾病或残疾可以正常活动	0
合　　计	100.0（568）

资料来源：Kim, I. K. and Maeda, D. 2001.

由于 20 世纪 60 年代开始的快速工业化和城市化过程，韩国的社会人口情况发生了剧烈的变化。在人口转变过程中起到了积极作用的工业化和城市化带来了人口老龄化。生活水平的提高和医疗在预防和控制传统致命传染病方面的进步，使得越来越多的人可以活到容易得心脏病、中风、癌症、关节炎、精神错乱和其它慢性病的年龄，而这些病都会导致活动受限或是完全的不能自理。[1]

---

① 参见 Rice, Dorothy P. 1985. "Health care needs of the elderly." in C. Harrington et al. （ed.）, Long term care of the elderly：Public policy issues. Sage Publications.

有研究指出①，长期照料需求会随收入、婚姻状况和年龄等经济社会因素不同而有明显不同。穷人报告有功能损伤的比例是富人的两倍；丧偶人群被送进养老机构的比例是在婚人群的五倍；未婚、离婚或分居的老年人送进养老机构的比例是在婚人群的十倍。② 由于随着年龄的增加，人们对于帮助的需求大幅增加，高龄老年人比年轻老年人需要更多的帮助，他们更频繁地去看病和住院，住院的时间也更长。③

对日本和韩国社会人口的变化以及老年人诸如 ADL、IADL 等长期照料需要的比较发现了更多的问题。④ 如尽管日本老年人的平均年龄高于韩国老年人，但是日常行为活动能力较好的老年人比例却远远高于韩国。韩国比日本有更高比例的老年人部分时间甚至是整天躺在床上。这些发现表明社会人口因素同样是影响老年人长期照料需求的重要因素。

日本老年人比韩国老年人日常行为能力更强可以由以下原因解释。日本老年人更早经历了人口老龄化过程，长期习惯了变老的事实，因此比韩国老年人更知道如何管理自己，更能独立地活动。此外，日本政府比韩国政府更早和更好地制定了政策，通过提供更好的营养和更广泛的预防性医疗措施来保护脆弱的老年人。较高的教育水平也是促使日本老年人有更好的日常活动能力的影响因素。正如研究所指出的⑤，较好的婚姻状况也使日本老年人有更好的 ADL 和 IADL 能力，反过来，它们又能使日本老年人比韩国老年人更少地躺在床上。另一方面，韩国刚刚经历了人口老龄化的过程，人口老龄化带来了对长期照料的需求。韩国老年人习惯了家庭支持和孝顺的传统⑥，因此，韩国老年人

① 参见 Estes, C. L. and P. R. Lee. 1985. "Social, political, and economic background of long term care policy." in Harrington et al. (ed.), Long term care of the elderly: Public policy Issues. Sage Publications. 73 Eustis, N. J, Grrenberg and S. Pattern. 1984. Long－term Care for Older Persons: A Policy Perspective. Monterey: Brooks/Cole Publishing Co.

② 参见 Butler, L. H. and P. W. Newacheck. 1981. "Health and social factors affecting long－term care policy." in J. Meltzer et al. (eds.), Policy Options in Long－Term Care. Chicago: University of Chicago Press.

③ 参见 Rice, Dorothy P. 1985. "Health care needs of the elderly." in C. Harrington et al. (ed.), Long term care of the elderly: Public policy issues. Sage Publications.

④ 参见 Kim, I. K. and Maeda, D. 2001. "A comparative study on sociodemographic changes and long－term care needs of the elderly in Japan and Korea." Journal of Cross－Cultural Gerontology 16: 237－255

⑤ 参见 Butler, L. H. and P. W. Newacheck. 1981. "Health and social factors affecting long－term care policy." in J. Meltzer et al. (eds.), Policy Options in Long－Term Care. Chicago: University of Chicago Press.

⑥ 参见 Kim, Ik Ki. and E. Choe. 1992. "Support Exchange Patterns of the Elderly in Korea." Asia－Pacific Population Journal 7 (3): 89－104.

更可能依赖家庭，尤其是当他们有身体损伤时。教育程度比较低的老年人更依赖于这样的照料。为了使家庭成员可以照料他们，一些可以活动的韩国的老年人还故意躺在床上。

长期照料已经成为一个突出的社会问题，因为需要长期照料的人口快速增加，为受损老年人提供健康照料的支出飞涨，增加的医疗支出也使得个人越来越没有能力支付长期照料的费用。① 在美国，1972 到 1982 年间，医院照料支出增长了 288%，护理照料支出增长了 320%。② 为了解决长期照料的费用问题，必须解决医疗支出快速增长的问题。

韩国有着家庭养老的儒家传统。因此，大部分长期照料是由家庭提供的，机构养老是最后的选择。然而，对大多数老年人来说，要在家获得照料越来越困难了。这可能是由以下原因造成的：残疾老年人数量的增加、家庭养老观念的变化、家庭规模的缩小，以及作为老年人照料的主要提供者——女性参与工作和社会活动的增加。③

第四节　韩国人口老龄化的社会经济影响

快速人口转变带来的迅速的生育率下降和人口老龄化过程已经完全影响了韩国社会。然而这些变化的影响，在将来会更大、更严重。低生育率和人口老龄化影响了 15 - 64 岁劳动年龄人口的规模和比例。韩国的劳动年龄人口规模直到目前都是持续增加的并且会一直增加到 2020 年，之后才会下降。UNPD④预测韩国的劳动年龄人口在 1995 - 2050 年间会下降 640 万。低生育率同样会带来新进入劳动年龄的人口减少。因此，劳动年龄人口将会相应地老龄化。

韩国人口老龄化的速度相比之下要高于发达国家。低生育率和人口老龄化影响了老年人的居住方式。多代共住的模式不仅越来越少，其含义也在发生变

① 参见 Kim, I. K. and Maeda, D. 2001. "A comparative study on sociodemographic changes and long - term care needs of the elderly in Japan and Korea." Journal of Cross - Cultural Gerontology 16：237 - 255.

② 参见 Estes, C. L. and P. R. Lee. 1985. "Social, political, and economic background of long term care policy." in Harrington et al. (ed.), Long term care of the elderly：Public policy Issues. Sage Publications. 73 Eustis, N. J, Grrenberg and S. Pattern. 1984. Long - term Care for Older Persons：A Policy Perspective. Monterey：Brooks/Cole Publishing Co.

③ 参见 Kim, I. K. et al. 1996. "Population aging in Korea：Changes since the 1960s." Journal of Cross - Cultural Gerontology. 7：369 - 388.

④ 参见 United Nations Population Division. 2000. "Replacement Migration：Is It a Solution to Declining and Ageing Populations".

化，两代人住在一起开始作为经济和生活照料需求的结果出现。在近几年，独居和只与配偶生活的韩国老年人比例大幅上升，而与家人共同生活的老年人比例不断下降。[①] 这也说明家庭提供强有力支持的传统正在变弱。

分析过去 30 年韩国老年人特征的变化可以看到以下现象[②]：老年人口绝对数量和相对数量增加；从抚养比反映出老年人比例增加；性别比失衡的情况更严重；以及在婚的老年人比例上的性别差异。此外，老年人口的教育水平随着时间持续增加。然而，老年女性教育水平的增加程度将高于男性。1980 年韩国老年女性的识字率为 20%，到 2020 年这一指标将超过 95%。[③] 60 岁及以上至少达到中等教育水平的老年男性的比例在 2020 年之前也会稳定增加。这些变化显著影响了老年人在家庭和社会中的角色，还将会影响老年支持的模式。

大多数的老年人受到经济问题的困扰。1984 年韩国老年人口调查表明，大约有一半的 60 岁及以上老年人口经济困难。根据 1988 年韩国的 Gallup 调查[④]，认为自己经济困难的老年人增加到了被调查者的 2/3。

独居或只与配偶生活的老年人面临严重的经济问题。因此，尽管得到支持的韩国老年人比例仍然相对较高，但是独居或只与配偶生活的老年人比例的增加，反映了家庭支持的传统由于迅速的社会经济转型已经从根本上被削弱了。

人口老龄化要求社会适应老年人口长期照料的问题。和美国一样，韩国 75 岁及以上的老年人比 65 岁及以上老年人口的增加更快。[⑤] 与"年轻老年人"相比，高龄老年人的增长对于长期照料造成了更大的挑战，因为功能损伤和慢性疾病在高龄老年人中更为普遍。功能损伤及其对帮助的需求对老年人

---

① 参见 Kim, I. K. and E. H. Choe. 1992. "Support exchange patterns of the elderly in Korea." Asia - Pacific Population Journal 7（3）：89 - 104. Kim, I. K. et al. 1999. The Korean Elderly：Problems and Prospects. (in Korean). Institute of Future Labor Development. Chung, K. H. 2002, Paper presented at an international conference on Aging in East Asia：Issues and Policies. Population Association of Korea.

② 参见 Kim, Ik Ki. 1999. "Population aging in Korea：Social problems and solutions". Journal of Sociology and Social Welfare. March. Vol. 26 No. 1：107 - 123.

③ 参见 Hermalin, A. I. and B. A. Christenson. 1991. "Comparative analysis of the changing educational composition of the elderly population in five Asian countries：A preliminary report." PSC Research Report No. 91 - 11. Ann Arbor：Population Studies Center.

④ 参见 Korea Gallup. 1990. Life Style and Value of the Aged in Korea, Korea Gallup.

⑤ 参见 Kim, I. K. 1999. "Population aging in Korea：Social problems and solutions." Journal of Sociology and Social Welfare. March. Vol. 26 No1.：107 - 123.

和他们的家庭带来了巨大的影响。①

一些预测结果表明，韩国老年人口会继续增加，2020 年时老年扶养比将会超过少年儿童抚养比。② 因此，由于子女不愿意或无法提供经济支持将使面临经济困难的老年人不断增加。这个问题反映为老年人社会福利需求的增加和政府支持老年人的责任的增加。

然而，韩国政府在为老年人提供福利方面发挥的作用还是极为有限的，从国家预算就可以看出这一点。1995 年社会保障的预算只占国内生产总值的 5.0%，2000 年这一比例上升到了 9.1%，但与日本的 16.6% 相比仍然很低，更是远远低于瑞典 29.2% 的比例。③ 2000 年养老金只占社会保障的 1.2%，与日本的 7.9% 和瑞典的 9.2% 相比较仍然很低。从韩国老年人口的医疗保健来看，2005 年 65 岁及以上的老年人口中 73.7 万人拿到国家发给的退休金，发给率为 16.8%。健康医疗保险中老年人医疗费用问题是一个很大的问题。2005 年健康保险中，老年人医疗费用为 6 兆 556 亿韩元，是全部医疗费用的 24.4%。2005 年 65 岁以上老年人医疗费用比 2004 年增加了 17.9 个百分点，比整个医疗费用增长率（10.9%）还要高。④

更糟糕的是，如果老年人口数量无限制的增长，政府的作用将更为有限，因为政府不可能承担起全部的养老责任。这种情况之下，家庭就要继续承担起照顾老年人的责任。缺少了孝敬，对老年人的家庭支持将变得困难。大多数韩国老年人认为从子女那里得到经济帮助是理所应当的，然而事与愿违的是，由于社会经济转型，在很多情况下，子女不再能够提供期望的经济帮助。

Mason⑤ 认为，孩子照顾父母这一习俗在多数亚洲国家具有根深蒂固的传统文化基础，并且还会继续保持下去，但是尽管如此，父母与孩子共同生活的

---

① 参见 Kim, I. K. and Maeda, D. 2001. "A comparative study on sociodemographic changes and long – term care health care needs of the elderly in Japan and South Korea." Journal of Cross – Cultural Gerontology 16：237 –255.

② 参见 Kim, Ik Ki. 1999. "Population aging in Korea：Social problems and solutions". Journal of Sociology and Social Welfare. March. Vol. 26 No. 1：107 – 123.

③ 参见 Hong, S. P and others. 2004. Social Security Reform and Its Implication for the Aging Society. Korean Institute for Health and Social Affairs.

④ 参见傅苏、王晓璐：《中国、日本、韩国人口与发展国际学术会议综述》，《人口学刊》，2007 年第 6 期。

⑤ 参见 Mason, O. K. 1992. "Family changing and support of the elderly in Asia：What do we know?" Asia – Pacific Population Journal 7：13 – 32.

传统模式在很多国家正在被削弱。未来的经济增长和城市化很可能减弱家庭照料老年人的能力。老年人应该由家庭还是由政府来照料，这的确是一个两难的问题。

此外，由于工业化和城市化，大量的年轻人从农村地区向外迁移，这造成了城乡居住安排模式的差异。现代化理论假设城市居民和与子女共同生活之间呈负相关关系①，然而在韩国，由于年轻人大量外迁，农村居民和与子女居住之间也呈负相关的关系。②

在韩国与人口老龄化相关的另一个严重的社会问题是城乡差距。老年人的居住安排模式在城市和在农村迥然不同。③ 超过半数的农村老年人独居或只与配偶生活，这一比例比城市的老年人高的多。老年人居住安排的年龄差异在农村要比城市更为明显，性别差异也是如此，尤其对于独居或只与配偶生活的老年人而言。婚姻状况是影响城乡老年人居住安排差异的另一个重要因素。尤其值得关注的是，在农村地区，教育程度较高的老年人中独居或只与配偶生活的老年人比例特别的高。同样，家庭所有权、就业状况和收入状况也是影响老年人居住安排的城乡差异的重要因素。

主要是由于农村较差的社会经济条件，韩国年轻人从农村向城市迁移的趋势一直持续到现在。除了快速的人口老龄化过程，这种年轻人不断向外迁移的趋势使得农村老年人的处境更加困难。因此，作为快速的人口老龄化过程的结果之一，无论在城市还是乡村，必须有对于老年人福利的专门度量标准，而且应该更关注农村的老年人。

现代化理论认为，工业化和城市化会使家庭结构从扩展家庭向核心家庭转变，老年人的居住安排将从和子女共同生活向独居或只与配偶生活转变。本研究的一些数据可以证明现代化理论在韩国适用，这就是说，韩国的老龄化过程正在遵循西方发达国家的模式。

然而，城市化理论是否足以解释包括韩国在内的亚洲国家的家庭变化仍然是一个问题。例如，日本已经完成人口转变并且其社会经济发展与西方发达国

---

① 参见 Martin, Linda. 1989. "Living Arrangements of the Elderly in Fiji, Korea, Malaysia and the Philippines." Demography 26: 627 – 43.

② 参见 Kim, Ik Ki. 1998. "Urban – Rural Differentials of the Living Arrangements of the Elderly in Korea." In D. I. (ed.), Rural Korea in Flux. Moonum – sa Publishing Co.

③ 参见 Kim, Ik Ki. 1998. "Urban – Rural Differentials of the Living Arrangements of the Elderly in Korea." In D. I. (ed.), Rural Korea in Flux. Moonum – sa Publishing Co.

家相似，但是它的家庭结构和老年人的居住安排与亚洲相邻的发展中国家相似。① 除了这些理论争论之外，有一些实证研究也证明即使在控制了社会经济因素之后，美国的老年人的居住安排还是存在着种族差异的。②

正如人们所知，包括日本、中国大陆、中国台湾地区和韩国在内的远东亚洲国家和地区分享孝文化已经有很多代人了。③ "孝"由两个观念构成：一个是基于家庭的观念，是指作为对父母给予他们爱和利益的回报，子女应该照料他们的父母；另一个是基于社会的观念，是指社会应回报老年人在年轻时所做的贡献。

在韩国，到目前为止，家庭承担了照料老年人的全部责任。然而随着城市化和工业化，社会应该在一定程度上分担这种责任。不仅是家庭，还有政府、社会组织和老年人终身工作的企业也应该分担照料老年人的责任。

韩国文化中有着根深蒂固的尊敬老年人的传统，这是还没有被社会经济变化和人口转变削弱的基于孝文化的价值观。尽管工业化和城市化对于这一价值观有着深刻影响，家庭仍然发挥着作为养老保障支柱的作用。④ 因此，可以预见，即使扩展家庭和与子女共同生活的老年人的比例随着时间在下降，这一比例仍然要比西方发达国家高。例如，韩国与子女共同生活的老年人的比例在任何时候都要比 1975 年美国 14% 的比例高很多。⑤

———

① 参见 Kojima, Hiroshi. 1992. "Determinants of Postnuptial Residence in Japan: Does the Sibling Configuration Matter?" Doctoral Dissertation. Brown University.

② 参见 Kim, Il–Young (Yoo). 1993. "A Comparative Study of Living Arrangements among Elderly Asian Immigrants in the United States." Doctoral Dissertation. Brown University.

③ 参见 Sung, Kyu–Tak. 1990. "A New Look at Filial Piety: Ideal and Practices of Family–Centered Parent Care in Korea." Gerontologist 30: 610–17.

④ 参见 Kim, Ik Ki and E. Choe. 1992. "Support Exchange Patterns of the Elderly in Korea." Asia–Pacific Population Journal 7 (3): 89–104; Martin, Linda. 1988. "The Aging of Asia." Journal of Gerontology: Social Sciences 43 (4): 99–113; Sung, Kyu–Tak. 1990. "A New Look at Filial Piety: Ideal and Practices of Family–Centered Parent Care in Korea." Gerontologist 30: 610–17; Tu, Edward J. et al. 1989. "Mortality, Decline and Chinese Family Structure: Implications for Old Age Support." Journal of Gerontology: Social Sciences 44 (4): 157–68.

⑤ 参见 Knodel, John and N. Debavalya. 1992. "Social and Economic Support Systems for the Elderly in Asia: An Introduction." Asia–Pacific Population Journal 7 (3): 5–12.

第十一章

中韩人口政策：人口问题的双刃剑

生育政策有效促进了人口转变，但同时也不可避免地加剧了人口性别、年龄结构问题。从这个意义上说，对于生育政策的作用应该辩证考虑。然而，通过其他相关人口政策尤其是对社会经济等政策的完善可以有效地缓解人口问题，这方面韩国提供了一个较好的借鉴。同时，文化观念等深层次的内在因素对人口结构的影响也不容忽视。

第一节　生育政策加速了人口老龄化进程

日益严峻的人口老龄化发展趋势是世界各国正在面临的难题。从人类社会发展的趋势看，人口老龄化是历史的必然，也是人口转变的结果，一方面反映了社会经济的发展和医疗卫生事业的进步，但同时其日益迅速的发展又不断向社会稳定和社会保障提出挑战。

20 世纪末中韩两国由于社会经济的发展以及成功实施的计划生育政策的影响，在带来生育率急剧下降的同时，也不可避免地加速了"底部老龄化"，对人口老龄化进程起到了"雪上加霜"的作用，并且老龄化的趋势将始终伴随在未来两国人口发展的道路上（见表 11-1），如何应对老龄化带来的一系列挑战，也成为两国今后所要努力解决的重要的社会经济问题。

人口政策与老龄化问题始终是紧密相关的，在如何解决人口老龄化的问题上，两国政府却有不同的观点。从中国的情况看，虽然学术界普遍认为低生育率是导致人口老龄化的决定性因素①，计划生育政策的实施被认为是造成中国

---

① 参见邬沧萍、王琳、苗瑞凤：《中国特色的人口老龄化过程、前景和对策》，《人口研究》，2004 年第 1 期。

人口老龄化的主要原因之一①，但中国政府始终强调要坚持以稳定低生育水平的生育政策为根本。因此，更多地是针对老龄化所产生的社会经济保障等问题，制定或调整相关法规措施，这些政策涉及教育、就业、养老等经济领域，从广义上来讲，也被纳入宏观的人口政策体系。

表 11-1　中韩人口老龄化发展趋势比较

年份	总人口中60+人口比例（%）		老年人抚养比		老龄化指数	
	中国	韩国	中国	韩国	中国	韩国
1950	7.5	5.5	7.2	5.5	22.3	13.6
1975	6.9	5.8	7.8	6.2	17.6	15.3
2000	10.1	10.0	10.0	8.7	40.7	37.9
2025	19.5	15.5	19.4	15.0	106.5	70.9
2050	29.9	22.4	37.2	26.1	183.3	114.0

资料来源：United Nations. 2002. World Population Ageing 1950 – 2050.

而从韩国应对人口老龄化的做法来看，一方面，从根本上采取直接调整生育政策的措施，以改变人口年龄结构。1996年韩国开始实行新的人口政策，主要目的就是为了鼓励生育，缓解严峻的老龄化趋势，以及劳动力资源匮乏对经济发展所带来的巨大压力；另一方面，针对老年人的养老保障问题，制定相关的法律措施，1981年就开始实施老年福利法，此后不断完善修订，改善老年人的福利，支援扶养老年人的家庭。

比较中韩两国针对人口老龄化所采取的一系列措施，同样不能忽视两国的基本国情。人口总规模较小的韩国"双管齐下"，从解决加剧人口老龄化的政策源头和其所带来的后果入手，从根本上调整生育政策，并且制定措施努力改善老年人生活，消除不利影响。韩国政府1996年开始实施新的人口政策，取消对人口的数量控制，提高老年人口健康与福利，2004年政府设立了老龄化与未来社会的总统委员会，以致力于提出应对低生育率及人口老龄化问题的政策。而人口大国中国则必须要同时考虑如果改变人口政策所带来的人口效应，因为提高生育率固然可以一定程度上减缓人口老龄化趋势，但是并不能从根本上解决老年人口问题：现在的庞大的老年人口基数是过去高生育率时期出生的

① 参见王维国、徐勇、李秋影：《我国人口年龄结构变动对经济发展影响的定量分析》，《市场与人口分析》，2004年第6期。

人口存活下来的结果，不会随着未来人口政策的变动而减少，相反，生育率提高后新生婴儿的大量增加更会提高总人口抚养比。因此，中国政府主要是针对人口老龄化所带来的一系列社会效应，在稳定核心生育政策的基础上，不断充实完善广义人口政策，努力改善人口结构问题。

需要关注的是，韩国调整生育政策后，并没有有效提高生育率水平，从根本上改变人口结构状况，起作用的是其他的社会经济政策。可见，解决人口老龄化问题的根本途径还是应从广义的人口发展政策入手，将经济发展与人口、社会发展紧密结合，统筹解决人口转变中所产生的各种人口结构问题。

第二节　韩国人口政策更有助于缓解人口性别结构问题

中韩两国享有共同的儒家文化传统，其中"重男轻女"的观念被根深蒂固地传承下来，并造成了近年来较为突出的人口性别结构问题。但到目前为止，两国所采取的人口政策对于遏制出生人口性别比的攀升势头，改善人口性别结构失衡问题所起的效果却不尽相同。

中国的生育政策较之韩国对出生性别比的激化作用更强烈。一方面，中国早期的计划生育政策对于生育数量的严格限制以及强有力的执行措施在一定程度上刺激了人们对男孩的优先选择，另一方面，1984年之后在中国大部分农村地区实行的"一孩半"生育政策虽然是政府考虑到广大农村地区经济发展以及家庭养老保障对于男性需求的客观现实情况，但不可否认，这一政策也带有明显的社会性别不平等色彩，在某种程度上默许了人们对生育性别的偏好，甚至可以说是在达到国家控制人口数量的要求和满足人们性别偏好的需求之间寻求平衡而采取的一种"妥协政策"。

韩国同样也曾经面临着高出生性别比的问题，近代社会经济的迅速发展或许减弱了但并没有从根本上消除传统的以男性偏好为主的家庭思想文化观念。但和中国不同，韩国相对温和、宽松的生育政策对于出生性别比的刺激作用小得多，性别选择性流产是韩国"升高的性别比的唯一原因"[1]。根据1988年的韩国国家生育及家庭健康调查，当年被调查妇女中1.2%的孕妇进行了胎儿性别鉴定。在275例鉴定中，169例为男性胎儿，87例为女性胎儿，还有9例无

---

[1] 参见 Park, Chai Bin and Nam - Hoon Cho. 1995. "Consequences of son preference in a low - fertility society: Imbalance of the sex ratio at birth in Korea." Population and Development Review 21 (1): 59 - 84.

法鉴定性别。有超过90%的怀有男孩的孕妇最后都正常生产，而有超过30%的被鉴定出怀有女孩的妇女最终人工流产漏报。[①] 但韩国早在20世纪80年代就出台了一系列旨在维护女童权益、反对歧视女性、提高女性地位的法律，同时，政府引导，形成全社会关注女童、女性的氛围，针对男女地位不平等的现状，采取了一系列措施予以干预。1983年成立了韩国女性开发院，2001年政府正式设立性别平等部。[②] 另一方面，政府于1987年修改了医疗法，规定任何从事产前性别鉴定的行医者将被吊销行业执照。该法律在1994年进一步强化，规定对这种行为可以判处长达三年的监禁刑罚或交纳高达12500美元的罚金。这样，从正反两方面措施入手，韩国的出生性别比有了大幅度下降，尽管传统文化观念的彻底转变仍然是一个长期而艰巨的任务，但近年来韩国出生人口性别比稳中有降的趋势不能不说与其灵活多变、日益完善的人口政策有密切关系。

比较中韩两国在应对人口结构等问题所采取的措施可以看出，一方面，韩国政府较早重视人口结构问题的解决，虽然与日本、法国等发达国家相比，韩国起步较晚，但韩国对低生育率问题的应对是认真的，并得到了高层官员的坚定支持。韩国在人口政策方面的经验可以为其他面临低生育率人口问题的国家，特别是以前实行过人口控制的国家，提供借鉴。但同时，我们又看到，随着韩国女性社会、经济地位的不断提高，受教育程度和劳动参与率的迅速提升，这又深深影响到女性传统的家庭观念和婚育行为，导致了晚婚、晚育，甚至回避婚姻和生育的现象，进一步加重了韩国的低生育率程度。这说明人口结构问题在某种程度上对人口数量起着重要的影响，中国可以借鉴这方面经验，从根本上努力解决人口性别结构等问题，也有助于进一步稳定目前的低生育水平，但同时，从人口发展的长期趋势来看，又要警惕人口结构对人口数量可能带来的不利影响，避免出现韩国的类似情况。

第三节 经济文化因素是影响两国人口结构的内在驱动力

人口结构问题除了受到外部政策环境的诱导、催化作用以外，根本上还是

---

① 参见 Hong, Moon Sik. 1994. "Boy preference and imbalance in sex ratio in Korea". Paper presented at the UNFPA/KIHASA International Symposium on Issues Related to Sex Preference for Children in the Rapidly Changing Demographic Dynamics in Asia, 21–24 Nov. Seoul, Korea.

② 参见施春景:《对韩国出生人口性别比变化的原因分析及其思考》,《人口与计划生育》,2004年第5期。

受到社会经济、文化等内在因素的影响，政策等外环境是容易调整和改变的，而社会的文化、制度等则作为深层次的驱动力，潜移默化地影响着人们的思想观念和行为选择。

从中国的情况看，首先，文化、经济因素是影响出生人口性别比偏高的根本原因。传统观念一直宣扬的"不孝有三，无后为大"、"养儿防老，传宗接代"的思想以及在落后的农村地区传统的农业生产对男性劳动力的需求，都导致了人们重男轻女的思想。其次，在养老保障方面，孝始终与中华数千年的传统文明紧密相连。林语堂先生曾经说过，"中国是唯一能使老人获得清净、悠闲的国家。我相信这种对老年人的普遍尊敬比世界上盛行的老年养老金要好一千倍。"以孝文化为基础建立的子女、家庭对老年人供养的方式延续到了今天，虽然社会养老保险制度在中国已逐渐普及和完善，但孝文化仍对中国传统的养老方式产生着巨大影响。2004 全国人口变动调查结果表明，子女或其他亲属的供给仍是中国老年人第一位的经济来源，占到 45.0%，只是这一比例较 10 年前下降了 12%。

再来看韩国，与中国相似，韩国是一个以男性为社会主体的国家，多年来一直实行严格的父系联合家庭，这种森严的父权等级制度与中国相比有过之而无不及。虽然近年来通过政府向全社会不断倡导社会性别平等的观念，出生性别比也开始逐渐下降，但要彻底改变以男性为中心的社会和文化行为模式，克服男尊女卑的传统观念依然需要一个漫长的过程；其次，在养老方面，以家庭照顾老人的中国儒家传统文化也是韩国文化传统的核心。虽然作为经济发达的资本主义国家，韩国依旧保持了儒家孝敬父母的传统，"孝顺父母"被认为是成年子女最重要的准则。大部分长期照料是由家庭提供的，社会福利机构则是最后的选择。[①] 但随着经济、社会的不断发展，人们思想观念的转变和家庭结构的变迁，传统的以家长制和男尊女卑为特征的联合家庭开始向平等的核心家庭演变，同时，家庭照顾老年人的传统也面临着冲击和挑战。2005 年，韩国的一代户和单人户家庭已占到总家庭结构的 51.1%。

比较两国经济、文化因素对人口结构的影响，可以发现存在很多共同之处：性别结构方面，两国传统儒家文化所形成的以父系血缘为中心的继嗣制度强化了生男孩的生育文化。但不像中国偏好男孩的原因还出于养儿防老等经济

---

① 参见 Kim, Ik Ki., J. Liang, K. Rhee and J. Kim. 1996. "Population aging in Korea: Changes since the 1960s." Journal of Cross – Cultural Gerontology 7: 369 – 388.

因素的考虑，韩国的经济发展水平较高，父母对子女的经济依赖不是很强，因此，偏好男孩的原因更多受到文化观念的影响；在养老保障方面，虽然社会经济的发展不断冲击着传统的家庭结构，但民族文化和价值观念的变迁却相对滞后于经济发展，尊敬和照顾老人历来是两国社会普遍遵循的行为规范和道德准则。目前随着人口老龄化的不断迅速发展，为两国经济、社会发展带来了一系列挑战，如何有效地应对老龄化，成为两国政府共同面对的难题。可以看到，传统的居家养老模式在两国依然有着根深蒂固的文化基础，在不断探索和完善社会养老保障的前提下，同时将家庭养老和社会养老有机融合，为老年人提供全方位的精神慰藉和物质保障，应该是两国发展老龄事业的共同方向和目标。

结语：

比较与借鉴

  中韩两国作为亚洲邻邦，自古以来就在政治、经济、文化等领域有着密切的交流和相互影响，在社会历史发展方面，两国也走过了相似的道路。20 世纪上半叶，韩国曾沦为日本的殖民地，中国也遭到了日本的悍然入侵，经过两国人民不屈不挠的抗日斗争，最终赢得了胜利。此后两国又各自经历了内战的影响，中国成为一个统一的国家并走上了社会主义发展道路，而朝鲜半岛则分裂为两个国家，实行不同的社会制度，韩国最终选择了资本主义发展道路。

  从文化等意识形态领域看，儒家思想早已成为两国传统文化的共同底蕴。孔子作为中国历史上最有影响的思想家，也是一个公认的对世界文化思想有影响的人物。尤其是亚洲国家更是深深受到孔子文化几千年来的熏陶，儒学在韩国是最具优势的传统文化之一，至今仍作为重要的秩序原理而生存，尤其在社会生活的许多方面也渗透着儒学的影响。虽然作为资本主义国家，但传统的重视家庭和孝敬父母、老人等礼节和道德观念依旧作为人们重要的价值观念而代代相传，孝是韩国人最重视的民族道德精神之一，也是个人道德的根源。

  同样，在相似的社会、文化等大背景下，中韩两国的人口发展也走过了各具特色的道路。自 20 世纪六七十年代两国分别制定了人口发展政策，此后，在迅速完成人口转变的同时，两国又都面临着新的人口结构问题的挑战。韩国政府对于人口形势和人口问题迅速做出反应，于 20 世纪 90 年代中期调整了人口政策，可以说韩国人口政策的调整是必要的，对于人口结构问题的缓解也产生了一定作用，尤其对于出生人口性别比偏高问题起到了明显的抑制作用，对于增进老年人的保障福利、关注妇女儿童健康、提高人口素质等方面也都起到了积极作用。中国在面临同样的人口性别、年龄结构矛盾时，可以借鉴韩国政府的这些做法，政府高度重视人口问题，提高人口素质，改善人口结构，引导人口合理分布，重视投资于人的全面发展，正是这些政策紧密伴随着社会、经济的不断进步发展才能从根本上扭转着人们的婚育观念，使社会文明和人的现代化同步发展。

然而，对于韩国政府取消人口控制的做法，应当加以冷静、客观地分析。韩国自 20 世纪 80 年代生育率急剧下降以来，加速了人口老龄化进程，导致劳动力资源紧缺，影响到社会经济的发展，引起政府的高度关注，在这种情况下，1996 年政府出台了新的人口政策，取消了对人口数量的控制。但在此后的几年中，生育率依旧呈现持续下降的趋势，没有回升的迹象，因此，不少中国的专家学者希望能吸取韩国的经验教训，及时调整中国的计划生育政策，避免出现韩国目前的人口困境。但我们知道韩国作为一个只有 5000 万的"人口小国"，社会的现代化和经济发展水平较高，因此政策对改变人们婚育行为的诱导性较弱。同时，由于人口的集中度高，仅首尔、仁川和京畿道等三个主要大都市就集中了总人口的 48.2%，城市化发展水平较高，因此政策的执行也具有很大的灵活性，可以随时调整改变，充分发挥"船小好掉头"的优势。但中国的国情就与韩国很不同，作为一个 13 亿的人口大国，任何政策、法规细枝末节的修改都有可能造成牵一发而动全身的后果，从而造成不可预料的社会后果，更何况是在中国实行了 30 多年的基本国策之一。计划生育政策的调整，更关系到 8 亿多农民的切身利益，更是应该慎之又慎的事情，同时还要考虑到由于庞大人口规模所带来的人口惯性的滞后效应，人口政策对中国未来几十年甚至上百年人口发展形势产生的深远影响。另一方面，中国的地区差异性大，社会经济发展不平衡，大部分人口还生活在农村，广大群众的思想观念和文化程度对政策的理解和接受程度不同，这些重要特点都决定了中国应该探索有中国特色的人口发展道路，别国的成功经验或失败教训都要一分为二地辩证分析，取其精华，去其糟粕。

任何社会政策都不可能符合所有人的利益要求，但它必须在维护国家根本利益的前提下，反映大多数人的利益要求。中国人口政策实施的几十年，正是体现了这一特点。试想，如果一个国家的人口数量失控，必然阻碍经济的发展，更谈不到社会和个人的全面发展，而在今天依然有不少国家提供着这样的例子。虽然在追求人口数量理想的过程中加剧了人口结构的矛盾，但很多情况下为了追求某些价值，不可避免地要牺牲对其他价值的追求，实际占有的价值总是有限的，这就是所谓的"机会成本"。要获得一种价值，可能就要舍弃另外一种或多种价值，对个人来说，这是选择，对国家来说，应该是一种理性的博弈，政策的制定不是面面俱到，面面兼顾，而是统筹全局，综合利害关系，找出关键点，同时尽量减少利益矛盾与冲突，以保证实现社会稳定和发展的目的。从中国人口政策几十年所经历的风雨来看，并不是完美的，甚至还很不完善，但确实是适合中国国情和经济社会发展的。随着人口形势的变化以及经济社会的不断发展、进步，中国政府和学者也正在探讨稳步调整中国人口政策的可行路径，人口政策正在逐渐完善，政策制定更多地从以人为本的理念出发，体现出人性化的特点。

"他山之石，可以攻玉。"通过比较与借鉴，一方面能使我们清醒地认识人口形势、人口问题、人口政策的作用与局限；另一方面又会促使我们不断去完善人口政策，解决人口问题，为中国未来的经济社会发展奠定更有利的人口基础。

参考文献

中文文献

1. 陈剑：《现代化，人口转变与后人口转变》，《市场与人口分析》，2002 年第 6 期。

2. 陈庆云：《公共政策分析》，中国经济出版社，1996 年。

3. 杜鹏：《聚焦'386199'现象，关注农村留守家庭》，《人口研究》，2004 年第 4 期。

4. 杜鹏、武超：《中国老年人的主要经济来源分析》，《人口研究》，1998 年第 4 期。

5. 杜鹏、翟振武、陈卫：《中国人口老龄化百年发展趋势》，《人口研究》，2005 年第 6 期。

6. 傅苏、王晓璐：《中国、日本、韩国人口与发展国际学术会议综述》，《人口学刊》，2007 年第 6 期。

7. 顾宝昌：《论社会经济发展和计划生育在我国生育率下降的作用》，《中国人口科学》，1987 年第 2 期。

8. 顾宝昌、罗伊：《中国大陆、中国台湾省和韩国出生婴儿性别比失调的分析》，《中国人口科学》，1996 年第 5 期。

9. 顾宝昌、徐毅：《中国婴儿出生性别比综论》，《中国人口科学》，1994 年第 3 期。

10. 国家计划生育委员会办公厅政策研究室：《计划生育文件汇编》，中国人口出版社，1984 年。

11. 国家人口发展战略研究课题组：《国家人口发展战略研究报告》，北京：中国人口出版社，2007 年。

12. 国家人口计生委发展规划司、中国人口与发展研究中心：《人口和计划生育常用数据手册2007》，中国人口出版社，2008 年。

13. 国家统计局：《中华人民共和国2006 年国民经济和社会发展统计公报》，2007 年 2 月 28 日。

14. 国家统计局：《中华人民共和国2007 年国民经济和社会发展统计公报》，2008 年 2 月 28 日。

15. 国家统计局：《中华人民共和国2008 年国民经济和社会发展统计公报》，2009 年 2 月 26 日。

16. 国家统计局人口和就业统计司编：《2004 中国人口》，中国统计出版社，2005 年。

17. 郭震威、陈再华：《稳定生育政策，防止人口老龄化危机》，《人口研究》，2001 年第 6 期。

18. 侯文若：《全球人口趋势》，世界知识出版社，1988 年。

19. 胡焕庸：《中国人口之分布》，《地理学报》，1935 年。

20. 姜向群：《对计划生育和老龄问题关系的再认识》，《人口学刊》，2000 年第 1 期。

21. 姜向群、丁志宏：《对我国当前人口老龄化问题研究的概念和理论探析》，《人口学刊》，2004 年第 5 期。

22. 蒋正华：《社会经济因素对中国生育率的影响》，《人口研究》，1986 年第 3 期。

23. 李宏规：《中国计划生育领导管理机构的历史变化》，载于于学军等主编：《中国人口发展评论：回顾与展望》，人民出版社，2000 年。

24. 李建民：《中国的人口转变完成了吗》，《南方人口》，2000 年第 2 期。

25. 李竞能等：《经济发展对人口转变的作用》（1984），载《人口与发展》，中国人民大学出版社，1987 年。

26. 李建新：《风险社会与中国人口结构安全》，载于翟振武、李建新主编：《中国人口：太多还是太老》，社会科学文献出版社，2005 年。

27. 李建新：《论生育政策与中国人口老龄化》，《人口研究》，2000 年第 2 期。

28. 李树茁、费尔德曼：《中国婴幼儿死亡率的性别差异、水平、趋势与变化》，《中国人口科学》，1996 年第 1 期。

29. 梁中堂：《人口学》，山西人民出版社，1985 年。

30. 梁中堂：《现行生育政策研究》，载于《市场与人口分析》，2006 年第 5 期。

31. 刘铮：《人口学辞典》，人民出版社，1986 年。

32. 路遇：《新中国人口 50 年》，中国人口出版社，2004 年。

33. 吕荣侃：《中国人口转变的主要特征》，《中国人口报》（理论版），1994 年 7 月 18 日。

34. 潘嘉：韩国治理出生性别比失衡的经验与启示，中国人口网 2007 – 10 – 10。

35. 彭珮云：《中国计划生育全书》，中国人口出版社，1997 年。

36. 彭秀健：《中国人口老龄化的宏观经济后果——应用一般均衡分析》，《人口研究》，2006 年第 4 期。

37. 乔晓春、陈卫：《中国人口老龄化：世纪末的回顾与展望》，《人口研究》，1999 年第 6 期。

38. 全国老龄工作委员会办公室：《中国人口老龄化发展趋势预测研究报告》，2006 年 2 月 24 日。资料来源于：http://www.china.com.cn/zhuanti。

39. 瑟庐：《产儿制限与中国》，商务印书馆：《妇女杂志》1922 年 6 月 1 日，第八卷第六号（产儿制限号）。

40. 施春景：《对韩国出生人口性别比变化的原因分析及其思考》，《人口与计划生育》，2004 年第 5 期。

41. 石海龙：《中国计划生育"三为主"和"三结合"研究》，载于于学军等主编：《中国人口发展评论：回顾与展望》，人民出版社，2000 年。

42. 宋斌文：《农村劳动力转移对农村老龄化的影响及其对策建议》，《公共管理学报》，2004 年第 2 期。

43. 宋健：《流动人口不同归属情景下中国各地区人口老龄化形势》，《市场与人口分析》，2006 年第 1 期。

44. 汤兆云：《我国人口政策运行过程研究》，中国言实出版社，2007 年。

45. 田雪原：《人口老龄化与经济发展》，载于《21 世纪上半叶中国老龄问题与对策研究》，华龄出版社，2000 年。

46. 田雪原：《出生性别比升高原因何在》，《瞭望新闻周刊》，2004 年 7 月 26 日，第 30 期。

47. 王岸柳：《人口转变论的进一步思考》，《人口研究》，2002 年第 6 期。

48. 王广州：《中国出生人口性别比升高问题的再认识》，《今日中国论坛》2007 年第 1 期。

49. 王金营：《21 世纪我国人口老化与生育政策选择》，《西北人口》，2000 年第 1 期。

50. 王维国、徐勇、李秋影：《我国人口年龄结构变动对经济发展影响的定量分析》，《市场与人口分析》，2004 年第 6 期。

51. 邬沧萍：《改革开放中出现的最新人口问题》（转变中的中国人口与发展系列专著之六），高等教育出版社，1996 年。

52. 邬沧萍、王琳、苗瑞凤：《中国特色的人口老龄化过程、前景和对策》，《人口研究》，2004 年第 1 期。

53. 邬沧萍、孙鹃娟：《稳定低生育水平战略决策的回顾与前瞻》，载于《浙江大学学报（人文社会科学版)》，2006 年第 6 期。

54. 邬沧萍、杜鹏等著：《中国人口老龄化：变化与挑战》，中国人口出版社，2006 年。

55. 武元晋、徐勤：《中国人口老化对社会经济发展和家庭的影响》，载于《老龄问题国际讨论会文集》，北京：劳动人事出版社，1988 年。

56. 阎海琴：《生育政策的哲学思考》，载于《贵州社会科学》，1993 年第 2 期。

57. 尹勤、高祖新：《我国人口转变进程探讨》，《南京人口管理干部学院学报》，1998 年第 2 期。

58. 《1956－1967 年全国农业发展纲要（修正草案)》，《人民日报》，1956 年 10 月 5 日第 1 版。

59. 于学军：《中国进入"后人口转变"时期》，《中国人口科学》，2000 年第 2 期。

60. 原新、石海龙：《中国出生性别比偏高与计划生育政策》，《人口研究》2005 年第

3 期。

61. 杨魁孚、梁济民、张凡：《中国人口与计划生育大事要览》，中国人口出版社，2001 年。

62. 曾毅：《中国人口老龄化的'二高三大'特征及对策探讨》，《人口与经济》，2001 年第 5 期。

63. 曾毅、顾宝昌等：《我国近年来出生性别比升高原因及其后果分析》，《人口与经济》，1993 年第 1 期。

64. 翟振武：《当代中国人口发展战略的回顾与思考》，载于翟振武、李建新主编：《中国人口：太多还是太老》，社会科学文献出版社，2005 年。

65. 翟振武等：《跨世纪的中国人口与发展》，《人口研究》（增刊），1994 年。

66. 翟振武等：《稳定低生育水平：概念、理论与战略》，《人口研究》，2000 年第 3 期。

67. 张纯元：《中国人口生育政策的演变历程》，载于《市场与人口分析》，2000 年第 1 期。

68. 张纯元：《中国人口政策演变历程》，载于学军、谢振明主编：《中国人口发展评论：回顾与展望》，人民出版社，2000 年。

69. 张善余：《中国人口地理》，北京：科学出版社，2003 年。

70. 赵秋成、杨秀凌、崔晓峰：《我国农村人口老龄化及其养老社会保障模式的选择》，《东北财经大学学报》，2002 年第 4 期。

71. 郑晓瑛、陈立新：《中国人口老化特点与政策思考》，《中国全科医学》，2006 年第 23 期。

72. 《中共中央国务院关于全面加强人口和计划生育工作，统筹解决人口问题的决定》（中发〔2006〕22 号）。

73. 周绍斌：《试论我国农村人口老龄化与老年保障》，《湘潭师范学院学报》，1997 年第 5 期。

74. 周一星：《健康城镇化与城市土地增长》，中国土地学会 2005 年 5 月 28 日。

75. 朱国宏：《中国历史人口增长再认识：公元 2－1949》，《人口研究》，1998 年第 3 期。

76. 朱玲：《谁来为农民看病吃药提供社会保障》，《人大复印报刊资料》，《瞭望》2000 年第 16 期。

77. 朱向伟：《我国人口转变模式及其形成机制》，《南京人口管理干部学院学报》，2002 年第 1 期。

英文文献

1. Abella, Manolo I. And Young – bum. Park. 1995. "Labor shortages and foreign workers in small firms of the Republic of Korea." in Adjustments to Labour Shortages and Foreign Workers in

the Republic of Korea.

2. Ban, Sung Hwan. "The new community movement." In C. K. Kim (eds.). Industrial and Social Development Issues. Korea Development Institute. 1977.

3. Banister, J. 2004. Shortage of girls in China today. Journal of Population Research 21 (1): 19 – 45.

4. Butler, L. H. and P. W. Newacheck. 1981. "Health and social factors affecting long – term care policy." in J. Meltzer et al. (eds.), Policy Options in Long – Term Care. Chicago: University of Chicago Press.

5. Cho, Namhoon. 1993. Demographic transition: Changes in the determinants of fertility decline in the Republic of Korea. The Institute of Public Health. Tokyo. Japan.

6. Cho, Nam – Hoon and Il – Hyun Kim. 1994. "Impact of induced abortion on sex ratio at birth in Korea". Paper presented at the UNFPA/KIHASA International Symposium on Issues Related to Sex Preference for Children in the Rapidly Changing Demographic Dynamics in Asia, 21 – 24 Nov. Seoul. Korea.

7. Cho, Namhoon. 1996. Achievements and Challenges of the Population Policy Development in Korea. Korean Institute for Health and Social Affairs.

8. Cho, Nam – Hoon and Yong – Chan Byun. 1998. New challenges of population policy development in Korea. Paper presented at International Symposium on Population and Development Policies in Low Fertility Countries. Korean Institute of Health and Social Affairs.

9. Cho, Nam – Hoon, Yong – Chan Byun, and Keong – Suk Park, 2003. "Age – structure and ageing". in D. S. Kim and C. S. Kim (eds.). The Population of Korea. Korean National Statistical Office.

10. Choe, Ehn Hyun and J. S. Lee. 1991. "Social Policies for the Elderly: Current Status and Prospects." in Population Aging in Asia. Asian Population Series. No. 108. Bangkok: ESCAP.

11. Choi, J. H. and S. H. Chang. 2003. "Population distribution, internal migration and urbanization" in The Population of Korea. Population Association of Korea.

12. Choi, Jin Ho et al. 1993. Causes and Consequences of Imbalanced Regional Distribution of Population (in Korean). Statistics Bureau.

13. Chung, K. H. 2002, Paper presented at an international conference on Aging in East Asia: Issues and Policies. Population Association of Korea.

14. Chung, K. H. et al. 1998. National Survey of Living Conditions and Welfare Needs of Older Persons. Seoul: Korean Institute of Health and Social Affairs.

15. Coale, Ansley. 1973. "The Demographic Transition." International Population Conference. Vol. 1 Liege: IUSSP.

16. Coale, A. J. 1991. Excess female mortality and the balance of the sexes in the population:

An estimate of the number of 'missing females'. Population and Development Review 17 (3): 517 – 523.

17. Coale, A. J. and Judith Banister. 1994. Five Decades of Missing Females in China. Demography, Vol. 31, No. 3, pp. 459 – 479.

18. Cowgill, Donald. 1986. Aging Around the World. Belmont: Wadsworth.

19. Cowgill and L. D. Homes. 1978. "Ageing and Modernization." in Carver, V. et al. eds. An Ageing Population: The Open University Press.

20. Debarun Bhattacharjya, Anant Sudarshan, Shripad Tuljapurkar, Ross Shachter, Marcus Feldman. 2008. "How can economic schemes curtail the increasing sex ratio at birth in China?". Demographic Research: Volume 19, Article 54: 1831 – 1849.

21. Estes, C. L. and P. R. Lee. 1985. "Social, political, and economic background of long term care policy." in Harrington et al. (ed.), Long term care of the elderly: Public policy Issues. Sage Publications. 73.

22. Eustis, N. J, Grrenberg and S. Pattern. 1984. Long – term Care for Older Persons: A Policy Perspective. Monterey: Brooks/Cole Publishing Co.

23. Grigsby, Jill S. 1991. "Paths for Future Population Aging." The Gerontological Society of America 31 (2): 195 – 203.

24. Gu, Baochang and Krishna Roy, 1995. "Sex ratio at birth in China, with reference to other areas in East Asia: What we know." Asia – Pacific Population Journal, Vol. 10. No. 3.

25. Harbison, S. H. and W. C. Robinson. 2002. "Policy Implications of the Next World Demographic transition." Studies in Family Planning 33 (1): 37 – 48.

26. Harper, Charles L. 2003. "Sustainable development and social change – theory and practice." In Jeong and Mullins (eds.). Environment and Sustainable Development. Jeju University.

27. Hermalin, A. I. and B. A. Christenson. 1991. "Comparative analysis of the changing educational composition of the elderly population in five Asian countries: A preliminary report." PSC Research Report No. 91 – 11. Ann Arbor: Population Studies Center.

28. Hong, Moon Sik. 1994. "Boy preference and imbalance in sex ratio in Korea." Paper presented at the UNFPA/KIHASA International Symposium on Issues Related to Sex Preference for Children in the Rapidly Changing Demographic Dynamics in Asia, 21 – 24 Nov. Seoul. Korea.

29. Hong, S. P and others. 2004. Social Security Reform and Its Implication for the Aging Society. Korean Institute for Health and Social Affairs.

30. Jang, Ji – Yeon. 2001. Characteristics of Labor Market and Policy for Senior Workers (in Korean). Seoul: Korea Labor Institute.

31. Johansson, Sten. 1984. A Swedish perspective on sex ratios and other intriguing aspects of China's demography. in Li Chengrui (ed.), A Census of One Billion People [M]. Beijing:

State Statistical Bureau. pp. 410 – 434.

32. Johansson, S. and Nygren, O. 1991. The missing girls of China: A new demographic account. Population and Development Review 17 (1): 35 – 51.

33. John Bongarrts and Susan Greenhalgh. 1985. "An Alternative to the One – Child Policy in China". Population and Development Review. Vol. 11. No. 4. pp. 585 – 617.

34. Jun, Kwang – Hee. 2003. "Fertility". In D. S. Kim and C. S. Kim (eds.). The Population of Korea. Korean National Statistical Office: 115 – 152.

35. Kim, C. S. 2003. "Household and Family" in The Population of Korea. KNSO.

36. Kim, Doo – Sub. 1997. "Imbalance in sex ratio at birth and the regional differences". In T. H. Kwon (ed.). Toward an Interpretation of the Korean Fertility Transition. Seoul: Il Shin Sa.

37. Kim, Ik, Ki. 1987. Socioeconomic Development and Fertility in Korea. Population and Development Studies Center. Seoul National University.

38. Kim, Ik Ki. 1992. "A Comparative Study of Demographic Transition between Korea and Japan. " (in Korean) Dongguk Journal of Sociology. Vol. 1: 43 – 78.

39. Kim, I. K. and E. H. Choe. 1992. "Support exchange patterns of the elderly in Korea." Asia – Pacific Population Journal 7 (3).

40. Kim, Ik Ki. , J. Liang, K. Rhee and J. Kim. 1996. "Population aging in Korea: Changes since the 1960s. " Journal of Cross – Cultural Gerontology 7: 369 – 388.

41. Kim, I. K. et al. 1997. A Survey on Family Structure and the Quality of Life of the Korean Elderly.

42. Kim, Ik Ki. 1997. "The Aging Society and the Quality of Life of the Elderly in Korea. " Korea National Statistical Office.

43. Kim, I. K. 1998. "Urban – Rural Differentials of the Living Arrangements of the Elderly in Korea". D. I. (ed.), Rural Korea in Flux. Moonum – sa Publishing Co.

44. Kim, I. K. 1999. "Population aging in Korea: Social problems and solutions. " Journal of Sociology and Social Welfare. March. Vol. 26 No. 1: 107 – 123.

45. Kim, I. K. et al. 1999. The Korean Elderly: Problems and Prospects. (in Korean). Institute of Future Labor Development.

46. Kim, I. K. and Maeda, D. 2001. "A comparative study on sociodemographic changes and long – term care needs of the elderly in Japan and Korea. " Journal of Cross – Cultural Gerontology 16: 237 – 255.

47. Kim, I. K. 2003. "Population growth, environment, and sustainable development in South Korea. " In Jeong and Mullins (eds.). Environment and Sustainable Development. Jeju University.

48. Kim, Ik, Ki. 2004. "Concentration of urban population in Korea". Conference on Ur-

banization in Seoul (Korea) and Hochimin City (Vietnam) : Lessons and Challenges (Hochimin City, Vietnam) .

49. Kim, Ik Ki. 2004. Different patterns of the living arrangements of the elderly in urban and rural Korea. Paper presented at the World Congress of Sociology in Beijing.

50. Kim, Il – Young (Yoo) . 1993. " A Comparative Study of Living Arrangements among Elderly Asian Immigrants in the United States. " Doctoral Dissertation. Brown University.

51. Kwon, T. H. et al. 1975. The Population of Korea. Seoul : Seoul National University Press.

52. Kim, T. H. 1997, " Population prospects and social Impacts. " in Toward An Interpretation of the Korean Fertility Transition, Kwon T – H et al (eds.) , pp. 127 – 154. Seoul : Ilsinsa.

53. Kim, Tae Hun. 2003. "Mortality" in The Population of Korea. KNSO.

54. KLI (Korean Labor Institute) . 2002. Labor Market Policies in an Aging Era. (in Korean) Seoul : Korea Labor Institute.

55. Knodel, John and N. Debavalya. 1992. " Social and Economic Support Systems for the Elderly in Asia : An Introduction. " Asia – Pacific Population Journal 7 (3) : 5 – 12.

56. KNSO (Korea National Statistical Office) . 2001. Population Projections for Korea, 2000 – 2050.

57. KNSO : Economic and Social Changes after the Liberation Day in 1945, 2006.

58. KNSO, Korean Statistical yearbook. 2008.

59. Kojima, Hiroshi. 1992. "Determinants of Postnuptial Residence in Japan : Does the Sibling Configuration Matter?" Doctoral Dissertation. Brown University.

60. Korea Gallup. 1990. Life Style and Value of the Aged in Korea, Korea Gallup.

61. Kwon, Tai – Hwan. 1977. Demography of Korea : Population Change and Its Components 1925 – 66. Seoul : Population and Development Studies Center. Seoul : Seoul National University Press.

62. Lawrence W. Green. 1988. " Promoting the One – Child Policy in China". Journal of Public Health Policy, Vol. 9, No. 2, pp. 273 – 283.

63. Lee, Hae Young. 1980. " Demographic Transition in Korea". Bulletin of the Population and Development Studies Center 8.

64. Li, N. , Feldman, M. W. , and Li, S. 2000. Cultural transmission in a demographic study of sex ratio at birth in China's future. Theoretical Population Biology 58 (2) : 161 – 172.

65. Li, N. , Feldman, M. W. , and Tuljapurkar, S. 2000. Sex ratio at birth and son preference. Mathematical Population Studies 8 (1) : 91 – 107.

66. Luther, Hans U. 1979. "Saemaul Undong : The modernization of rural poverty in South Korea. " Internationales Asienforum.

67. Martin, Linda. 1988. "The Aging of Asia." Journal of Gerontology: Social Sciences 43 (4): 99 – 113.

68. Martin, Linda. 1989. "Living Arrangements of the Elderly in Fiji, Korea, Malaysia and the Philippines." Demography 26: 627 – 43.

69. Mason, O. K. 1992. "Family changing and support of the elderly in Asia: What do we know?" Asia – Pacific Population Journal 7: 13 – 32.

70. Moon, S. G. 1978. "Urban – rural disparity in socioeconomic and demographic changes in Korea, 1960 – 1970." Bulletin of the Population and Development Studies Center. Seoul National University.

71. Park, Chai Bin and Nam – Hoon Cho. 1995. "Consequences of son preference in a low – fertility society: Imbalance of the sex ratio at birth in Korea." Population and Development Review 21 (1): 59 – 84.

72. Park, Keong – Suk. 2003. Aging Society: Future Already Proceeded. Seoul: Eui Am.

73. Park, Kwang Jun. 1999. Aging society and social policy. in Aging Society and Welfare for the Elderly. (in Korean). Park, Kwang Jun and others, (eds). Seoul: Sejong Publishing Co.

74. Park, S. T. 2003. "Population Policies." in The Population of Korea. Korea National Statistical Office.

75. Population Reference Bureau. 2008 World Population Data Sheet.

76. Poston, D. L., Gu, B., Liu, P., and McDaniel, S. 1997. Son preference and the sex ratio at birth in China: A provincial level analysis. Social Biology 44 (1 – 2): 55 – 76.

77. Rachel Murphy. 2003. "Fertility and Distorted Sex Ratios in a Rural Chinese County: Culture, State, and Policy". Population and Development Review, Vol. 29, No. 4. pp. 595 – 626

78. Rhee, Ka Oak et al. 1994. Analysis of Life Conditions of the Elderly and Policy Questions. (in Korean). Seoul: Korean Institute of Health and Social Affairs.

79. Rice, Dorothy P. 1985. "Health care needs of the elderly." in C. Harrington et al. (ed.), Long term care of the elderly: Public policy issues. Sage Publications.

80. Sen, A. 1990. More than 100 million women are missing. New York Review of Books 37 (20): 61 – 66.

81. Sung, Kyu – Tak. 1990. "A New Look at Filial Piety: Ideal and Practices of Family – Centered Parent Care in Korea." Gerontologist 30: 610 – 17.

82. Susan Greenhalgh. 1994. "Controlling Births and Bodies in Village China". American Ethnologist, Vol. 21, No. 1, pp. 3 – 30.

83. Teielbaum, Michael. 2000. Sustained below – replacement fertility: realities and responses. Below Replacement Fertility. Population Bulletin of the United Nations. pp. 161 – 182.

84. Tu, Edward J. et al. 1989. "Mortality, Decline and Chinese Family Structure: Implica-

tions for Old Age Support. " Journal of Gerontology: Social Sciences 44 (4): 157 – 68.

85. United Nations. 1973. The Determinants and Consequences of Population Trends: New Summery of Findings on Interaction of Demographic, Economic and Social Factors. Volume 1.

86. United Nations Population Division. 2000. "Replacement Migration: Is It a Solution to Declining and Ageing Populations".

87. United Nations. 2000. Below Replacement Fertility. Population Bulletin of the United Nations.

88. United Nations. 2002. World Population Ageing 1950 – 2050.

89. United States. The World Factbook. 2000, 2002, 2003, 2005.

90. Wang, Y. 2003. What should china do about its gender imbalance problem? emerge: A graduate journal of international affairs. [Electronic Journal] 4, May 2003. http://ssrn.com/abstract = 547982.

91. Yoo, Seong – Ho. 1999. The economic status of the aged and income security programs for the aged in Korea. Aging in Korea: Today and Tomorrow. pp: 67 – 82.

92. Zeng, Y. , Ping, T. , Baochang, G. , Yi, X. , Bohua, L. , and Yongping, L. 1993. Causes and implications of the increase in China' s reported sex ratio at birth. Population and Development Review 19 (2): 283 – 302.

后　记

本书能够付梓面世源于很多的机遇，也为此有很多人和事令我心怀感激。

首先需要感谢的是作为本书合作者的韩国东国大学社会学系金益基教授。我最早认识金益基教授是在上世纪 90 年代，当时他来中国人民大学人口所进行一次学术交流。2003 年，我获得韩国高等教育财团"国际学术交流支援项目（ISEF）"的资助，有机会到韩国从事一年关于"现代化进程中家庭变化"方面的访问研究，期间金益基教授作为我在韩国的合作教授在生活和学术上给予了我很多帮助。2005 年，我获得中国人民大学亚洲研究中心的资助，开始进行"中韩人口政策比较研究"。恰在此时，金益基教授到中国人民大学人口与发展研究中心进行为期两年的访问研究，在我与他详细讨论了我的研究框架之后，金益基教授很高兴地承担了韩文韩国数据和资料的搜集工作以及韩国部分的相关研究工作。这一次在我对书稿进行反复修改完善的过程中，金益基教授不厌其烦地按照要求提供了最新的韩国相关数据，并对韩国相关章节进行了修订。本书第二章、第五章、第八章和第十章均是在金益基教授提供的英文论文基础上翻译修改完成的。

同样需要感谢的是韩国高等教育财团为我深入韩国实践提供了宝贵的机会。没有一年时间的身临其境，我对韩国人口国情和政策的把握不会如此深刻透彻。中国人民大学亚洲研究中心为我的初步研究提供了课题研究资助，奠定了本书的基础。我的研究生蔡芸和何蕾在金益基教授提供的英文资料和研究论文的翻译工作上投入了不少的时间和精力，她们的劳动已成为本书不可分割的一部分。

特别要感谢的是教育部高等学校社会科学发展研究中心"高校社科文库"的资助，使本书通过全国范围内的申请和严格的专家评审，并借助光明日报出版社获得了最终面世的机会。期间杜军玲、祝菲和刘彬在书稿的寄送、编辑和出版过程中均付出了辛苦的劳动。

　　正是这些人和事成就了本书。感激之余，衷心希望本书能够为读者了解中韩的人口政策与国情提供信息、经验和启发。

宋健

2009 年 7 月

于北京 UHN 国际村